D. T. Suzuki

KOAN – Der Sprung ins Grenzenlose

DAISETZ TEITARO SUZUKI

KOAN

Der Sprung ins
Grenzenlose

Das Kōan als Mittel
der meditativen Schulung
im Zen

OTTO WILHELM BARTH VERLAG

Essays in Zen-Buddishm, Second Series

1. Auflage 1988
Einzig berechtigte Übersetzung aus dem Englischen von Jochen Eggert.
Titel des Originals: «Essays in Zen-Buddhism, Second Series».

INHALT

ERSTER TEIL:

Das Kōan als Mittel der meditativen Schulung

ERKENNTNIS ODER ERFAHRUNG?

Im zweiten Band dieser Serie von Essays (*Zazen*, O. W. Barth Verlag, 1988, S. 147) habe ich dem Leser versprochen, mich ausführlich zum Thema «Kōan»* zu äußern. Die Entwicklung des Kōan-Systems im Zen-Buddhismus stellt einen einzigartigen Beitrag des Zen zur Geschichte des religiösen Bewußtseins dar. Wir könnten sagen: Ist die Bedeutung des Kōan erfaßt, so ist bereits mehr als die Hälfte des Zen erfaßt.

Die Zen-Meister könnten dagegen sagen, das ganze Universum sei selbst ein großes, lebendiges Kōan, das von uns gelöst sein will, und wenn der Schlüssel zu diesem großen Kōan gefunden sei, lösten sich all die kleineren von selbst; es gehe bei der Zen-Schulung also nicht vornehmlich um die Kōan-Methode der alten Meister, sondern um Erkenntnis des Universums selbst. Andererseits ist ja das universale Kōan in jedem einzelnen der «siebzehnhundert Kōan» *in nuce* enthalten, und wenn diese gründlich erarbeitet werden, wird auch das große Kōan seine Geheimnisse preisgegeben.

Im Zeigefinger von Meister T'ien-lung (Tenryū) ist das

* Kōan ist die japanische Lesart des chinesischen *kung-an*, das ursprünglich soviel wie «öffentlicher Aushang» bedeutet. Es heißt, ein Zen-Schüler müsse 1700 Kōan lösen (von denen allerdings heute nur noch 500–600 verwendet werden; Anm. d. Übers.), bevor er von seinem Meister das «Siegel der Bestätigung» erhalten könne.

Mysterium des ganzen Universums offenbar,* und in Meister Lin-chis (Rinzais) Ho! hören wir die himmlische Harmonie der Sphären. Doch wie dem auch sei, ich werde in diesem Essay versuchen, den historischen Stellenwert des Kōan im Zen herauszuarbeiten und seine Bedeutung für die Verwirklichung von Satori, seinen psychologischen Aspekt und (im zweiten Teil) seine Beziehung zum Nembutsu als einer Form buddhistischer Erfahrung darstellen.

Ich habe in früheren Essays bereits dargelegt, daß es in der Zen-Schulung letztlich um etwas geht, das wir meist mit «Erleuchtung» oder «Erwachen» übersetzen und das auf Japanisch Satori heißt und auf Sanskrit Sambodhi oder Abhisamaya. Das *Lankāvatāra-Sūtra*, das ja eine der Grundlagen des Zen darstellt und natürlich die Bedeutung von Satori unterstreicht, definiert Erleuchtung als *svapratyātmāryajñānagatigochara*, «Bewußtseinszustand, in welchem die Edle Weisheit ihr eigenes inneres Wesen verwirklicht». Und diese Selbstverwirklichung, die Befreiung oder Erlösung (*moksha*) und Freiheit (*vashavartin*) bedeutet, ist der eigentliche Gehalt dessen, was wir als die Wahrheit des Zen bezeichnen. Das folgende Zitat aus dem *Avatamsaka-Sūtra*** soll verdeutlichen, was mit Selbstverwirklichung gemeint ist:

> Sudhana fragte: Wie kann man dieser Freiheit von Angesicht zu Angesicht begegnen? Wie erlangt man diese Verwirklichung?
> Suchandra antwortete: Ein Mensch begegnet dieser Befreiung von Angesicht zu Angesicht, wenn sein Geist zur

* Vgl. im ersten Band der «Essays» (*Satori*, O. W. Barth Verlag, 1987) S. 196 f., Anm. 4.

** Aus der Ausgabe in vierzig Faszikeln, Fas. XXXII. Die hier zitierte Passage erscheint in keiner anderen Ausgabe des *Avatamsaka-Sūtra*, auch nicht im *Ganda-Vyūha*. Die Ausgabe in vierzig Faszikeln stellt eine spätere Kompilation dar, die einiges zusätzliches Material enthält.

*Prajñāpāramitā** erwacht und in innigster Beziehung zu ihr steht; denn dann erlangt er in allem, was er wahrnimmt und erfaßt, Selbstverwirklichung.
Sudhana: Erlangt man Selbstverwirklichung, indem man Vorträgen und Diskursen über Prajñāpāramitā lauscht?
Suchandra: Dem ist nicht so. Warum nicht? Weil Prajñāpāramitā das ist, was tiefen Einblick hat in die Wahrheit und Wirklichkeit aller Dinge.
Sudhana: Ist es denn nicht so, daß Denken aus dem Hören kommt und einem durch Denken und Schlußfolgern schließlich aufgeht, was Soheit ist? Und ist das nicht Selbstverwirklichung?
Suchandra: Dem ist nicht so. Selbstverwirklichung kommt niemals aus bloßem Hören und Denken. Ich will es dir, Sohn aus guter Familie, an einem Gleichnis verdeutlichen. Höre zu. In einer großen Wüste gibt es kaum Quellen oder Brunnen. Im Frühjahr oder Sommer, wenn es heiß ist, kommt ein Reisender von Westen her und wandert nach Osten. Er begegnet einem Mann, der von Osten kommt, und fragt ihn: Ich habe furchtbaren Durst; bitte sagt mir, wo ich eine Quelle und kühlen, erfrischenden Schatten finde, damit ich dort trinken, baden, ausruhen und mich so recht erquicken kann.
Der Mann aus dem Osten gibt dem Wanderer die gewünschte Auskunft und sagt: Wenn Ihr weiter ostwärts geht, wird sich der Weg gabeln, nach rechts und nach links. Schlagt den rechten ein, und wenn ihr dort rüstig weitergeht, werdet Ihr gewiß zu einer schönen Quelle mit erfrischendem Schatten gelangen. Nun, Sohn aus guter Familie, glaubst du, der durstige Reisende aus dem Westen wird Linderung seines Durstes und der Hitze erfahren und

* Wörtl. «die das andere Ufer erreichende Weisheit», also transzendente der erlösende Weisheit; sie kann als synonym betrachtet werden für Āryajñāna, den Kernbegriff der im vorigen Abschnitt angeführten Definition für Erleuchtung.

erfrischt werden, wenn er nur von der Quelle und dem Schatten sprechen hört und den Gedanken faßt, so schnell als möglich dorthin zu gehen?
Sudhana: Nein, gewiß nicht. Er kann nur Linderung des Durstes und der Hitze erfahren und erfrischt werden, wenn er, den Wegangaben des anderen folgend, tatsächlich die Quelle erreicht und aus ihr trinkt und in ihr badet.
Suchandra: So steht es auch mit dem Bodhisattva. Du wirst niemals zur Verwirklichung irgendeiner Wahrheit gelangen, indem du sie nur hörst, über sie nachdenkst und sie mit dem Verstand erfaßt. Die Wüste bedeutet Geburt und Tod; der Mann aus dem Westen steht für alle Lebewesen; die Hitze für Verblendung aller Art; Durst ist Gier und Gelüst; der Mann aus dem Osten, der den Weg kennt, ist der Buddha oder Bodhisattva, welcher, im All-Wissen weilend, in das wahre Wesen aller Dinge und in die Wirklichkeit der Gleichheit eingedrungen ist; den Durst löschen und die Hitze lindern durch das Trinken an der erfrischenden Quelle – das ist die eigene Verwirklichung der Wahrheit.
Ich will dir, Sohn aus guter Familie, dies noch auf andere Weise verdeutlichen. Gesetzt, der Tathāgata wäre noch für ein weiteres Kalpa unter uns geblieben und es wäre ihm durch wohlgesetzte Rede und treffende Ausdrücke gelungen, die Menschen dieser Welt vom köstlichen Geschmack und Duft, von der Weichheit und anderen Vorzügen des himmlischen Nektars zu überzeugen; glaubst du, daß all die irdischen Wesen, die der Rede des Buddha lauschten und an den Nektar dächten, ihn auch wirklich schmecken könnten?
Sudhana: Nein, wahrlich nicht.
Suchandra: Denn bloßes Zuhören und Denken wird uns nie des wahren Wesens von Prajñāpāramitā innewerden lassen.
Sudhana: Durch welche treffenden Ausdrücke und Geschickten Mittel (*upāya*) kann denn aber der Bodhisattva alle Wesen zum wahren Begreifen der Wirklichkeit führen?
Suchandra: Das wahre Wesen von Prajñāpāramitā, wie es

durch den Bodhisattva verwirklicht wurde – das ist das wahre zugrundeliegende Prinzip, aus dem alle Ausdrucksformen seines Begreifens hervorgehen. Hat er diese Befreiung verwirklicht, so kann er ihr treffenden Ausdruck verleihen und sie in Geschickte Mittel ummünzen.

Daraus läßt sich zweifelsfrei ersehen, daß die befreiende oder erlösende Prajñāpāramitā etwas ist, was wir persönlich erfahren müssen; etwas *darüber* zu erfahren, das hilft uns noch nicht, in das Wesen der Wirklichkeit selbst einzudringen. Weshalb aber ist die Wahrheit der Selbstverwirklichung nicht durch Verstandeserkenntnis allein erfaßbar zu machen? Diese Frage wird im *Avatamsaka-Sūtra* an anderer Stelle von Shilpābhijñā beantwortet:*

> Die Wahrheit der Selbstverwirklichung [und der Wirklichkeit überhaupt] ist weder eins noch zwei. Aufgrund der Kraft dieser Selbstverwirklichung kann [das Wirkliche] anderen und uns selbst zum Wohl gereichen; es ist vollkommen unvoreingenommen, ohne jede Vorstellung von diesem oder jenem, wie die Erde, aus der alle Dinge hervorgehen. Die Wirklichkeit als solche besitzt weder Form noch Nicht-Form; wie der Raum ist sie jenseits von Erkennen und Verstehen; sie ist zu fein, als daß sie sich in Worten und Buchstaben ausdrücken ließe.
> Warum das so ist? Weil sie jenseits des Bereichs von Buchstaben und Wörtern liegt, jenseits von Vorträgen, Hörensagen, Zergliederung und forschendem, spekulativem Denken; und natürlich auch jenseits des Verstehens, welches den Verblendeten eigentümlich ist, jenseits des schlechten Handelns, das schlechten Begierden entspricht. Weil sie weder dies noch das ist, übersteigt sie alle Verstan-

* Fas. XXXI derselben Ausgabe. Auch dieser Text ist eine spätere Erweiterung.

destätigkeit; sie ist formlos, ohne Form, weit jenseits aller Unwahrheiten; sie ist in der Stille der Wohnstattlosigkeit, dort, wo alle Heiligen sind.

Das Reich der Selbstverwirklichung, wo alle Weisen leben, ist frei von Stofflichkeit, frei von Reinheit und Befleckung, frei von Greifen und Greifbarem, frei vom Nebel der Verwirrung; es ist aufs Vollkommenste rein und in seinem Wesen unzerstörbar. Ob der Buddha auf der Erde erscheint oder nicht, dieser Bereich behält seine ewige Einheit in der Dharmadhātu. Der Bodhisattva hat sich aufgrund dieser Wahrheit in jeder Hinsicht streng geschult, und indem er dieser Wirklichkeit in sich selbst vollkommen gewahr wurde, kann er nun zum Wohl aller Wesen wirken, auf daß auch sie darin Geborgenheit finden mögen. O Sohn aus guter Familie, die Wahrheit der Selbstverwirklichung ist Gültigkeit schlechthin, etwas Einzigartiges... die Substanz des All-Erkennens, die unvorstellbare, nicht-duale Dharmadhātu und die Vollendung der Befreiung, darin alle Künste ihren vollständigen Ausdruck finden.

Weiter unten* lesen wir:

Sudhana: Wo ist die Wohnstatt aller Bodhisattvas?

Mañjushrī: In der höchst vortrefflichen letzten Wahrheit, die weder Geburt noch Tod kennt, weder Verlust noch Zerstörung, weder Gehen noch Kommen. Das alles sind Worte, und die Wahrheit hat mit Worten nichts zu tun. Sie ist weit jenseits der Worte, unmöglich zu beschreiben; sie hat keinen Berühungspunkt mit eitlem Schlußfolgern und philosophischer Spekulation. Da sie von Anbeginn keine Worte hat, sich selbst Ausdruck zu geben, gehört die Stille zu ihrem Wesen, ist sie nur im innersten Bewußtsein des Weisen zu verwirklichen.

* Fas. XXXVIII, ebenfalls eine spätere Erweiterung.

Der Unterschied zwischen bloßer Gelehrsamkeit oder bloßem Philosophieren und Selbstverwirklichung, zwischen dem, was in Worten gelehrt werden kann, und dem, was erfahren werden muß und daher allen verbalen Ausdruck überschreitet – dieser fundamentale Unterschied ist vom Buddha immer wieder hervorgehoben worden. Auch seine Nachfolger haben nie versäumt, diesen Unterschied zu betonen, denn sonst bestünde die Gefahr, daß man das angestrebte Ziel der Selbstverwirklichung aus dem Auge verliert. Der Buddha lehrte sie ein Selbst-Gewahrsein, das von solcher Intensität sein mußte wie das Gefühl eines vergifteten Pfeils im Fleisch. Sie hatten das Unerträgliche zu ertragen und das Schwierige zu üben, um so schließlich zur Verwirklichung der höchsten Wahrheit zu gelangen, die sie von allen Fesseln des Daseins befreite.

Die Wichtigkeit der Selbstverwirklichung wurde von allen echten Nachfolgern des Buddha erkannt, mögen sie auch unterschiedliche Lehrmeinungen gehegt haben, dem Hīnayāna- oder dem Mahāyāna-Buddhismus angehört haben. Obgleich die Wahrheit der Selbstverwirklichung nicht zu erklären und nicht in Worten auszusprechen ist, bildet sie doch den Mittelpunkt aller buddhistischen Lehren, und Zen – als Fortführung all dessen, was im Buddhismus innerlich zu verwirklichen ist – ist dieser Tradition treu geblieben, indem es Satori gegen allen Ritualismus, alle Gelehrsamkeit und alles bloße Philosophieren strikt abgrenzt. Welchen Sinn könnte sonst das Erscheinen des Buddha auf der Welt haben? Was sonst wäre der Sinn aller moralischen und spirituellen Übung und Schulung?

Die folgende Unterweisung durch Ssu-hsin Wu-hsin (Shishin Goshin, 1044–1115)* spricht aus, was jeden wahrhaften Zen-Schüler bewegt und treibt:

* Aus dem *Ch'an-kuan t'se-chin* (*Zenkan Sakushin*) – «Das Durchbrechen der Grenzschranke des Zen», kompiliert von Chu-hung (Shukō, 1535–1615).

Gefährten, als Mensch geboren zu werden, ist ein seltenes Ereignis, und so ist auch die Gelegenheit, den Worten des Buddha zu lauschen, selten. Wenn ihr in diesem Leben nicht Befreiung erlangt, wann wollt ihr sie dann erlangen? Übt deshalb mit großem Eifer Dhyāna, solange ihr lebt. Die Übung besteht im Entsagen und Preisgeben. «Preisgeben wovon?» könntet ihr nun fragen. Gebt eure Fünf Elemente (*bhūta*) preis, gebt eure Fünf Ansammlungen (*skandha*) preis, gebt alles Wirken eures relativen Bewußtseins (*karmavijñāna*) preis, an dem ihr seit anfangsloser Zeit haftet. Zieht euch in euer inneres Sein zurück und schaut in sein Wesen. Wenn diese Versunkenheit in das innere Sein tiefer und tiefer wird, kommt gewiß einmal der Augenblick, da die Geist-Blüte sich plötzlich öffnet und das ganze Universum erleuchtet. Diese Erfahrung werdet ihr niemandem mitteilen können, obgleich ihr selbst ganz genau wissen werdet, was es mit ihr auf sich hat.
Das ist der Augenblick, da ihr diese große Erde in gediegenes Gold und die großen Flüsse in Ozeane von Milch verwandeln könnt. Wie segensreich wird sich das auf euer tägliches Leben auswirken! Verschwendet eure Zeit also nicht mit Worten und Aussprüchen, sucht die Wahrheit des Zen nicht in Büchern – die Wahrheit ist dort nicht zu finden. Selbst wenn ihr den ganzen Tripitaka und die alten Klassiker auswendig lernt, sind das alles nur müßige Worte, die euch im Augenblick eures Todes von keinerlei Nutzen sind.

DIE BEDEUTUNG DES SATORI IM ZEN

Zen beginnt mit Satori und endet mit Satori. Wo kein Satori ist, ist kein Zen. «Satori ist das Maß des Zen», hat ein Meister gesagt. Satori ist kein Zustand bloßen Stillseins, sondern eine innere Erfahrung, die eine noetische Qualität aufweist. Es muß ein Erwachen aus dem relativen Bewußtsein stattfinden, ein Sich-Abwenden von unserer gewöhnlichen, alltäglichen Weise der Erfahrung. Der Mahāyāna-Begriff dafür ist Prāvritti; er bezeichnet ein «Umkehren» am Grund des Bewußtseins.* Unsere gesamte mentale Struktur erfährt dabei eine tiefgreifende Wandlung. Es grenzt wohl ans Wunderbare, daß eine Satori-Einsicht unser ganzes spirituelles Gefüge umgestalten kann, aber in den Annalen des Zen gibt es genügend Zeugnisse dafür. Das Erwachen der Prajñāpāramitā – und das ist nur ein anderer Ausdruck für Satori – ist demnach die *conditio sine qua non* des Zen.

Es gibt jedoch auch Meister, die sagen, Satori sei etwas künstlich Aufgepfropftes; Zen habe im Grunde mit solchen Auswüchsen nichts zu tun, die nur seine natürliche Ganzheit aufsprengen. Einfach stillsitzen, das sei genug, und der Buddha sei gegenwärtig in diesem Nicht-Handeln; die soviel Aufheben um Satori machen, seien keine wahren Nachfolger von Bodhidharma. Diese Anti-Satori-Meister erklären weiterhin, wahres Zen bestehe darin, sich an das «Nicht-Bewußtsein» zu halten; wo bewußtes Streben sich einmische, könne das Nicht-Bewußtsein selbst nicht mehr voll zum Ausdruck kommen; die höchste Wahrheit vertrage keinerlei Störung durch Absichten, und man dürfe nicht leichtfertig mit ihr umgehen. Natürlich sind jene Meister, die sich gegen Satori aussprechen, auch gegen die Kōan-Übung.

Zu Anfang des zwölften Jahrhunderts wurde diese Anti-Satori- und Anti-Kōan-Bewegung unter den Zen-Anhängern in China recht stark. Das folgende ist ein Brief, den Ta-hui Tsung-kao (Daie Sōkō, 1089–1163)** an seinen Schüler Lü

* Vgl. D. T. Suzuki: *Studies in the Lankāvatāra Sūtra*, S. 184 *et passim*.

** Er war eine der hervorragendsten Gestalten, welche der Zen-Buddhismus in China je hervorbrachte. Ganz entschieden verwarf er jede Art von Quietismus und wurde es nie müde, die Bedeutung des Satori-Erwachens zu betonen; Satori war für ihn der Sinn und Zweck des Zen.

Chi-i schrieb; er warnt darin vor denen, die der noetischen Erfahrung des Satori, also der Selbstverwirklichung, ihren Wert absprechen wollen:

> In jüngster Zeit macht sich unter gewissen Anhängern des Zen der verderbliche Hang bemerkbar, die Krankheit für die Kur zu halten. Da sie selbst nie ein Satori erlebt haben, betrachten sie es als eine Art Auswuchs oder Zusatz, als ein Lockmittel, als etwas gänzlich Zweitrangiges, das nicht zum Kern des Zen gehört, sondern lediglich eine Randerscheinung darstellt. Und da solche Lehrer nie ein Satori erfahren haben, wollen sie einfach jenen nicht glauben, welche diese Erfahrung wirklich gemacht haben. Sie wollen nichts weiter, als der schieren Leere gewahr sein, worin kein Leben ist, keinerlei geistige Eigenschaft – und dieses leere Nichts betrachten sie als ewig außerhalb aller Begrenzungen der Zeit liegend.
> Um diesen Zustand völliger Leerheit zu erreichen, nehmen sie etliche Schalen Reis am Tag zu sich und verbringen ihre Zeit damit, still und stumpf dazusitzen. Das, glauben sie, sei das Erlangen des absoluten Friedens ... Welch ein Jammer, daß sie nichts wissen von dem Augenblick, da ein plötzlicher Durchbruch sich ereignet!

An anderer Stelle nennt Ta-hui auch die Quellen, auf welche die Vertreter dieser Richtung sich berufen:

> Als Shākyamuni in Magadha war, zog er sich in einen Raum zurück und blieb drei Wochen lang stumm. Gibt der Buddha hier nicht ein Beispiel für die Übung des schweigenden Verharrens? Als die zweiunddreißig Bodhisattvas in Vaishālī mit Vimalakīrti über die Lehre der Nicht-Zweiheit sprachen, schwieg jener schließlich und sagte kein Wort mehr, was ihm Mañjushirīs ungeteilte Bewunderung eintrug. Gibt hier nicht der große Bodhisattva ein Beispiel

für die Übung des schweigenden Verharrens? Als Subhūti in der Felsenhöhle saß, sagte er kein Wort, noch gab er eine Darlegung über Prajñāpāramitā. Ist das nicht ein von von einem großen Shrāvaka gegebenes Beispiel für schweigendes Verharren? Als Shakrendra Subhūti schweigend in der Höhle sitzen sah, ließ er himmlische Blüten auf ihn regnen und sagte selbst kein Wort. Ist das nicht ein Beispiel des Schweigens, gegeben von einem gewöhnlichen Sterblichen? Als Bodhidharma in dieses Land kam, übte er im Kloster Shao-lin neun Jahre lang Zazen, ohne auch nur einen Gedanken an wortreiche Unterweisungen zu verschwenden. Gab der Patriarch dort nicht ein Beispiel des schweigenden Verharrens? Wann immer Lu-tsu einen Mönch kommen sah, wandte er sich zur Wand und saß schweigend. Gibt hier nicht ein Zen-Meister ein Beispiel für schweigendes Verharren?
Wie kann man angesichts dieser überlieferten Beispiele behaupten, die Übung des stillen Sitzens gehöre nicht zur Zen-Schulung und sei für sie ohne Belang?

So argumentieren die Befürworter des Zen-Quietismus in China zur Zeit Ta-huis, also im zwölften Jahrhundert. Ta-hui hält jedoch dagegen, daß bloßes Stillsitzen zu nichts führt, weil es keine «Umkehr» des Geistes bewirkt, aufgrund derer man die Welt der Einzeldinge dann mit ganz anderen Augen sieht als bisher. Die Quietisten, deren geistiger Horizont sich nicht über die Ebene der sogenannten absoluten Stille des Unauslotbaren erhebt, tappen in der Höhle ewiger Dunkelheit umher. Es gelingt ihnen nicht, das Auge der Weisheit zu öffnen. Hier bedürften sie der leitenden Hand eines echten Zen-Meisters.

Ta-hui beschreibt anschließend vier Satori-Erfahrungen unter der Führung weiser Meister und zeigt auf, wie notwendig es ist, sich einem Erleuchteten anzuvertrauen und alles Festhalten an der Methode des Stillsitzens, welche das Wachsen des Zen-Geistes nur behindert, aufzubrechen. Diese radikale Umkehrung umschreibt Ta-hui nach den Worten eines Sūtra so: «In den Strom eintreten und seine Wohnstatt verlieren.» Die Dualität von Bewegung und Ruhe besteht hier nicht mehr. Die vier Beispiele:

1. Als Shui-lao die Glyzinien beschnitt, fragte er seinen Meister, Ma-tsu (Baso): «Was ist der Sinn von des Patriarchen Kommen aus dem Westen?» Ma-tsu erwiderte: «Komm näher, und ich werde es dir sagen.» Als Shui-lao näherkam, versetzte der Meister ihm einen Tritt, der ihn umwarf. Dieser Fall öffnete urplötzlich seinen Geist, und er stand auf und lachte ein großes Lachen, als sei etwas lange und heiß Ersehntes ganz überraschend eingetreten. Der Meister fragte: «Was bedeutet dies alles nun?» Shui-lao rief aus: «Zahllos fürwahr sind die Wahrheiten, welche die Buddhas lehrten, und alle diese Wahrheiten, bis hinunter zu ihrem Ursprung, nehme ich nun an der Spitze eines einzigen Haares wahr.»

Ta-hui bemerkt dazu: Shui-lao, zur Selbstverwirklichung gelangt, haftet nicht mehr an der Stille des Samādhi, und da er nicht mehr an ihr haftet, steht er über Bejahung und Verneinung, über der Dualität von Ruhe und Bewegung. Er ist nicht mehr abhängig von äußeren Dingen, sondern fördert den Schatz zutage, der in seinem eigenen Geist ist, und ruft: «Ich habe die Quelle aller Wahrheit gesehen.» Der Meister erkennt dies an und sagt weiter nichts. Als Shui-lao später über sein Zen-Begreifen befragt wurde, sagt er: «Seit dem herzhaften Tritt des Meisters kann ich nicht mehr aufhören zu lachen.»

2. Einst, als Tung-shan (Tōsan) zur Unterweisung zu Yün-men (Ummon) kam, fragte Yün-men: «Woher kommst du?»

Tung-shan sagte: «Von Ch'a-tu.»

Yün-men sagte: «Wo warst du während des Sommers?»

Tung-shan sagte: «Im Pao-tzu(-Kloster) in Hunan [wörtl.: ‹südlich des Sees›].»

Yün-men sagte: «Wann bist du dort weggegangen?

Tung-shan sagte: «Am 25. August.»

Yün-men sagte: «Ich erlasse dir sechzig Schläge.»

[Hier kommentiert Ta-hui: «Wie schlichten Gemüts Tung-shan doch war! Er antwortete dem Meister gradheraus, und so war es nur zu verständlich, daß er überlegte: ‹Welchen Fehler habe ich begangen, für den ich sechzig Schläge verdient hätte, wo ich doch geantwortet habe?›»]

Am nächsten Tag kam Tung-shan zu Yün-men und fragte: «Gestern erlitt ich, daß der Meister mir sechzig Schläge erließ. Ich weiß nicht, worin mein Fehler lag.»

Yün-men sagte: «Ach, du Reissack! Was läufst du da herum westlich des Flusses und südlich des Sees!»

Bei diesen Worten erlebte Tung-shan tiefe Erleuchtung.*

Ta-hui erzählt, wie es weiterging: Tung-shans Auge war geöffnet worden, aber es gab dazu nichts mitzuteilen, nichts zu überlegen. Er verbeugte sich einfach und sagte: «Fortan werde ich meine Hütte dort bauen, wo kein menschlicher Wohnort ist. Kein Körnchen Reis werde ich bei meiner Kochstelle haben, kein Stengelchen Gemüse soll auf meinen Beeten wachsen. Und doch werde ich alle Besucher meiner Einsiedelei, woher sie auch kommen mögen, reichlich bewirten. Ich werde ihnen sogar die Nägel und Schrauben ausziehen [von denen sie festgehalten werden]; ich werde dafür sorgen, daß sie sich von ihren fettigen Hüten und übelriechenden Kleidern trennen, so daß sie von allem Schmutz gründlich gesäubert werden und würdige Mönche sein können.»

Yün-men lächelte und sagte: «Was für ein großes Mundwerk du hast für einen Körper, der nicht größer ist als eine Kokosnuß.»

3. Ts'ui-yen (Suigan) schulte sich viele Jahre unter Hsüeh-feng (Seppō). Als der Meister eines Tages wahrnahm,

* *Wu-men-kuan* (*Mumonkan*), 15. Beispiel.

daß sein Schüler für den geistigen Umsturz bereit war, packte er ihn und fuhr ihn barsch an: «Was ist das hier?»

Ts'ui-yen fuhr hoch wie aus tiefem Schlummer und begriff augenblicklich. Er tat nichts weiter, als einfach die Arme zu schwenken.

Hsüeh-feng sagte: «Was bedeutet das?»

Der Schüler erwiderte ohne Zögern: «Keinerlei Bedeutung, Meister.»

4. Kuan-ch'i suchte eines Tages Lin-chi (Rinzai) auf. Dieser stand wortlos von seiner Strohmatte auf und packte den Mönch, worauf Kuan-ch'i sagte: «Ich weiß, ich weiß.»

Nach diesen vier Beispielen kommt Ta-hui zu dem Schluß, daß es im Zen etwas gibt, was weder anderen mitgeteilt noch von anderen gelernt werden kann, und daß das Problem bei den meisten Menschen darin besteht, daß sie tot sind und nicht wiederbelebt werden wollen. Er erzählt von seiner eigenen Erfahrung:

> Ich hatte mich siebzehn Jahre lang im Zen geschult und während dieser Zeit einige Male unvollständige Satori-Erfahrungen gemacht. Ich war ein wenig bewandert in der Yün-men-(Ummon-)Schule und auch ein wenig in der Ts'ao-tung-(Sōtō-)Schule; nur hatte ich leider noch nicht das alles entscheidende Satori erlebt, worin ich mich von allen räumlichen und zeitlichen Beziehungen vollkommen losgetrennt finden würde. Später kam ich in die Hauptstadt und weilte im Kloster T'ien-ning und hörte meinen Meister einmal über Yün-men sprechen. Er sagte: «Ein Mönch kam zu Yün-men und fragte: ‹Wo kommen alle Buddhas her?› Yün-men antwortete: ‹Der Ostberg schreitet über das Wasser.› Ich jedoch, T'ien-ning, fasse das anders auf als Yün-men. ‹Wo kommen alle Buddhas her?› – ‹Eine Brise, duftgeschwängert, kommt von Süden, und die weite Halle

wird erfrischend kühl.›» Als der Meister das sagte, war mir plötzlich, als sei ich von allen zeitlichen und räumlichen Beziehungen losgetrennt. Es war wie das Durchschneiden eines verhaspelten Garnstranges mit einem einzigen Hieb eines scharfen Messers. Ich war in Schweiß gebadet.

Ich fand alle Beunruhigung in mir befriedet und weilte in einem Zustand heiterer Gelassenheit. Als ich den Meister eines Tages in seinem Raum aufsuchte, sagte er mir dies: «Es ist für niemanden leicht, deine Geistesverfassung zu erlangen. Schade ist nur, daß genügend Tod darin ist, aber überhaupt kein Leben. An Worten nicht zweifeln, das ist das große Problem bei dir. Dies ist dir doch wohlvertraut:

‹Wenn die Hände den Rand des Abgrunds nicht mehr
fassen,
kommt Überzeugung ganz von selbst über dich.
Laß Auferstehung dem Tod folgen,
und nichts kann dich jetzt täuschen.›

Glaub mir, was hier gesagt wird, das gibt es wirklich.» Dann fuhr der Meister fort: «In meinem gegenwärtigen Geisteszustand bin ich gänzlich zufrieden mit mir und der Welt. Alles steht zum Besten mit mir, und es gibt nichts, in das ich noch tiefer einzudringen trachten müßte.»

Darauf ließ der Meister mich in der allgemeinen Schlafhalle einen Platz einnehmen und erlaubte mir, wie ein Laienschüler drei- oder viermal am Tag zur persönlichen Unterweisung zu kommen. Dies hatte ich mir zu vergegenwärtigen: «Sein oder Nicht-Sein – es ist wie eine Glyzinie, die an einem Baum lehnt.» Doch wann immer ich etwas zu sagen anhob, fiel er mir ins Wort und sagte: «Falsch.» Das ging ein halbes Jahr so, doch ich ließ mich nicht entmutigen. Und eines Tages, während ich gemeinsam mit seinen Laienschülern das Abendessen einnahm, war ich so in das Kōan versunken, daß ich vergaß, meine Stäbchen zu gebrauchen und die Speisen aufzuessen.

Der alte Meister sagte: «Dieser da hat bisher noch nicht mehr als Huang-yangs Holzklotz-Zen gemeistert, das immer noch knorriger zusammenschrumpft.» Ich versuchte anhand eines Bildes zu erklären, in welcher Lage ich war: «Ich bin in der Lage eines Hundes, der vor einem Fettsiedetopf steht: Er kann nicht davon lecken, wie sehr er es auch möchte, noch bringt er es über sich, dem Topf den Rücken zu kehren.» Der Meister sagte: «Das genau ist bei dir der Fall. [Das Kōan] ist fürwahr ein Vajra-Käfig* und ein Dornensitz für dich.»

Ein andermal, als ich beim Meister war, sagte ich: «Als Ihr bei Wu-tsu (Goso) wart, befragtet Ihr ihn über eben dieses Kōan, und was war seine Antwort?» Der Meister mochte mir dessen Antwort nicht mitteilen. Doch ich beharrte: «Als Ihr ihn darüber befragtet, wart ihr nicht allein, sondern es waren noch andere zugegen. Was schadet es also, wenn Ihr es mir nun auch noch sagt?» Der Meister sagte: «Ich fragte ihn damals: ‹Sein oder Nicht-Sein – es ist wie eine Glyzinie, die an einem Baum lehnt. Was ist dessen Sinn?› Wu-tsu erwiderte: ‹Man kann es nicht malen, man kann es nicht zeichnen, so sehr man sich auch mühen mag.› Ich sagte weiterhin: ‹Was, wenn der Baum plötzlich umbricht und die Glyzinie stirbt?› Wu sagte: ‹Ihr folgt den Worten!›»

Als ich den Meister dies sagen hörte, begriff ich das Ganze und sagte zu ihm: «Meister, ich begreife.» Der Meister ließ darauf verlauten: «Wahrscheinlich eben doch nicht.» Ich bat ihn, mich zu prüfen, worauf er mir noch einige andere Kōan vorlegte. Und jedes einzelne konnte ich lösen. Ich spürte, daß ich nun endlich in Frieden war mit mir selbst; es gab nichts mehr, was mir im Wege lag.

* Ein unsprengbarer Käfig (Anm. d. Übers.).

Ta-hui legte später als Zen-Meister größten Wert auf die Satori-Erfahrung, und einer seiner Lieblingsaussprüche lautet: «Zen hat keine Worte. Hast du Satori, so hast du alles.» Diese Einstellung fußt, wie wir gesehen haben, auf eigener Erfahrung. Bevor er diese Erfahrung machte, hatte er noch eine Abhandlung gegen Zen schreiben wollen, die alles widerlegen sollte, was dem Zen von seinen Anhängern zugeschrieben wurde. Die Begegnung mit Meister Yüan-wu (Engo) lenkte diese Entschossenheit jedoch in ganz andere Bahnen, und so wurde er zum entschiedenen Verfechter der Zen-Erfahrung. Im Verlauf dieser Arbeit über die Kōan-Übung werde ich noch vielfach Gelegenheit haben, auf Ta-hui zurückzukommen. Zuvor möchte ich jedoch einige der Hauptzüge des Satori aufzeigen, damit wir später die Rolle des Kōan im ganzen Gebäude des Zen leichter verstehen können.

WESENTLICHE MERKMALE DER SATORI-ERFAHRUNG

1. *Irrationalität.* Damit meine ich, daß man zum Satori nicht durch Schlußfolgerungen gelangt und daß es sich aller intellektuellen Bestimmungen entzieht. Alle, die Satori erfahren haben, fanden sich außerstande, es logisch und schlüssig zu erklären. Sobald es erklärt wird, sei es in Worten oder Gesten, wird es mehr oder weniger stark entstellt. Wer es noch nicht erfahren hat, kann es nicht anhand von irgend etwas äußerlich Sichtbarem erfassen. Wer es erfahren hat, weiß das Echte vom Unechten zu unterscheiden.

Hören wir dazu wiederum Ta-hui:

> Diese Sache [d. h. Zen] ist wie ein großes Feuer. Näherst du dich ihm, so wird es dir gewiß das Gesicht versengen. Sie ist auch wie ein Schwert, das eben gezogen wird; ist es erst aus der Scheide, so wird gewiß jemand sein Leben

verlieren. Wenn du jedoch weder angreifst noch dich dem Feuer näherst, bist du nicht besser als ein Stein oder ein Stück Holz. In dieser äußersten Zuspitzung bedarf es mutiger Entschlossenheit.

Mit kühler Vernunft und metaphysischer oder erkenntnistheoretischer Analyse ist hier also offenbar kein Weiterkommen; es bedarf vielmehr eines verzweifelten Willens, die unüberwindliche Schranke zu durchbrechen, eines Willens, der von einer Kraft angetrieben wird, über die wir nichts wissen können. Daher ist auch das Resultat nicht auf intellektuelle, begriffliche Weise zu erfassen.

2. *Intuitive Einsicht.* Daß mystischer Erfahrung eine noetische Qualität eignet, hat William James in seinem Buch *Die Vielfalt religiöser Erfahrung* aufgezeigt, und es gilt auch für die Zen-Erfahrung, die «Satori» genannt wird. Ein anderer Ausdruck für Satori (wörtl.: «Erkennen») ist Kenshō (chin. *chienhsing*), «Wesensschau», und dieser Begriff scheint zu besagen, daß es im Satori ein Sehen oder Wahrnehmen gibt. Daß dieses «Sehen» jedoch von ganz anderer Art ist als das, was wir normalerweise unter «Erkennen» verstehen, muß nicht eigens hervorgehoben werden. Hui-k'o (Eka), der zweite Patriarch, soll über sein Satori, das von Bodhidharma bestätigt wurde, gesagt haben: «Weil ich mir immer dessen bewußt bin, so kann kein Wort es erreichen.»* Shen-hui (Jin'e) ist hier noch expliziter, denn er sagt: «Das eine Schriftzeichen *chih* (erkennen) ist der Ursprung aller Mysterien**.»

Ohne diese noetische Qualität könnte Satori kein so durchschlagendes Ereignis sein. Halten wir noch fest, daß das Er-

* *Denkō-roku.*

** Chin. *miao.* Das ist ein schwer zu übersetzender Begriff, der manchmal «Vortrefflichkeit» oder «unbestimmbare Feinheit» bedeutet. Hier meint *miao* die geheimnisvolle, wunderbare Weise, auf welche die Dinge sich diesem höchsten Erkennen darstellen.

kennen im Satori sich sowohl auf etwas Universales als auch auf den individuellen Aspekt der Existenz bezieht. Wenn ein Finger gehoben wird, so bedeutet das aus der Warte des Satori weit mehr als den Akt des Hochhebens. Man mag versucht sein, das symbolisch zu nennen, doch Satori deutet nicht über sich selbst hinaus, da es etwas Endgültige ist. Satori ist das Erkennen eines einzelnen Objekts, aber auch der Wirklichkeit, die, wenn ich so sagen darf, dahinter steht.

3. *Unabweisbarkeit.* Das im Satori verwirklichte Erkennen ist endgültig, durch keine logische Argumentation zu widerlegen. Es ist direkt und persönlich und von unabweisbarer Evidenz. Die Logik vermag hier nichts mehr zu erklären; sie kann nur versuchen, dieses Erkennen vor dem Hintergrund unserer Vernunfterkenntnis zu interpretieren. Satori ist also eine Form der Wahrnehmung, eine innere Wahrnehmung, die im innersten Bewußtsein stattfindet. Daher dieser Geschmack von Unabweisbarkeit und Endgültigkeit. Zen, so heißt es, ist wie Wassertrinken: Man weiß selbst, ob es warm oder kalt ist. Und wer die Erfahrung nicht selbst macht, kann über sie nicht urteilen.

4. *Bejahung.* Was unabweisbar und endültig ist, kann niemals negativ sein. Verneinung hat keinen Wert für unser Leben, führt uns nirgendwohin; sie ist keine Kraft, die vorwärtsdrängt, und sie bietet keinen Ruhepunkt. Obgleich der Satori-Erfahrung manchmal auf negative Weise Ausdruck gegeben wird, ist sie in ihrem Wesen eine bejahende Einstellung gegenüber allen existierenden Dingen; sie akzeptiert sie so, wie sie sich bieten, ganz unabhängig von ihrem moralischen Wert. Im Buddhismus nennt man dies *kshānti*, «Geduld» oder besser «Annehmen» – das Annehmen der Dinge in ihrem über-relativen oder transzendenten Sein, worin keinerlei Dualität besteht.

Man wird vielleicht einwenden, das sei pantheistisch. Dieser Begriff hat jedoch eine genau umschriebene philosophische Bedeutung und sollte in diesem Zusammenhang überhaupt nicht gebraucht werden. Wollten wir die Zen-Erfahrung auf diese Weise interpretieren, so wäre sie endlosen Mißverständnissen und «Verunreinigungen» ausgesetzt. Tahui schreibt in einem Brief an Miao-tsung:

> Ein Weiser aus alter Zeit sagt, das Tao selbst bedürfe keiner Disziplinierung, man sorge nur dafür, daß es nicht beschmutzt wird. Ich würde sagen: Über Geist oder Natur zu sprechen, ist Beschmutzung; über das Unauslotbare oder Geheimnisvolle zu sprechen, ist Beschmutzung; Meditation oder Stillwerden zu üben, ist Beschmutzung; seine Aufmerksamkeit darauf zu lenken, darüber nachzudenken, ist Beschmutzung; mit Papier und Pinsel darüber zu schreiben, ist eine besonders schlimme Beschmutzung. Was also haben wir zu tun, um uns zu orientieren und auf die rechte Weise damit umzugehen? Das kostbare Vajra-Schwert ist griffbereit hier, und sein Zweck besteht darin, den Kopf abzuschlagen. Befasse dich nicht mit menschlichen Fragen von richtig und falsch. Alles ist Zen, so, wie es ist, und eben hier hast du damit umzugehen.

Zen ist Soheit – eine große Bejahung.

5. *Das Ganz-Andere.* Die Terminologie mag in den verschiedenen Religionen unterschiedlich sein, doch in einer Erleuchtungserfahrung ist immer das, was wir – so wertfrei wie möglich – als «Empfinden des Ganz-Anderen» bezeichnen könnten. Die Erfahrung ist gewiß meine eigene, doch ich empfinde, daß sie in etwas anderem wurzelt. Die individuelle Schale, in die ich so fest verkapselt bin, zerbirst im Augenblick des Satori. Es muß nicht unbedingt so sein, daß ich mich mit einem höheren Wesen vereinige oder in ihm aufgehe; aber meine Individualität, die sich strikt gegen alle ande-

ren Einzelexistenzen abgegrenzt hatte, lockert irgendwie ihr verkrampftes Festhalten an sich selbst und schmilzt in etwas Unbeschreibliches ein, das von ganz anderer Art ist als alles, was ich gewohnt bin. Dem folgt ein Gefühl von Erlösung, von vollkommener Ruhe – das Gefühl, man sei endlich am Ziel angekommen. «Heimkommen und still ruhen» lautet der Ausdruck, der im Zen dafür gebraucht wird. Die Geschichte vom verlorenen Sohn im *Saddharmapundarīka-Sūtra*, im *Vajrasamādhi-Sūtra* und auch im Alten Testament weist auf eben diese Empfindung im Augenblick der Satori-Erfahrung hin.

Was die Psychologie des Satori angeht, ist der Ausdruck «Empfindung des Ganz-Anderen» schon alles, was wir darüber aussagen können. Von Gott oder dem Absoluten zu sprechen, das geht schon über die Erfahrung selbst hinaus und verstrickt uns in Theologie und Metaphysik. Sogar mit «das Ganz-Andere» sagen wir schon zuviel. Wenn ein Zen-Meister sagt: «Über meinem Kopf ist nicht ein Stückchen Ziegel, unter meinen Füßen nicht ein Zoll Erde», so dürfte das wohl eher ein angemessener Ausdruck sein. Ich spreche manchmal auch vom «Unbewußten», aber das hat leider einen psychologischen Beigeschmack.

6. *Unpersönlichkeit.* Das Bemerkenswerteste an der Zen-Erfahrung ist vielleicht, daß sie keine persönliche Färbung aufweist, wie wir sie etwa bei der mystischen Erfahrung im Christentum antreffen. Im buddhistischen Satori deutet nichts auf solche persönlichen und häufig erotischen Gefühle hin, wie sie uns aus den folgenden Ausdrücken entgegenschlagen: Flamme der Liebe, Umarmung, Geliebter, Braut, Bräutigam, geistige Ehe, Gottvater, Gottes Sohn und so weiter. Man kann natürlich sagen, daß all diese Ausdrücke Interpretationen aufgrund eines bestimmten Denksystems sind und nichts mit der Erfahrung selbst zu tun haben. Jedenfalls aber ist Satori in Indien, China und Japan vollkommen un-

persönlich geblieben, etwas, das eher dem Bereich des reinen Intellekts zugehört als dem der Person.

Ist das auf den besonderen Charakter buddhistischer Philosophie zurückzuführen? Gewinnt die Erfahrung ihre Färbung aus der Philosophie oder Theologie? Das sei dahingestellt; die Zen-Erfahrung jedenfalls ist frei von allen persönlichen und anthropomorphen Tönen, auch wenn wir in manchen anderen Punkten Übereinstimmungen mit der mystischen Erfahrung im Christentum feststellen können. Chao-pien, ein hoher Regierungsbeamter der Sung-Dynastie, war ein Laienschüler von Chiang-shan Fa-ch'uan.

Einmal, als seine Tagesarbeit getan war, saß er noch friedlich in seinem Amtszimmer, als plötzlich ein Donner sein Ohr traf und er Satori erfuhr. Die Zeilen, die er danach dichtete, beleuchten einen Aspekt der Zen-Erfahrung:

> Gedankenleer saß ich still am Tisch in meinem Amtsraum,
> mein Quell-Geist unbekümmert, gelassen wie das Wasser.
> Ein plötzlicher Donnerschlag, das Geisttor springt auf,
> und sieh, da sitzt der alte Mann in seiner ganzen
> Unscheinbarkeit.

Mehr an persönlicher Tönung wird man kaum in Beschreibungen der Zen-Erfahrung finden, und wie weit ist es von diesem «alten Mann in seiner ganzen Unscheinbarkeit» bis zur «himmlischen Süße der Liebe Christi» und dergleichen! Wie karg, wie unromantisch ist Satori doch, wenn wir es mit der Erfahrung christlicher Mystiker vergleichen!

Nicht nur das Satori selbst ist ein prosaisches und gar nicht grandioses Ereignis, auch die Situation, die es auslöst, hat so gar nichts mit hehren Gefühlen und Übersinnlichem zu tun. Die Satori-Erfahrung steht sehr häufig im Zusammenhang mit irgendeinem alltäglichen Vorfall. Sie ist nicht von außergewöhnlichen Phänomenen begleitet, wie wir sie in den Büchern der christlichen Mystik beschrieben finden. Jemand packt einen oder schlägt einen oder bringt eine Tasse Tee oder macht eine ganz unscheinbare Bemerkung oder zitiert eine Passage aus einem Sūtra oder einem Gedichtband – und wenn unser Geist in diesem Augenblick reif ist für den Durchbruch, können wir augenblicklich Satori erlangen. Da gibt es keinen Liebesrausch, keine Stimme des Heiligen Geistes, keine Fülle göttlicher Gnade, keine Glorifizierung irgendwelcher Art. Hier erscheint nichts in grellen Farben, alles ist ganz und gar unauffällig, geradezu unattraktiv.

7. *Gefühl der Erhobenheit.* Kein Satori, das nicht von diesem Gefühl begleitet wäre, denn schließlich wird hier alles Beengende aufgesprengt, das uns durch den Glauben an unsere Individualität auferlegt war; und dieses Aufbrechen ist kein negatives Geschehen, sondern ein sehr positives, denn es bedeutet eine unendliche Weitung des Individuellen. Die nicht immer bewußte Unterströmung aller unserer Bewußtseinsfunktionen besteht in einem Gefühl von Beschränkung und Abhängigkeit, denn das Bewußtsein selbst ist das Produkt zweier Kräfte, die einander bedingen und beschränken. Satori besteht dem gegenüber wesenhaft darin, daß alle Gegensätze ausgeräumt werden, welcher Art sie auch sein mögen – und diese Gegensätzlichkeit, wie gesagt, ist das Prinzip des Bewußtseins, während Satori das Unbewußte realisiert, das über allen Gegensätzen steht.

Davon befreit zu werden, löst natürlich ein starkes Gefühl von Erhobenheit aus. Ein umherziehender Ausgestoßener, mißhandelt nicht nur von anderen, sondern auch von sich selbst, sieht sich plötzlich im Besitz allen Reichtums und aller Macht, die in dieser Welt je einem Sterblichen zufallen können – und es ist gewiß kaum ein anderes Gefühl so erhebend wie dieses. Ein Zen-Meister sagt: «Wenn du Satori hast, kannst du einen ganzen Palast aus kostbaren Steinen auf einem einzigen Grashalm sichtbar werden lassen; hast du Satori aber nicht, so verdeckt ein einziger Grashalm einen ganzen Palast.»

Ein anderer Zen-Meister, offenbar auf das *Avatamsaka-Sūtra* anspielend, verkündet: «Ihr Mönche, seht, ein höchst verheißungsvolles Licht von größter Helligkeit leuchtet im ganzen Kosmos und macht alles zugleich sichtbar – alle Länder, alle Ozeane, alle Sumerus, alle Sonnen und Monde, alle Himmel und alle Länder, von denen es jeweils Hunderttausende Myriaden gibt. Ihr Mönche, seht ihr das Licht nicht?» Dennoch ist das Zen-Gefühl der Erhobenheit im Grund eine stille, nicht nach außen drängende Empfindung; nach dem ersten Aufglühen hat es gar nichts Demonstratives mehr an sich. Das Unbewußte tut sich im Zen-Bewußtsein nicht geräuschvoll kund.

8. *Augenblickscharakter.* Satori kommt jäh über uns und ist eine Augenblickserfahrung. Wenn es sich nicht plötzlich und in einem Augenblick ereignet, ist es nicht Satori. Diese Plötzlichkeit ist, wie wir bereits im zweiten Band* sahen, charakteristisch für Hui-nengs «südliche Schule» des Zen, während sein Gegenspieler, Shen-hsiu, auf der allmählichen Entfaltung des Zen-Bewußtseins beharrte. Die plötzliche Satori-Erfahrung eröffnet in einem Augenblick einen vollkommen neuen Ausblick, und das gesamte Dasein stellt sich unter einer ganz neuen Perspektive dar. Die Schilderung des Landesmeisters Bukkō**mag hierfür als Beispiel dienen.

DIE SATORI-ERFAHRUNG VOR DER EINFÜHRUNG DES KŌAN-SYSTEMS

Bevor wir uns vergegenwärtigen, wie es dazu kam, daß die Kōan-Übung als notwendiger Schritt zur Verwirklichung des Satori betrachtet wurde, möchte ich noch untersuchen, wie

* *Zazen*, S. 63 ff.
** *Satori*, S. 184 ff.

die alten Zen-Meister in der Zeit vor der Einführung des Kōan-Systems vorgingen. Denn wenn ich die Kōan-Übung als unabdingbar für das heutige Zen bezeichne, stellt sich natürlich die Frage, weshalb das so ist und was die Meister in alter Zeit unternahmen. Das Kōan wurde gegen Ende des neunten Jahrhunderts zum Mittel der Zen-Schulung, also etwa einhundertfünfzig Jahre nach Hui-neng.

Auch in der koānlosen Zeit wurde Zen geübt, Satori erlangt und der Buddha-Geist übermittelt. Es bedurfte keiner Kōan für die Schulung. Wie konnte dann überhaupt jemand zur Zen-Erfahrung gelangen? Es müssen damals ganz andere Voraussetzungen geherrscht haben als in der heutigen Zeit. Worin besteht der Unterschied? Diese Frage ist notwendig, um die Natur des Kōan zu erhellen, um herauszufinden, welche Rolle es in der Zen-Erfahrung spielt, und schließlich auch, um zu erkennen, in welcher Beziehung es zum Nembutsu der «Schule des Reinen Landes» steht.

Worin bestehen also die psychologischen Mittel und Bedingungen, die das Satori anbahnen? Wie wir bereits sahen, ereignet es sich im Zusammenhang mit höchst trivialen Vorfällen wie etwa dem Heben eines Fingers, einem Schrei, einem bestimmten Ausdruck, einem Stockschwingen, einem Schlag ins Gesicht und ähnlichem. Was da in Gang gesetzt wird, scheint in keinem Verhältnis zum Anlaß zu stehen, und so nehmen wir tiefwurzelnde psychologische Vorbedingungen an, die durch einen Auslöser zu urplötzlicher Reife gelangen. Worin bestehen diese Vorbedingungen? Betrachten wir einige klassische Beispiele, wie sie in den Annalen des Zen verzeichnet sind.

Die Betrachtung dieser der Zen-Erfahrung vorausgehenden Umstände ist wichtig, denn sie bestimmen zweifellos, von welcher Art die Erfahrung sein wird, und praktisch gesehen sind sie die Punkte, bei denen die Zen-Meister ansetzen, um ihren Schülern die notwendigen Unterweisungen zu geben. Man könnte in diesem Zusammenhang etwa die folgenden Fragen stellen: Worin bestehen die intellektuellen Faktoren – falls es welche gibt – bei der Reifung des Zen-Bewußtseins? Hat der Wille etwas mit der Erfahrung zu tun? Gibt es da etwas, das in Richtung Autosuggestion geht?

Wenn ich im folgenden nun etwas Greifbares und Nachvollziehbares über die psychologische Geschichte des Satori zu sagen versuche, so ist das keine leichte Aufgabe, denn es gibt keinerlei autobiographische Aufzeichnung aus der Zeit vor der Einführung der Kōan-Schulung und keine detaillierten und genauen objektiven Beobachtungen zu dem Bewußtseinsprozeß, der dem plötzlichen Durchbruch eines Satori vorausgeht. Dennoch, selbst den schwer verständlichen fragmentarischen Aufzeichnungen, welche uns die Chinesen hinterließen, läßt sich manches entnehmen, wenn man sie nur einfühlsam betrachtet.

Die Geschichte von der Unterredung zwischen Hui-k'o (Eka) und Bodhidharma, dem ersten Patriarchen des Zen in China, enthält zwar historische Ungenauigkeiten, und die dramatischen Ausschmückungen haben ihr nicht gerade gut getan, doch vermittelt sie uns trotzdem einen recht guten Eindruck von dem, was bei dieser Begegnung geschah. Historische Genauigkeit ist dafür nicht immer die wichtigste Vorbedingung. Auch die spätere literarische Behandlung eines solchen Ereignisses kann zum Verständnis beitragen, denn ist es nicht häufig so, daß die Vorstellungsgabe die sogenannten Fakten wirklichkeitsgetreuer abbildet als die objektive Schilderung des Historikers?

Nach den Worten des *Ch'uan-teng-lu* (*Dentō-roku*) war Hui-k'o (487–593)* gründlich mit der konfuzianischen und taoistischen Literatur vertraut, doch er blieb unbefriedigt, denn er fand, daß diese Lehren doch nicht ganz bis zum Grund vordrangen. Als er erfuhr, daß Bodhidharma aus Indien ge-

* Vgl. *Zazen*, S. 36–41.

kommen war, suchte er das Kloster Shao-lin auf, wo der Meister sich aufhielt. Hui-k'o wartete auf eine Gelegenheit, mit ihm über die Sache zu sprechen, über die er Aufklärung wünschte, aber er traf den Meister stets nur der Wand gegenüber Zazen übend an.

Hui-k'o überlegte: «Die Geschichte enthält Beispiele von früheren Wahrheitssuchern, die um der Erleuchtung willen bereit waren, sich das Mark aus den Knochen ziehen zu lassen, ihr Blut zur Nahrung für die Hungernden zu vergießen, die aufgeweichte Straße mit ihrem Haar zu bedecken oder sich in den Rachen eines hungrigen Tigers zu werfen. Was bin ich? Bin ich nicht auch fähig, mich auf dem Altar der Wahrheit selbst aufzugeben?»

Am neunten Dezember dieses Jahres blieb er im dichten Schneetreiben stehen und rührte sich nicht bis zum Morgen, und da stand der Schnee ihm schon bis an die Knie. Da erbarmte Bodhidharma sich seiner und fragte: «Du stehst nun schon eine ganze Weile im Schnee; was willst du?»

Hui-k'o antwortete: «Ich bin gekommen, Eure unschätzbare Unterweisung zu empfangen. Bitte, öffnet Euer Tor des Erbarmens und versagt diesem armen Sterblichen nicht Eure Hand.»

Bodhidharma sagte: «Die unvergleichliche Lehre des Buddha kann nur nach langer, harter Schulung begriffen werden – durch Ertragen dessen, was am schwersten zu ertragen ist, durch das Üben dessen, was am schwierigsten zu üben ist. Menschen von geringer Tugend und Weisheit, leichtsinnig und voller Eigendünkel, sind nicht in der Lage, die Wahrheit des Buddhismus zu erfassen. Alle ihre Bemühungen werden zunichte.»

Der Fortgang dieser Geschichte wurde später zu einem Kōan und lautet in der Fassung von Meister Wu-men (Mumon):

Bodhidharma saß der Wand gegenüber. Der Zweite Patriarch [Hui-k'o], der im Schnee gestanden hatte, schnitt seinen Arm ab und sagte: «Der Geist Eures Schülers findet noch keinen Frieden. Ich bitte Euch, Meister, gebt ihm Frieden.»

Bodhidharma sagte: «Bring mir den Geist her, und ich werde ihn zur Ruhe bringen.»

Der Zweite Patriarch sagte: «Ich habe nach dem Geist gesucht, doch er ist schließlich unauffindbar.»

[Hier kommentiert Ta-hui: «Hui-k'o wußte wohl, in welcher Lage er sich befand, nachdem er all die Schriften studiert hatte, und es war gut, daß er dem Meister diese unverhohlene Antwort gab. Was er da wußte, war nicht mit einer Absicht oder ohne eine Absicht zu erstreben; es war nicht durch Worte noch durch bloßes Stillsein zu erreichen; es war nicht durch Logik zu erfassen noch außerhalb der Logik zu erklären. Nirgends konnte man ihm begegnen, noch war es aus irgend etwas zu schließen. Nein, nicht in den Fünf Skandhas, nicht in den Achtzehn Dhātus. Er gab eine gute Antwort.»]

Bodhidharma sagte: «Dann habe ich ihn gründlich zur Ruhe gebracht.»*

Diese Bestätigung durch den Meister öffnete Hui-k'o augenblicklich die Augen, und er erfuhr Satori. Ta-hui bemerkt dazu wiederum: «Es war wie der Drache, der ins Wasser gelangt, oder der Tiger, der sich auf den Felsen kauert. In diesem Augenblick sah Hui-k'o nicht den Meister vor sich, nicht den Schnee, nicht den Geist, der etwas heischte, nicht einmal Satori selbst, wie es seinen Geist ergriff. Alles verschwand aus seinem Bewußtsein, alles war Leere. Daher das Wort.: ‹Einsamkeit regiert hier; nicht *eine* Gestalt im Kloster Shao-lin.› Aber blieb Hui-k'o in dieser Leere? Nein, er wurde jäh zu einem neuen Leben erweckt. Er warf sich in den Abgrund, und seht! der sichere Tod machte ihn ganz und gar lebendig. Und gewiß empfand er dann die Kälte des Schnees auf dem Tempelhof. Wie zuvor befand sich seine Nase über der Oberlippe.»

* *Wu-men-kuan*, 1. Beispiel.

Hui-k'os Weg weist einige charakteristische Züge auf, die festgehalten zu werden verdienen: Er war ein Gelehrter, aber all sein Wissen konnte ihn nicht befriedigen, und es verlangte ihn nach einem inneren Begreifen, das in den Schriften nicht zu finden war; er suchte mit größter Ernsthaftigkeit nach dieser inneren Wahrheit, die ihm Ruhe und Frieden geben könnte; er war bereit, diesem Ziel alles aufzuopfern; er widmete einige Jahre der schweren Aufgabe, seinen Geist zu finden (und hier zeigt sich, daß er der traditionellen Auffassung anhing, irgendwo im Zentrum seines Seins befinde sich ein «Geist», und wenn er den erfasse, sei das Ziel erreicht); Hui-k'os Unterredung mit Bodhidharma wird zwar so erzählt, als habe sich alles an einem Tag oder Abend zugetragen, aber es könnte auch sein, daß zwischen der ersten Frage und Bodhidharmas Worten der Unterweisung Tage und Monate des geistigen Ringens vergingen; die Aussage: «Ich habe nach dem Geist gesucht, doch er ist schließlich unauffindbar», war keine bloße Feststellung, sondern bedeutet, daß Hui-k'os Leben eine tiefe Umwälzung erfahren hatte und er ans Ende seiner Ich-Vorstellung gelangt war, ans Ende eines Daseins im ständigen Bewußtsein seiner Individualität; er war sich selbst gestorben, und so konnte die Bemerkung des Meisters ihn zu neuem Leben erwecken – daher sein Wort: «Einsamkeit regiert hier; nicht *eine* Gestalt im Kloster Shao-lin.»

Diese «Einsamkeit» ist absolute Einsamkeit, hier gibt es keine Dualität von Sein und Nicht-Sein. Der Ausruf – denn es war ein Ausruf und nicht etwa eine philosophische Aussage –: «Da ist kein Geist, der aufzufinden wäre», war Hui-k'o erst möglich, als er diesen Zustand absoluter Einsamkeit erreicht hatte. Und nun bedurfte es nur noch Bodhidharmas Bemerkung: «Dann habe ich ihn gründlich zur Ruhe gebracht», um alle Fesseln von ihm abfallen zu lassen. Wenn wir den Gang der Ereignisse bis zu Hui-k'os Satori genau und einfühlsam betrachten, müssen wir die vorliegenden Aufzeichnungen wohl in der hier vorgeschlagenen Weise ergänzen. Worauf ich hinaus will, wird im weiteren Verlauf dieser Überlegungen noch deutlicher werden.

Bei Hui-neng (E'nō, 638–713),* dem sechsten Patriarchen des Zen in China, finden wir eine etwas andere Ausgangslage vor, denn er war der Überlieferung zufolge kein Gelehrter wie Hui-k'o, sondern ein einfacher Holzhändler. Hier hat die unter Zen-Anhängern verbreitete Geringschätzung für Gelehrsamkeit und Sūtra-Studium vielleicht ein wenig auf die Berichterstattung abgefärbt, und möglicherweise wollte man damit auch den Gegensatz zwischen ihm und seinem Rivalen Shen-hsiu (Jinshū, 605?–706), einem Gelehrten, deutlich hervorheben. Tatsächlich aber kann Hui-neng nicht ganz der Ignoramus gewesen sein, als den seine Anhänger ihn hinstellten, denn in seinen Darlegungen, die gesammelt wurden und heute im allgemeinen unter dem Titel «Plattform-Sūtra» (oder «Podium-Sūtra») bekannt sind, finden sich zahlreiche Anspielungen und Verweise auf andere buddhistische Texte. Über seinen Bildungsstand können wir eigentlich nur aussagen, daß er weniger belesen war als Shen-hsiu. Nach den Berichten hatte er seine erste Begegnung mit Zen, als er gerade ein Bündel Holz verkauft hatte und aus dem Haus des Kunden eine Stimme hörte, die aus dem *Vajrachchedikā-Sūtra* rezitierte. Die Stelle: «Nirgends verweilend, muß der Herz-Geist frei fließen», beeindruckte ihn so tief, daß er beschloß, sich unter Hung-jen (Gunin, 601–674), dem fünften Patriarchen des Zen in China, im Zen zu schulen. Nach langer Wanderschaft gelangte er zum Kloster des Fünften Patriarchen, und dieser prüfte ihn:

Hung-jen: «Aus welcher Gegend stammst du, und was willst du suchen?»

Hui-neng: «Der Schüler ist ein Bauer aus Hsin-chou, südlich der Berge, und ist von weither gekommen, dem Meister

* Vgl. *Zazen*, ab S. 53.

seine Verehrung zu erweisen, und sucht nichts, als ein Buddha zu werden.»

Hung-jen: «Du bist also ein Mann aus Hsin-chou, also ein niedriger aus einer abgelegenen Gegend. Wie könntest du fähig sein, ein Buddha zu werden?»

Hui-neng: «Wenn es auch Menschen des Südens oder des Nordens gibt, so ist das Buddha-Wesen an sich ohne Süd und Nord. Der Niedrige und der Meister sind nicht gleich, aber im Hinblick auf unser Buddha-Wesen, welchen Unterschied gibt es da?»

Hätte Hui-neng noch keinerlei Zen-Erfahrung besessen, so hätte er gewiß nicht auf diese Weise antworten können. Hung-jen ließ ihn als nichtordinierten Mönch in der Küche arbeiten, wo er Holz spaltete und die Reismühle trat, acht Monate lang. Der hochbetagte Fünfte Patriarch, der daran dachte, einen Nachfolger zu bestimmen, ließ eines Tages alle Mönche zusammenrufen und sagte, ein jeder solle einen Vers schreiben, der den Stand seiner Einsicht in das Wahre Wesen wiedergeben solle. Shen-hsius Vers lautete:

Der Leib, das ist der Bodhi-Baum,
der Geist, er gleicht dem klaren Spiegelständer;
wisch ihn denn immer wieder rein,
laß keinen Staub sich darauf sammeln.

Hui-neng erfuhr von diesem Vers und verfaßte selbst einen anderen:

Im Grunde gibt es keinen Bodhi-Baum,
noch ist der klare Spiegel ein Gestell.
Da alles Leere ist von Anbeginn,*
wo heftete sich Staub denn hin?

* Nach einem sehr alten Manuskript des *Podium-Sūtra*, das in Tun-huang aufgefunden wurde, lautete diese dritte Zeile: «Das Buddha-Wesen ist rein und unbefleckt von Anbeginn.» Der von Hui-nengs Schülern kompilierte Text war im Laufe der Zeit allerlei Wechselfällen ausgesetzt, und

Wenn wir allein aufgrund dieser beiden Verse urteilen, befindet Hui-neng sich in voller Übereinstimmung mit der Shūnyatā-(«Leere»-)Lehre des *Prajñāpāramitā-Sūtra*, während Shen-hsiu, so könnte man sagen, den Geist des Mahāyāna-Buddhismus noch nicht ganz erfaßt hat. Hui-nengs Geist entwickelte sich von Anfang an entlang der Leitlinien des *Vajrachchedikā-Sūtra*, das er kennenlernte, bevor er zu Hung-jen kam, doch es liegt auf der Hand, daß er diesen Vers nur abfassen konnte, weil er die Wahrheit der Leere schon selbst erfahren hatte. Die erste Inspiration, die das *Vajrachchedikā-Sūtra* ihm gab, ließ ihn erkennen, daß da eine Wahrheit jenseits dieser phänomenalen Welt war. Er kam dann zu Hung-jen, und es bedurfte gewiß noch einiger Schulung der intuitiven Kräfte, um in den Geist des Prajñāpāramitā einzudringen; selbst für einen so hochbegabten Menschen wie Hui-neng kann das keine sehr leichte Aufgabe gewesen sein. Um derart in die verschwiegenen Tiefen seines eigenen Geistes einzudringen, muß er beim Reismahlen sehr hart an sich gearbeitet haben.

In diesen acht Monaten, in denen er nur niedere Arbeiten verrichtete, ging in seinem Geist eine große Umwälzung vor sich.* Shen-hsius Vers gab ihm Gelegenheit, seine eigene innere Schau nach außen hin darzulegen. Alles, was er bis dahin an Wissen, Einsicht und Unterweisung besessen haben

die heutige Ausgabe weicht erheblich von dem alten Tun-huang-Manuskript ab, aber auch von der im Kōshō-ji in Kyōto wiederentdeckten japanischen Fassung.

* Ist es nicht bezeichnend, daß er sein Leben in dieser Zeit, da sein Geist sich auf den Satori-Zustand hin entfaltete, mit ganz prosaischen und scheinbar unreligiösen Beschäftigungen zubrachte? Er rezitierte nicht den Namen des Buddha, er huldigte dem Buddha nicht gemäß den Regeln des Klosterlebens, er bekannte nicht seine Sünden und bat nicht um Vergebung durch göttliche Gnade, er warf sich nicht vor dem Buddha nieder mit flehentlichen Bitten, aus dem ewigen Kreislauf der Wiedergeburt erlöst zu werden. Er mahlte einfach Reis, damit dieser für die Mönchsgemeinschaft zur Verfügung stand. Dieses ganz und gar

mag, gelangte zur Reife und gipfelte in dem Vers, der lebendiger Ausdruck seiner Erfahrung war. So wude das *Vajrachchedikā* in ihm selbst lebendig. Ohne die Prajñāpāramitā wirklich erfahren zu haben, hätte es kaum zu jener Äußerung kommen können, die er nach seiner heimlichen Flucht aus dem Kloster des Fünften Patriarchen einem seiner Verfolger gegenüber tat. Ming (Myō), so hieß dieser Mönch, erfuhr durch die Begegnung mit Hui-neng eine innere Wandlung und bat ihn, er möge ihm den Dharma offenbaren. Hui-neng sagte: «Nicht gut denkend, nicht böse denkend, was ist in eben diesem Augenblick das Ur-Antlitz von Mönch Ming?»

Zum Werdegang des Fünften Patriarchen erscheinen mir folgende Punkte erwähnenswert:

1. Er war kein sehr gelehrter Mann, wenn auch zweifellos mit etlichen Mahāyāna-Texten vertraut. Jedenfalls war er keiner jener Gelehrten, die tiefschürfende und kenntnisreiche Kommentare zu den Sūtras und Shastras verfaßten. Ihm kam es allein darauf an, den wahren Sinn eines Textes zu erfassen.

2. Der erste Text, mit dem er in Berührung kam, war das *Vajrachchedikā-Sūtra*, das sich in der damaligen Zeit höchstwahrscheinlich großer Popularität erfreute. Dieses Sūtra gehört zum großen Komplex der Prajñāpāramitā-Literatur. Es ist kein philosophisches Werk, sondern enthält tiefe religiöse Wahrheiten in der Form, in welcher sie sich dem indischen Mahāyāna-Geist darstellten. Sie sind hier so zum Ausdruck gebracht, daß sie dem gewöhnlichen Bewußtseins schier unbegreiflich bleiben müssen, da sie einander häufig zu widersprechen scheinen, wenn man sie unter logischen Gesichtspunkten betrachtet. Die Autoren der Prajñāpāramitā-Sūtras mahnen den Leser immer wieder, sich von ihren Lehren, die

Unspektakuläre an Hui-nengs Rolle im Klosterleben ist der Beginn der für Zen charakteristischen Schulungsweise, durch die es sich so deutlich von allen anderen buddhistischen Gemeinschaften unterscheidet.

so voller bestürzender Aussagen sind, nicht beunruhigen zu lassen.

3. Hui-neng kam ins Kloster des Fünften Patriarchen, um sich im Zen zu schulen und den Geist der Prajñāpāramitā zu atmen, nicht um die Reismühle zu treten oder Holz zu hakken. Ganz gewiß ging sehr viel in ihm vor bei dieser Arbeit. Wir können davon ausgehen, das Hung-jen dies bemerkte und ihm gelegentlich Unterweisungen gab, persönlich und im Rahmen seiner Darlegungen vor den versammelten Mönchen. Dies waren wichtige Anstöße für Hui-nengs innere Reifung.

4. Shen-hsius Vers dürfte schließlich der Anstoß dafür gewesen sein, daß sich in Hui-neng etwas Bahn brach, das in seinem Tiefenbewußtsein herangereift war. Er war auf der Suche nach letzter Wahrheit, er wollte den tiefsten Sinn der Prajñāpāramitā in sich selbst erfahren. Shen-hsius Vers, der diesen Sinn verfehlte, forderte den Widerspruch geradezu heraus und führte zu einer Formulierung, die einen direkten Zugang zur Prajñāpāramitā erkennen läßt.

5. Mit Hui-neng beginnt das Zen, seine eigenen Wurzeln zu schlagen: Was in seinem Ursprung indisch war, ist seit Hui-neng von eigenständig chinesischem Charakter. Hui-nengs schöpferische Originalität wird hinlänglich deutlich an seinem Umgang mit dem Mönch Ming und an den Worten, die er nach vielen Jahren der Zurückgezogenheit an die Mönche des Klosters Fa-hsing und dessen Abt, Yin-tsung, richtete.*

6. Kennzeichnend für Hui-neng und seine Schule ist der Umstand, daß hier die Plötzlichkeit des Satori betont wurde, während Shen-hsiu es als einen langsamen, gestuften Prozeß betrachtete. Daher erhielt Hui-nengs Schule den Beinamen Tun-chiao (jap. Tongo, «plötzliche Erleuchtung»), während die von Shen-hsiu ausgehende Bewegung Chien-chiao (Zen-

* *Zazen*, S. 60 f.

go, «allmähliche Erleuchtung») genannt wurde. Hui-neng wirkte im Süden, Shen-hsiu im Norden, und so wurden als weitere Beinamen die Bezeichnungen «Südliche Schule» (Nan-tsung, jap. Nanshū) und «Nördliche Schule» (Pe-tsung) gebräuchlich. Im Norden wurde Wert auf Schriftenstudium und praktische Disziplin als Mittel der Schulung gelegt, während im Süden alles auf das intuitive und unverhoffte Wirken von Prajñā ausgerichtet war, das keinerlei Aktivität des Denkens bedurfte.

Gelehrsamkeit und intellektuelle Durchdringung sind ein langsamer, mühsamer Weg, und allzu oft stellt sich am Ende heraus, daß man über die Begrifflichkeit doch nicht hinausgelangt. Man kann vielleicht sagen, daß es zwei Grundtypen von Geistesverfassung gibt, den intuitiven und den schlußfolgernden. Der intuitive Typus, den wir generell bei den großen spirituellen Genies antreffen, besitzt wenig Sinn und Geduld für die Begrifflichkeit des Gelehrten, und so konnte es gar nicht ausbleiben, daß zunächst ein Gegensatz zwischen der Nördlichen und der Südlichen Schule entstand. Hierzu kam später noch die Auseinandersetzung mit den quietistischen Tendenzen einiger Zen-Meister der Sung-Zeit. Wie die Geschichte des Zen gezeigt hat, ist die Schule der plötzlichen Erleuchtung dem Wesen des Zen-Bewußtseins am nächsten, denn alle wesentlichen Übertragungslinien einschließlich der heute noch lebendigen gingen aus ihr hervor, während die Nördliche Schule nach wenigen Generationen erlosch. Huineng war es, dem dieses für das Zen so kennzeichnende Prinzip der Plötzlichkeit so deutlich wurde, daß er ihm gegenüber dem Sūtra-Zen und dem bloßen Stillsitzen Gehör verschaffen konnte. Der Gegensatz zwischen diesen beiden Tendenzen auf der einen und dem Zen der Südlichen Schule (auch «Patriarchen-Zen» genannt) auf der anderen hat sich durch die gesamte Geschichte des Zen fortgesetzt.

Te-shan Hsüan-chien (Tokusan Senkan, etwa 781–867), berühmt für seinen Gebrauch des Stocks, war ein Gelehrter, besonders bewandert in den Lehren des *Vajrachchedikā(Diamant-)Sūtra*, zu dem er sogar einen Kommentar verfaßt hatte. Seine Kenntnis der alten Schriften war gewiß umfassender und systematischer als die seines Vorläufers Hui-neng. Er selbst war der Auffassung, es brauche Tausende von Weltzeitaltern, bis jemand Buddhaschaft erlangen könne, und nun hörte er eines Tages von einer Lehre im Süden, die behauptete, ein Mensch könne in einem Augenblick ein Buddha werden, wenn er sein eigenes inneres Wesen erfasse. Te-shan machte sich, seine Kommentare auf dem Rücken, nach Süden auf in der Absicht, die vermeintliche Irrlehre zu widerlegen. Auch hierin unterscheidet er sich von Hui-neng, der unter der Führung eines Meisters in den *Geist* des *Diamant-Sūtra* einzudringen wünschte, während Te-shan sich vornahm, das Zen mit dem *Buchstaben* des *Diamant-Sūtra* niederzuringen. Sie beide gingen von diesem Sūtra aus, doch die Anstöße, die es ihnen gab, wirkten sich vollkommen gegensätzlich aus.

Unterwegs traf er eine alte Frau, die Ölkuchen feilhielt und bei der er seinen Hunger stillen wollte. Der chinesische Name dieser Ölkuchen, Tien-hsin, bedeutet in wörtlicher Übersetzung «Stärkung des Geistes». Die alte Frau setzte dem hungrigen Wanderer nicht sofort etwas vor, sondern fragte zunächst: «Was tragt Ihr da auf dem Rücken?»

«Kommentare zum *Diamant-Sūtra*», erwiderte er.

«Nun», sagte sie, «dann möchte ich Euch eine Frage stellen. Könnt Ihr sie zu meiner Zufriedenheit beantworten, so bekommt Ihr die Ölkuchen umsonst; könnt Ihr es nicht, so müßt Ihr Euch anderswohin wenden.»

Te-shan willigte ein.

Sie fragte: «Der Geist der Vergangenheit ist ungreifbar, der Geist der Gegenwart ist ungreifbar, der Geist der Zukunft ist ungreifbar. Welchen Geist wollt Ihr stärken?»

Vor dieser Frage versagte Te-shans ganze Gelehrsamkeit; er

wußte nichts zu antworten und mußte hungrig weiterziehen. Auch sein kühnes Vorhaben, die Zen-Meister zu widerlegen, wurde damit hinfällig, denn wenn er dieser alten Kuchenverkäuferin schon unterlegen war, wie sollte es da erst bei einem richtigen Zen-Meister werden? Bevor er weiterging, erkundigte er sich bei der Frau noch nach einem Meister, der ihm helfen könnte, den tiefen Sinn des *Diamant-Sūtra* zu erfassen. Sie schickte ihn zu Meister Lung-t'an Ch'ung-hsin (Ryūtan Sōshin). Te-shan machte sich auf zu diesem Meister.

Als er schließlich vor Lung-t'an stand, sagte er: «Ich habe die Leute so viel von Lung-t'an («Drachenteich») reden hören, doch so weit ich sehe, gibt es hier keinen Drachen und auch keinen Teich.»

Lung-t'an erwiderte sanft: «Du bist fürwahr in der Mitte von Lung-t'an.»

Te-shan faßte den Entschluß, bei diesem Meister zu bleiben und sich unter seiner Führung im Zen zu schulen. Wie er unter Lung-t'ans Führung zu einer Satori-Erfahrung kam, berichtet das *Wu-men-kuan*:

Einst bat Te-shan Lung-t'an bis spät in die Nacht um Unterweisung. Lung-t'an sagte: «Es ist tiefe Nacht. Willst du dich nicht zurückziehen?»

Te-shan empfahl sich, hob den Türbehang und ging hinaus. Als er die Dunkelheit draußen gewahrte, wandte er sich um und sagte: «Dunkel draußen.»

Daraufhin zündete Lung-t'an eine Papierfackel an und reichte sie ihm. Te-shan war im Begriff, sie zu nehmen, da blies Lung-t'an sie aus.

Da kam Te-shan urplötzlich zu einem Durchblick. Er warf sich nieder.

Lung-t'an sagte: «Was für eine Wahrheit hast du geschaut?»

Te-shan sagte: «Von jetzt an wird dieser hier [ich] nicht mehr Zweifel an den Worten des alten Meisters (berühmt überall) unter dem Himmel hegen.»

Am nächsten Tag stieg Lung-t'an auf den hohen Sitz und sagte: «Unter euch da ist ein Kerl mit Fangzähnen gleich einem Schwertbaum und mit einem Mund gleich einer Schale voll Blut. Versetzt man ihm einen Schlag, so wird er nicht den Kopf wenden. Eines Tages wird er sich auf einem einsamen Gipfel niederlassen und unseren Weg dort begründen.»

Te-shan nahm daraufhin seine Kommentare, ging vor die Dharma-Halle, hob eine Fackel hoch und sagte: «Auch wenn wir die tiefgründigen Doktrinen gemeistert haben, ist es doch nur, als legte man ein Haar in den weiten Raum; auch wenn wir das wesentliche Wissen der Welt erschöpft haben, ist es doch nur, als ließe man einen Tropfen in den großen Abgrund fallen.»

Er nahm seine Kommentare auf und verbrannte sie. Daraufhin verneigte er sich und ging.*

Te-shans Werdegang weist einige charakteristische Unterschiede zu den bisher besprochenen Beispielen auf. Er war nicht nur ein Kenner des *Diamant-Sūtra*, sondern auch auf anderen Gebieten der buddhistischen Philosophie bewandert, zum Beisiel im Abhidharmakosha und Yogāchāra. Anfangs war er ein entschiedener Gegner des Zen und hatte sogar die Absicht, es zu vernichten. Das jedenfalls war das Motiv seines Oberflächenbewußtseins; was darunter vorging, war ihm offenbar völlig unbewußt. Diese tieferen Tendenzen gewannen die Oberhand über seine oberflächlichen Absichten, als er in jener alten Frau auf einen Gegner traf, dem er nicht gewachsen war. Bei seiner ersten Begegung mit Lung-t'an wurde die Schale seiner Intellektualität aufgebrochen, und das setzte seine tieferen Kräfte frei. Und als schließlich der Meister die Fackel ausblies, fand ein tiefgreifender innerer Umbruch statt: Alles bis dahin Verneinte und Unterdrückte brach sich Bahn, während das, was Te-shan einst für besonders kostbar gehalten hatte, nun völlig wertlos war.

* *Wu-men-kuan*, 28. Beispiel.

Später, als er selbst ein Zen-Meister war, wurde er berühmt für den Ausspruch: «Dreißig Hiebe, wenn du sprichst; dreißig Hiebe, wenn du schweigst.»

Einst fragte ihn ein Mönch: «Wer ist der Buddha?»

Te-shan erwiderte: «Ein alter Mönch aus dem westlichen Land.»

«Was ist Erleuchtung?»

Te-shan versetzte dem Fragesteller einen Schlag und sagte: «Scher dich fort; verstreue keinen Schmutz um uns her.»

Ein anderer Mönch stellte ihm eine Frage über Zen, und er polterte: «Ich habe nichts zu geben, pack dich!»

Welche Geradlinigkeit, welche Entschlossenheit, wenn wir dagegenhalten, wie aufgewühlt und innerlich zerrissen er einst zu Lung-t'an gekommen war! Man kann sich recht gut vorstellen, was für Umwälzungen in Te-shan vorgingen, nachdem er mit der alten Frau gesprochen hatte, vor allem aber als er dann des nachts beim Meister saß, äußerlich ruhig, aber innerlich so bewegt und gefangengenommen, daß er den Anbruch der Nacht nicht bemerkte.

Lin-chi I-hsüan (Rinzai Gigen, gest. 866/67) war ein Schüler des großen Meisters Huang-po (Ōbaku) und Begründer einer Schule des Zen, die seinen Namen trägt. Seine Zen-Erfahrung trägt einige interessante Züge, die vielleicht typisch waren für jene Zeit, in der das Kōan-System noch nicht in Gebrauch war. Er hatte sich unter Huang-po bereits einige Jahre lang der Zen-Schulung gewidmet, als er vom Mönchsvorsteher einmal gefragt wurde: «Wie lange bist du schon hier?»

«Drei Jahre.»

«Warst du schon einmal beim Meister?

«Nein, noch nie.»

«Warum nicht?»

«Weil ich nicht weiß, was für eine Frage ich dem Meister stellen soll.»

Daraufhin sagte ihm der Mönchsvorsteher: «Geh zur Unterweisung zum Meister und frage ihn: ‹Was ist das Prinzip des Buddhismus?›»

Lin-chi ging zum Meister und fragte: «Was ist das Prinzip des Buddhismus?» Doch er hatte noch nicht ganz ausgesprochen, als der Meister ihm auch schon mehrere Schläge versetzte. Als der Mönchsvorsteher ihn zurückkommen sah, befragte er ihn über den Verlauf der Unterredung. Lin-chi berichtete, daß er gefragt, aber nur Schläge erhalten habe. Der Mönch sagte, er solle den Mut nicht sinken lassen, sondern abermals zum Meister gehen. Das tat er dreimal, erfuhr jedoch jedesmal die gleiche Behandlung, ohne Aufschluß über seine Frage zu erhalten.

Schließlich dachte er, es sei wohl das beste, einen anderen Meister aufzusuchen, und der Mönchsvorsteher stimmte zu. Er wurde zu Tai-yü (Taigu) geschickt. Als er zu Tai-yü kam, fragte jener. «Woher kommst du?»

«Von Huang-po.»

«Welche Unterweisung gab er dir?»

«Ich befragte ihn dreimal über das höchste Prinzip des Buddhismus, und jedesmal erhielt ich von ihm etliche Schläge, doch keine Unterweisung.»

Tai-yü sagte: «Niemand als dieser alte Meister könnte von solcher Herzensgüte sein, und immer noch möchtest du wissen, worin dein Fehler bestand.»

Dieser Tadel öffnete Lin-chi die Augen für die scheinbar so herzlose Behandlung durch Huang-po. Er rief aus: «Es ist doch nicht viel dran an Huang-pos Buddhismus!»

Tai-yü packte ihn und sagte: «Eben hast du noch gesagt, du verstündest nicht, und jetzt sagst du, es sei nicht viel dran an Huang-pos Buddhismus. Was meinst du damit?»

Lin-chi sagte nichts, sondern stieß ihm nur dreimal die Faust in die Rippen. Tai-yü ließ ihn los und sagte: «Dein Meister ist Huang-po; ich habe mit der ganzen Sache nichts zu tun.»

Lin-chi kehrte zu Huang-po zurück, und dieser fragte ihn:

«Wie kommt es, daß du so bald zurück bist?»

«Das ist Eure großmütterliche Güte.»

Huang-po sagte: «Wenn ich diesen Tai-yü sehe, werde ich ihm zwanzig Schläge geben.»

«Warum so lange warten?» sagte Lin-chi und versetzte dem Meister einen deftigen Schlag. Der alte Meister lachte ein großes Lachen.

Besonders interessant und bedeutungsvoll scheint mir an diesem Beispiel zu sein, daß Lin-chi drei Jahre lang schwieg, weil er nicht wußte, was er fragen sollte. War er denn nicht zu Huang-po gekommen, um sich im Zen zu schulen? Was tat er die ganze Zeit, bis der Mönchsvorsteher ihn aufforderte, zum Meister zu gehen? Und weshalb wußte er nichts, was er ihn hätte fragen können? Und schließlich, was verwandelte ihn so ganz und gar, nachdem er Tai-yü begegnet war? Mir scheint, daß Lin-chi die drei Jahre bei Huang-po in dem vergeblichen Bemühen verbrachte, die Wahrheit des Zen mit dem Verstand zu erfassen. Er wußte recht gut, daß Zen nicht durch Worte oder intellektuelle Analyse zu begreifen ist, und doch strebte er *denkend* nach Selbstverwirklichung. Im Grunde wußte er nicht, was er wirklich suchte und worauf seine geistigen Bemühungen zu richten waren. Hätte er um das Was und Wo gewußt, so wäre er bereits im Besitz von etwas Unumstößlichen gewesen, und wer einmal soweit gelangt ist, hat es nur noch einen Schritt bis zum wahren Begreifen.

Als Lin-chi nach den drei Jahren bei Huang-po immer noch so ohne Richtung war auf seiner spirituellen Pilgerschaft, erkannte der Mönchsvorsteher aufgrund seiner eigenen Erfahrung, daß es an der Zeit war, diesem ermatteten Wahrheitssucher einen Rat zu geben. Als Lin-chi von Huang-po so rauh abgefertigt wurde, war er nicht so sehr überrascht oder erzürnt, sondern vielmehr traurig, weil er einfach nicht verstand, was die Schläge bedeuten sollten. Auf dem Weg zu Tai-yü war er gewiß ausschließlich von dieser Frage in Anspruch genommen. Bevor er Huang-po über die letzte Wahrheit des Buddhismus befragte, hatte sein Geist immer nach etwas gesucht, woran er sich halten konnte; er war wie einer im Dunkeln, dessen Arme nach allen Seiten hin tasten. In dieser verzweifelten Lage wurde ihm in Gestalt der Schläge ein Hinweis gegeben, und Tai-yüs Bemerkung über die Herzensgüte des alten Meisters ließ ihn endlich das erfassen, worauf alle Hinweise gedeutet hatten. Ohne die drei Jahre intensiver geistiger Anstrengung, tiefer Zweifel und vergeblicher Wahrheitssuche wäre diese fruchtbare Krise nicht so bald eingetreten. Widerstreitende Ideen und allerlei Gefühle hatten sich unentwirrbar miteinander verfilzt, aber dann löste dieser Strang sich plötzlich, und alles fand zu einer neuen harmonischen Ordnung.

SCHRITTE ZUM SATORI

Diesen Beispielen aus der Frühgeschichte des Zen in China lassen sich vier Grundtatsachen hinsichtlich der Zen-Erfahrung entnehmen: 1. Es besteht eine intellektuelle Ausrichtung, die das Heranreifen des Zen-Bewußtseins begünstigt. 2. Es besteht ein starkes Verlangen, sich selbst zu transzendieren; ein wahrer Zen-Schüler strebt danach, die Grenzen zu überschreiten, die ihm als Individuum auferlegt sind. 3. Es bedarf der führenden Hand eines Meisters, um das Ringen der suchenden Seele in die richtigen Bahnen zu leiten. 4. Schließlich kommt es zu einer tiefgreifenden inneren Umwälzung, deren Ursprung im Unbekannten liegt; dieses Geschehen bezeichnet man als Satori.

1. Der Inhalt der Zen-Erfahrung ist am ehesten als intellektuell zu bezeichnen, jedenfalls eignet ihm nichts Theistisches oder Pantheistisches. Bodhidharmas Aufforderung: «Bring mir den Geist her, und ich werde ihn zur Ruhe bringen»; Hui-nengs: «Nicht gut denkend, nicht böse denkend, was ist

in eben diesem Augenblick dein Ur-Antliz?»; Nan-yüehs: «Wenn gesagt wird, es sei ein Etwas, so ist das schon weit gefehlt»; Ma-tsus: «Ich werde es dir sagen, wenn du die Wasser des Westflusses mit einem Zuge ausgetrunken hast» – alle diese Äußerungen sind gänzlich unsentimental und «un-religiös»; man kann allenfalls sagen, sie seien höchst rätselhaft und in gewisser Weise intellektuell, wenn auch nicht im üblichen Sinn dieses Wortes. Wenn wir daneben christliche Ausdrücke wie etwa «Gottes Liebe» betrachten, so ist die Zen-Erfahrung offensichtlich bar aller Emotionen. Es liegt vielmehr etwas von geradezu wissenschaftlicher Nüchternheit darin. Etwas dem christlichen Verständnis von einem persönlichen Gott Entsprechendes fehlt im Zen-Bewußtsein.

Menschen, die den Zen-Weg gehen, sind offenbar wenig mit «Sünde», «Bußfertigkeit», «Vergebung» und dergleichen befaßt. Sie sind eher von metaphysischer Mentalität, aber ihre Metaphysik besteht nicht aus Abstraktionen und logischen Haarspaltereien, sondern aus praktischer Weisheit und sinnlich Gegebenem. Hierin unterscheidet das chinesische Zen sich auch deutlich vom Dhyāna-Weg des indischen Mahāyāna-Buddhismus. Hui-neng, auch wenn er nicht sonderlich gelehrt war, erfaßte doch den Sinn des *Vajrachchedikā-Sūtra* das voller gewaltig klingender metaphysischer Aussagen ist. Doch diese hohen philosophischen Wahrheiten verwandelten sich bei ihm in die ganze praktische Frage nach dem «Ur-Antlitz in eben diesem Augenblick» und bei Ma-tsu in das «Austrinken des Westflusses mit einem Zug».

Bezeichnend ist, daß Zen-Meister sich in aller Regel zunächst mit Philosophie im weitesten Sinne befaßt hatten, bevor ihre Aufmerksamkeit auf Zen gelenkt wurde. Allerdings ist das, was wir etwa «buddhistische Philosophie» nennen, nicht das Ergebnis logischen Schlußfolgerns und daher nicht im üblichen Sinne des Wortes Philosophie. Insbesondere sind die Shūnyatā-«Philosophie» und andere scheinbar hochmetaphysische Lehren des Buddhismus keineswegs Ausgeburten des reflektierenden Verstandes, sondern Ausdruck einer direkten Wahrnehmung, worin der Geist des wahren Wesens des Seins unmittelbar, also nicht durch Logik vermittelt, inne wird.

Wer den Buddhismus von seiner «metapyhsischen» Seite her zu erfassen versucht, der vergißt, daß er letztlich nichts als tiefe Einsicht ist und sich auf direkte Erfahrung gründet, aber nicht das Produkt abstrakter Analyse darstellt. Wenn ein echter Wahrheitssuchender Texte wie das *Lankāvatāra-* oder *Vajrachchedikā-Sūtra* studiert, kommt er an deren kühnen und bedingungslosen Aussagen nicht so ohne weiteres vorbei; er wird vielmehr verblüfft und bestürzt und dann tief beunruhigt sein. Aber es liegt eine Kraft darin, die ihn unwiderstehlich anzieht. Er fängt an darüber nachzudenken, möchte der Wahrheit unmittelbar begegnen, sie mit eigenen Augen sehen. Philosophische Bücher treiben uns nicht so weit, weil sie eben bloße Philosophie sind. Welche Wahrheit die Philosophie auch lehren mag, sie erschöpft sich in sich selbst und berührt uns niemals so tief, daß sie einen ganz neuen Ausblick eröffnen könnte. Anders das Studium buddhistischer Sūtras: Sie enthalten die Äußerungen der tiefsten religiösen Geister, und wir werden unweigerlich in die tieferen Gefilde des Bewußtseins gezogen, um schließlich zu der Überzeugung zu gelangen, daß diese Aussagen tatsächlich den Grund der Wirklichkeit berühren.

Denken oder Lesen ist stets Denken oder Lesen «über» oder «von» etwas; die Sache wird uns dadurch nicht gegeben. Über Wasser zu sprechen oder eine Quelle zu sehen – das löscht den Durst noch nicht. Dennoch kann es nützlich sein, sich einige Aussagen der Sūtras zu vergegenwärtigen, um die Richtung gewiesen zu bekommen, in der man nach der Sache selbst Ausschau zu halten hat. Ohne solch einen Hinweis wissen wir meist gar nicht, worauf wir unsere Bemühungen richten sollen. Deshalb sagen die Sūtras: «Ich bin der Führer und die Wahrheit selbst.»

Vorbedingung für die Zen-Erfahrung sind also nicht Anbetung, Gehorsam, Furcht, Liebe, Glaube, Zerknirschung oder was sonst noch die gute christliche Seele auszeichnen mag; es bedarf nur des Verlangens, etwas zu suchen, was uns inneren Frieden gibt, indem es alle Widersprüche aufhebt und das verhaspelte Gewirr der Fäden zu einem einzigen Strang ausrichtet. Jeder, der ernsthaft den Zen-Weg geht, kennt dieses inbrünstige Suchen nach Frieden und Ganzheit. Er hat sich und die Welt bis zu einem gewissen Grade intellektuell verstanden, doch dieses Wissen läßt ihn unbefriedigt, und er empfindet den Drang, tiefer zu gehen und auf den Grund der Wirklichkeit zu gelangen.

Te-shan beispielsweise begnügte sich mit dem begrifflichen Erfassen der Shūnyatā-Lehre als er die Prajñāpāramitā-Philosophie studierte; dann jedoch erfuhr er von der Südlichen Schule und war beunruhigt. Sein äußeres Motiv für die Reise nach Süden bestand darin, der Zen-Ketzerei ein Ende zu bereiten, aber es muß sich wohl doch ein leises Unbehagen in seinem tieferen Bewußtsein geregt haben, das er freilich durch seine logischen Argumente zu unterdrücken trachtete. Das gelang ihm nicht; vielmehr behauptete gerade dieses Unterdrückte sich mit aller Entschiedenheit, als er sich der Herausforderung der alten Frau nicht gewachsen zeigte. Und als der Meister schließlich die Fackel vor seiner Nase ausblies, war er endlich da, wohin es ihn eigentlich schon immer gezogen hatte. Mit dem Verstand hätte er niemals wissen können, wohin sein Weg ihn schließlich führen würde, denn hier, wo es um die Zen-Erfahrung geht, läßt sich überhaupt nichts im voraus planen. Und wie einfach wurde er nach dieser Erfahrung! Den Stock zu schwingen, das genügte ihm als Mittel, seine Schüler zur Erfahrung des Zen zu führen.

2. Das intensive Suchen und Streben ist die treibende Kraft des Zen-Bewußtseins. «Bittet, so wird euch gegeben; suchet, so werdet ihr finden; klopfet an, so wird euch aufgetan»

(Matth. 7,7). Das ist auch im Zen die praktische Unterweisung für den Weg zu tiefer Erfahrung. Da aber dieses Bitten und Suchen etwas ganz Persönliches ist und die biographischen Aufzeichnungen des Zen in dieser Hinsicht wenig Informationen enthalten, vor allem was die frühe Entwicklungsgeschichte in China angeht, müssen wir versuchen, uns aus den verschiedenen Begleitumständen ein Bild zu machen. Sehr deutlich ist dieser suchende und forschende Geist bei Hui-k'o, der im Schnee ausharrte, weil sein Verlangen, die Wahrheit des Zen zu erfahren, so groß war. Die Biographen Hui-nengs sprechen zwar ausführlich über seine Ungelehrtheit und widmen seinem Vers über die Leere breiten Raum, vernachlässigen aber seine innere Entwicklung in den Monaten, da er die Reismühle bediente. Die lange und gefährliche Wanderung von seiner Heimat zum Kloster des Fünften Patriarchen muß in jenen Tagen ein gewaltiges Unternehmen gewesen sein, zumal Hui-neng ja ein mittelloser Bauernjunge war. Seine erste Begegnung mit dem *Vajrachchedikā-Sūtra* muß ein sehr starkes Verlangen geweckt habe, zu erfahren, was das Gehörte wirklich bedeutet. Sonst hätte er gewiß nicht einen so weiten und gefährlichen Weg auf sich genommen. Und als er dann in der Küche arbeitete, muß sein Geist mit großer Intensität auf die Suche nach Wahrheit ausgerichtet gewesen sein.

Und Lin-chi wußte nicht einmal, was er den Meister hätte fragen sollen. Hätte er es gewußt, so wäre manches vermutlich viel einfacher gewesen. Er wußte, daß etwas nicht zum besten stand mit ihm, denn er war unzufrieden mit sich selbst. Er suchte nach irgend etwas Wirklichem und wußte nicht, was es war. Hätte er es gewußt, so hätte er ja die Lösung bereits in Händen gehalten. Sein Geist war nur ein großes Fragezeichen, das nicht wußte, auf was es sich bezog, und so war auch das Universum: nur das Fragezeichen und nichts, woran er es festmachen konnte, denn es gab noch nirgends etwas Definitives.

So muß Lin-chi lange Zeit verzweifelt im Dunkel nach etwas getastet haben, und es ist nur zu verständlich, daß ihm in diesem Zustand keine spezielle Frage einfiel, die er dem Meister hätte stellen können. In dieser Hinsicht war er anders als Hui-neng, der schon etwas ganz Bestimmtes vor Augen hatte, als er zu Hung-jen kam: Er suchte das wirkliche Begreifen des *Vajrachchedikā-Sūtra*. Hui-nengs Geist war vielleich schlichter und unbefangener, während Lin-chi, ähnlich wie Hui-k'o, schon zuviel Intellektualität an sich hatte; diese beiden bedrückte ein vages Unbehagen, da sie nicht wußten, wie sie sich aus all den Verstrickungen befreien sollten, die durch ihre Gelehrtheit nur verschlimmert wurden. Als der Mönchsvorsteher Lin-chi riet, den Meister über das Grundprinzip des Buddhismus zu befragen, war das in der Tat eine große Hilfe, denn jetzt hatte er etwas, woran er sich halten konnte. Sein vages Unbehagen spitzte sich endlich zu, vor allem natürlich durch die Schläge des Meisters. Die Frucht seines inneren Ringens wurde reif abzufallen.

Das letzte und sehr heftige Schütteln besorgte Huang-po. Zwischen diesem Schütteln und dem Abfallen der Frucht auf die Antwort Tai-yüs hin sammelte sich Lin-chis fragendes Forschen, getragen von der Kraft jahrelangen Ringens, auf eine einzige konkrete Tatsache. Ohne diese Sammlung aller Kräfte wäre er nicht zu dem Ausruf gelangt: «Es ist nicht viel dran an Huang-pos Buddhismus!»

Es mag hier angebracht sein, ein paar Worte über Autosuggestion zu sagen, denn damit wird die Zen-Erfahrung häufig verwechselt. Bei der Autosuggestion gibt es keine intellektuellen Voraussetzungen in dem hier gemeinten Sinne und nicht dieses intensive fragende Forschen, begleitet von vagem Unbehagen. Hier wird vielmehr etwas ganz Bestimmtes fraglos und vorbehaltlos angenommen. Man hat ein bestimmtes praktisches Resultat vor Augen, das man in sich selbst verwirklichen möchte, indem man die Behauptung annimmt. Alles ist von Anfang an vorgezeichnet und festgelegt.

Im Zen haben wir die intellektuelle Suche nach einer letzten Wahrheit, die der Intellekt jedoch nicht zu bewältigen vermag; wir sind aufgerufen, tiefer unter die Wellen des empirischen Bewußtseins hinabzutauchen. Das ist mit Schwierigkeiten verbunden, denn wir wissen nicht, wie und wo wir tauchen sollen. Wir sind vollkommen ratlos, bis wir plötzlich auf etwas stoßen, das uns einen völlig neuen Ausblick eröffnet. Diese Ausweglosigkeit, begleitet von stetigem, unermüdlichem und rückhaltlosem «Anklopfen», ist ein unerläßliches Stadium auf dem Weg zur Zen-Erfahrung. Es mag sein, daß für die mechanische Seite dieses Vorgangs auch autosuggestive Elemente eine Rolle spielen, aber der Zusammenhang, in dem diese Elemente wirksam werden, ist gänzlich verschieden von allem, was wir gemeinhin unter Autosuggestion verstehen.

Das metaphysische Forschen, das wir als intellektuelle Voraussetzung des Zen-Bewußtseins bezeichneten, lenkt das Leben eines Zen-Schülers in eine neue Bahn. Dieses Forschen ist von tiefem Unbehagen begleitet; man könnte vielleicht auch sagen, dieses Gefühl werde intellektuell als Forschen interpretiert. Ob das Forschen sich nun im emotionalen Bereich als Beunruhigung und Unrast manifestiert oder die Unrast auf das Forschen nach etwas Definitivem hindeutet – auf jeden Fall ist hier das ganze Sein eines Menschen darauf ausgerichtet, etwas zu finden, worin er friedvoll zur Ruhe kommen kann. Der suchende Geist wird immer verstörter, je länger sein fruchtloses Streben andauert, doch wenn der Gipfel der Verstörtheit erreicht ist, bricht dieser Geist plötzlich auf, und die ganze Bewußtseinsstruktur wird schlagartig verwandelt. Das ist die Zen-Erfahrung. Das Forschen, die Suche, das Reifen und das Aufbrechen – so ist die Schrittfolge.

Die Suche nimmt im allgemeinen die Form der Meditation im Sitzen mit überkreuzten Beinen an, und hier geht es weniger um den Intellekt (*vipashyanā*) als vielmehr um Sammlung oder Versunkenheit (*dhyāna*). In dieser Haltung, die in Indien seit jeher als die günstige Haltung für die spirituelle Schulung angesehen wird, sammelt der Suchende alle Energie auf das Bemühen, aus der inneren Ausweglosigkeit herauszukommen. Der Intellekt hat sich dafür als untauglich erwiesen, und so muß der Suchende auf eine andere Kraft zurückgreifen. Der Intellekt konnte ihn zwar in die Sackgasse bringen, vermag aber nicht, ihn wieder herauszuführen.

Anfangs scheint sich ihm kein Fluchtweg bieten zu wollen, aber heraus müssen wir aus dieser Enge irgendwie, sei das Mittel gut oder schlecht. Er hat das Ende eines Durchgangs erreicht, und vor ihm gähnt ein schwarzer Abgrund. Hier gibt es kein Licht, das ihm den Weg weisen könnte, und umkehren kann er auch nicht. An diesem Punkt gibt es nichts mehr zu tun als zu springen – ins Leben oder in den Tod. Vielleicht ist es der sichere Tod, aber so weiterzuleben wie bisher, ist gänzlich unmöglich. Und in dieser äußersten Verzweiflung hält irgend etwas ihn doch immer noch zurück; er kann sich dem Unbekannten noch nicht gänzlich ausliefern.

In diesem Stadium von Dhyāna hört alles abstrakte Denken auf, denn Denker und Gedachtes stehen einander nicht länger gegenüber. Sein ganzes Sein, so könnten wir vielleicht sagen, *ist* Denken. Oder noch besser: Nicht-Denken (*achitta*). Dieser Bewußtseinszustand läßt sich nicht mehr in den Kategorien von Logik oder Psychologie darstellen. Hier beginnt eine neue Welt persönlicher Erfahrung, die wir mit «Springen» oder «sich in den Abgrund werfen» umschreiben können. Die Zeit des stillen Heranreifens nähert sich ihrem Ende.

Es ist wohl deutlich geworden, daß dieses Heranreifen, das zwischen der metaphysischen Suche und der eigentlichen Zen-Erfahrung liegt, keine Zeit des passiven Stillhaltens ist, sondern ein Aufbieten aller Kräfte, um das gesamte Bewußtsein auf einen einzigen Gegenstand zu sammeln. Solange das Bewußtsein diese Ausrichtung nicht hat, ringt es beständig mit eindringenden Gedanken. Wenn die «Einspitzigkeit des

Geistes» (*ekāgra*) erreicht ist, die vollkommene Sammlung auf einen Gegenstand, die keinen Raum mehr läßt für das Ichbewußtsein, so sind wir reif für den Durchbruch zur Zen-Erfahrung. Dieser wird häufig durch einen scheinbar beiläufigen Umstand ausgelöst, durch ein Geräusch, eine Aussage oder ein unerwartetes Ereignis – durch eine Wahrnehmung also.

Diese Wahrnehmung ist jedoch vollkommen frei von intellektueller Erwartung oder begrifflicher Voreingenommenheit – sie ist reine Wahrnehmung ohne jede Färbung durch unser Bewußtsein. Eine erkenntnistheoretische Interpretation dieser Erfahrung interessiert den Zen-Schüler allerdings überhaupt nicht, denn er ist einzig und allein darauf aus, die Wahrheit etwa der Shūnyatā-Lehre oder der Lehre von der ursprünglichen Reinheit des Dharmakāya selbst zu erfahren und dadurch inneren Frieden zu gewinnen.

3. Wenn das Zen-Bewußtsein an Dichte zunimmt, bietet die leitende Hand des Meisters die nötigen Hilfen für den Durchbruch zur Zen-Erfahrung. Weiß der Zen-Schüler, wie wir es bei Lin-chi sahen, nicht einmal, was er fragen soll, so kommt er häufig überhaupt nicht mit sich selbst zurecht. Würde man ihn darin belassen, könnte seine Abgelenktheit schlimme Folgen haben. Oder seine Erfahrung könnte nicht tief genug gehen, da er wahrscheinlich haltmachen wird, bevor er das Stadium wirklicher Reife erreicht hat. Es geschieht häufig, daß jemand sich mit einer seichten Erfahrung zufrieden gibt und sie für etwas Endgültiges hält. Der Meister drängt den Schüler nicht nur weiter auf dem steilen Aufstieg, sondern macht ihm auch deutlich, wo sein Ziel liegt.

Was er an Hinweisen gibt, richtet sich jedoch nicht an den Verstand. Huang-po versetzte Lin-chi nur Schläge, Lung-t'an blies die Fackel aus, Hui-neng fragte nach Mings Ur-Antlitz. Diese Hinweise besitzen keinen logischen Sinn und unterwerfen sich nicht den Regeln des Verstandes. Sie sind nicht im üblichen Sinne brauchbar, denn sie geben uns keinen Ansatzpunkt, von dem aus wir schlußfolgernd weiterkommen könnten. Da Zen jedoch ohnehin nichts mit Schlußfolgern zu tun hat, bedarf es solcher Hinweise auch nicht. Ein Schlag, ein Schütteln, ein Wort genügen als Hinweis, wenn das Zen-Bewußtsein einen gewissen Reifegrad erreicht hat.

Die Reifung und das Hinweisen müssen aufeinander abgestimmt sein: Erfolgt der Hinweis, wenn die Reifung noch nicht weit genug gediehen ist, oder bleibt er aus, wenn der entscheidende Moment da ist, so wird das Ziel vielleicht nie erreicht. Wenn das Küken bereit ist, die bergende Schale zu verlassen, so weiß die Henne darum und hilft von außen mit – und so kommt die nächste Generation der Hühnerfamilie ans Licht.

Dieses Hinweisen oder Lenken, zusammen mit der mehr oder weniger philosophischen Ausrichtung des Schülers, bestimmen den Inhalt seines Zen-Bewußtseins, und wenn dieses Bewußtsein ausgereift ist, bricht es unweigerlich auf zu dem, was wir Zen-Erfahrung oder Satori nennen. Diese Erfahrung, in ihrer reinsten und ursprünglichsten Form, ist gänzlich frei von Färbungen jeder Art, seien sie buddhistisch, christlich, taoistisch oder vedantistisch. Sie ist, könnten wir sagen, ein rein psychisches Ereignis, das weder mit Philosophie noch mit Theologie noch mit irgendeiner bestimmten religiösen Lehre zu tun hat. Fraglich bleibt allerdings, ob sie als reines Bewußtseinsphänomen möglich ist, also ohne philosophische Vorarbeit, ohne religiöses Streben, ohne spirituelle Not. Das psychische Geschehen, wenn es letztlich auch unabhängig ist von Philosophie und bestimmten religiösen Lehren, läßt sich doch nicht losgelöst davon betrachten. Daß es allerdings zu dieser Zen-Erfahrung überhaupt kommt, liegt vor allem an den Anstößen durch den Meister, wie rätselhaft die auch erscheinen mögen.

Das erklärt auch, weshalb die Bestätigung der Erfahrung durch den Meister notwendig ist und weshalb im Zen auf die rechte Übermittlung des Dharma, des «Inhalts» tiefer Zen-Erfahrung, so großer Wert gelegt wird. So lesen wir in Huinengs *Podium-Sūtra*:

> Yung-chia Hsüan-chüeh (Yōka Genkaku, 665–713) war besonders bewandert in den Lehren der T'ien-t'ai-Schule über Ruhiges Verweilen (*shamatha*) und Besondere Einsicht (*vipashyanā*). Als er das *Vimalakīrti-Sūtra* las, erlangte er einen Einblick in den Grund des Bewußtseins. Zufällig suchte ihn zu dieser Zeit Hsüan-ts'e auf, ein Schüler des Patriarchen. Sie vertieften sich in Gespräche über Buddhismus. Hsüan-t'se stellte fest, daß Yung-chias Aussagen vollkommen mit denen der Patriarchen übereinstimmten, wenn er selbst auch nichts davon wußte. Hsüan-t'se fragte: «Wer ist Eurer Lehrer im Dharma?» Yung-chia erwiderte: «Was mein Verständnis der Vaipulya-Sūtras angeht, so habe ich für jedes einen dazu autorisierten Lehrer. Später, als ich das *Vimalakirtī-Sūtra* studierte, gelangte ich aus mir selbst zu einer Einsicht in die Lehre vom Buddha-Geist, doch bin ich noch niemandem begegnet, der meine Anschauung bestätigt hätte.» Hsüan-t'se sagte: «Bis hin zu Bhīshmasvara-rāja* bedurfte es keiner Bestätigung; seither aber gehören jene, die aus sich selbst und ohne einen Meister Satori erlangen, nicht unserer Schule an.» Yung-chia sagte: «Bitte, bestätigt Ihr mich.» Hsüan-t'se erwiderte jedoch: «Meine Worte besitzen nicht viel Gewicht. Der Sechste Patriarch weilt jetzt in T'sao-ch'i, und die Leute strömen aus allen Himmelsrichtungen zusammen, um im Dharma unterwiesen zu werden. Laßt uns zu ihm gehen.»**

* *Wei-yon-wang*. Wir können hierfür die Bedeutung annehmen: «Vor der Morgendämmerung des Bewußtseins» oder «vor dem Beginn systematischer spiritueller Schulung».

** Das Tun-huang-Manuskript enthält dieses Passage nicht. Vermutlich

4. Solange das verdichtete Zen-Bewußtsein noch nicht aufbricht zum Satori-Zustand, hat die Verdichtung noch nicht ihren höchsten Grad erreicht. Wenn nämlich dieser Punkt einmal erreicht ist, so kann das Bewußtsein keinen anderen Weg mehr nehmen als in diese plötzliche Lösung des Satori. Wie wir bereits gesehen haben, bezeichnen Ta-hui und andere dies als das Kennzeichen der Zen-Erfahrung – wo es kein Satori gibt, da ist kein Zen. Satori wurde von Ta-hui und schon vor ihm als die Zen-Erfahrung *par excellence* betrachtet, und er und seine Schule mußten es mit aller Entschiedenheit gegen gewisse andere Tendenzen im Zen seiner Zeit verteidigen, welche die Lebendigkeit des Zen zu untergraben drohten; dies zeigt, daß die Kōan-Schulung eine notwendige Entwicklung in der Geschichte des Zen-Bewußtseins war, eine Entwicklung, ohne die Zen aufgehört hätte zu existieren.

PSYCHOLOGISCHE VORAUSSETZUNGEN UND DER INHALT DER ZEN-ERFAHRUNG

Ein Mißverständnis begleitet die Zen-Praxis seit ihren frühen Tagen in China, nämlich, daß es sich hier um bloßen Quietismus handelt oder um eine Technik, den Geist still werden zu lassen. Deshalb sahen die großen Meister wie Hui-neng und Ma-tsu sich immer wieder zu mahenden Worten genötigt.* Das Sitzen mit verschränkten Beinen ist die äußere Form, in der Zen geübt wird, während innerlich das Zen-Bewußtsein entwickelt wird und heranreift. Wenn seine volle Reife erreicht ist, bricht es auf zur Satori-Erfahrung, zu einem Einblick in das Unbewußte. Es liegt etwas Noetisches in der Zen-Erfahrung, und dieser Umstand formt den gesamten Ablauf der Zen-Schulung. Ta-hui war sich dessen vollauf be-

wurde sie viel später hinzugefügt. Dies schmälert jedoch nicht die Kraft der von Hsüan-t'se vorgetragenen Anschauung.

* Vgl. *Satori*, S. 165 f.

wußt und erlahmte nie in dem Bemühen, es gegen die «Stillsitzer» zu verteidigen.

Daß Satori nicht das Ergebnis bloßer Passivität sein kann, wird schon aus den Äußerungen und Gesten deutlich, die auf diese Erfahrung unmittelbar folgen. Wie sollen wir Lin-chis Aussage interpretieren, es sei «nicht viel dran an Huang-pos Buddhismus»? Und wie steht es mit den Rippenstößen, die er Tai-yü versetzte? Hier wird doch deutlich, daß etwas Aktives und Noetisches in seiner Erfahrung gelegen haben muß. Er hatte etwas erfaßt, das ihn zufriedenstellte.

Kein Zweifel, er fand das, wonach er die ganze Zeit gesucht hatte, wenn er auch zu Beginn der Suche noch nicht hatte wissen können, was es war. Wäre er gänzlich passiv geblieben, er hätte niemals zu einer so kraftvollen, bestimmten Haltung gelangen können. Was er sagte und tat, erwuchs aus vollkommener Überzeugung, und nichts Passives war daran, jedenfalls nicht im herkömmlichen Sinne. Oder sollten wir diese vollkommene Klarsichtigkeit, die eine Blüte als rot und einen Weidenbaum als grün erkennt, ohne auch nur eine Spur von Subjektivität, also von Voreingenommenheit und Interpretation, in diese Wahrnehmung zu legen – sollten wir das als Passivität bezeichnen?

Hören wir dazu die Worte von Daiō Kokushi («Landesmeister Daiō»):

> Mit den Worten: «Eine besondere Überlieferung außerhalb der orthodoxen Lehre», ist gemeint: Einen bestimmten Ausdruck gänzlich durchdringen, indem du sowohl den Spiegel als auch das Bild zerbrichst, alle Formen der Ideenbildung transzendierst, keinerlei Unterscheidung triffst zwischen Verblendung und Erleuchtung, nicht auf das Vorhandensein oder Nichtvorhandensein von Gedanken achtest und weder an der Dualität von Gut und Böse haftest, noch dich von ihr fernhältst.

Dieser eine Ausdruck, den der Zen-Schüler zu ergründen

hat und dessen endgültige Lösung er finden muß, lautet: «Dein eigenes Ur-Anlitz vor der Geburt deiner Eltern.» Um zu einer Antwort zu gelangen, soll man nicht über die Bedeutung dieses Ausdrucks nachsinnen noch versuchen, davon wegzukommen. Geh nicht mit dem Verstand daran, aber gib den Verstand auch nicht gänzlich auf. Antworte einfach, sowie du gefragt wirst, ganz ohne Bedenkzeit – wie eine Glocke erklingt, wenn sie angeschlagen wird, oder wie ein Mensch antwortet, wenn man ihn beim Namen ruft. Gäbe es jedoch gar kein Suchen, kein Forschen nach einem Zugang zu diesem Ausdruck, so gäbe es keine Antwort und daher auch kein Erwachen.

Es ist gewiß schwierig, den Inhalt der Zen-Erfahrung allein anhand der von ihr ausgelösten Äußerungen und Gesten zu bestimmen, von denen ich einige im Anhang anführe. Immerhin läßt sich jedoch aus diesen Beispielen ersehen, daß diese Menschen etwas erfuhren, was all ihren Zweifeln und Ängsten ein Ende bereitete, und daß es sich nicht auf diskursive Weise erklären oder auch nur beschreiben ließ, weil es keinerlei logische Verknüpfung mit allem bis dahin Bekannten und Erlebten aufwies.

Satori bekundet sich in der Regel in Worten, die dem gewöhnlichen Bewußtsein unverständlich bleiben. Mitunter sind die Worte nur Umschreibungen der erfahrenen Empfindungen, die einem anderen, welcher diese Empfindungen nicht selbst kennengelernt hat, überhaupt nichts sagen. Für den Intellekt besteht eine unüberbrückbare Kluft zwischen der Problemstellung und der Lösung – zwischen beiden besteht keine logische Verbindung. Als Lin-chi nach dem letzten Prinzip des Buddhismus fragte, erhielt er von Huang-po nur Schläge. Als er Satori erlangt hatte, sagte er nur: «Es ist nicht viel dran an Huang-pos Buddhismus.» Was dieses «nicht viel dran» eigentlich bedeutet, wird uns nicht mitgeteilt, und Tai-yü, der danach fragte, bekam nur Rippenstöße.

Solche Gesten und Äußerungen geben dem Außenstehenden keinen Hinweis auf den Inhalt der Erfahrung. Die Satori erlangt haben, sprechen für uns in Rätseln. Diese logische Unverknüpfbarkeit ist für Zen überhaupt charakteristisch. Als Ch'ing-ping gefragt wurde, was Mahāyāna sei, sagte er: «Das Eimerseil». Über Hīnayāna befragt, antwortete er: «Die Münzschnur». Zur Frage der moralischen Unreinheiten sagte er: «Der Bambuskorb», und zur Frage der moralischen Reinheiten: «Der hölzerne Schöpflöffel.» Solche Antworten erscheinen uns unsinnig, aber im Zustand der Zen-Erfahrung stellen sie kein Hindernis dar, denn ihre logische Unvereinbarkeit ist darin überbrückt.

Dies wird möglich, wenn wir uns «preisgeben» oder «in den Abgrund stürzen». Dieses «Preisgeben» erfordert den Mut, ein großes Risiko einzugehen; es ist der Sprung ins Unbekannte, das jenseits der Landkarten unserer relativen Erkenntnis liegt. Wir haben dieses unbekannte Reich logischer Unverbundenheit persönlich zu erkunden, und hier, so könnte man sagen, wird Logik zu Psychologie, hier muß unsere Begrifflichkeit ungehinderter Lebenserfahrung weichen.

Wir können uns allerdings nicht einfach preisgeben, nur weil wir es möchten. Es mag uns zunächst leicht erscheinen, doch tatsächlich ist es nichts, was wir willentlich tun könnten: Es geschieht, wenn wir zutiefst davon überzeugt und durchdrungen sind, daß es keinen anderen Ausweg mehr gibt. Da ist stets eine Fessel, die, mag sie uns auch dünn erscheinen, sich als äußerst zäh erweist, wenn wir sie durchtrennen möchten. Sie hält uns stets zurück, wenn wir uns zu Füßen eines Großen Einen niederwerfen möchten oder wenn wir uns mit irgendeiner Sache identifizieren wollen, mit etwas, das größer ist als bloße Ichverhaftung. Vor diesem Preisgeben liegt sehr viel Suchen und Forschen, sehr viel Bitten und Anklopfen. Dieser Prozeß ist eine Art Läuterung und Reifung, ohne die das Preisgeben eine bloße Vorstellung bleibt. Wenn alle Spuren von Ichsucht beseitigt sind, der kleine Lebenswille vergessen ist und der Intellekt sein Festhalten an der Dualität von Subjekt und Objekt aufgibt – dann gelangt das Suchen an sein Ziel, ist die Läuterung vollzogen, sind wir bereit, uns selbst preiszugeben.*

Die Zen-Meister legen aus diesem Grund großen Wert darauf, daß der Prozeß des Suchens und Forschens mit aller Kraft zu Ende geführt wird. Soll das Preisgeben wirklich rückhaltlos sein, so darf die Vorbereitung nichts Halbherziges haben. Sie lehren, daß es notwendig ist, dieses Forschen weiterzuführen, als kämpfte man gegen einen Todfeind oder «als wäre ein vergifteter Pfeil in den Körper eingedrungen, als wäre man ringsum von wütendem Feuer eingeschlossen, als hätte man beide Eltern verloren, als wäre man in Schmach und Schande gefallen, weil man eine Schuld von tausend Goldstücken nicht zurückzahlen kann».

Shōichi Kōkushi, der Gründer des Klosters Tōfuku-ji in Kyōto, gibt folgenden Rat: «Sieh dich selbst am Grund eines tiefen alten Brunnenschachtes. Du wirst dann nur einen einzigen Gedanken haben: wie du herauskommst. Du wirst mit verzweifelter Anstrengung einen Ausweg suchen. Vom Morgen bis zum Abend wird dieser eine Gedanke dein ganzes Bewußtsein beherrschen.» Wenn der Geist so vollständig von einem einzigen Gedanken erfüllt ist, kommt es wie durch ein Wunder zu einem plötzlichen Erwachen. Alles Suchen und Forschen hört auf, und ein Gefühl stellt sich ein, daß das Ersehnte da ist, daß alles gut ist mit der Welt und einem

* William James erzählt in seinem Buch *Die Vielfalt religiöser Erfahrung* die Geschichte einer Frau, die in einem Penny das Hindernis ihrer spirituellen Entwicklung erkannte und ihn fortwarf, um sich frei von allen irdischen Bindungen und Rücksichten auf ihren Weg zu machen. Der Penny ist hier das Symbol jenes letzten Fadens von Egoismus, der uns so fest an die Welt der Relativität bindet. Dünn mag der Faden wirken, doch er ist für jeden von uns stark genug. Dem Zen-Schüler, wir werden darauf noch ausführlicher eingehen, wird als Schneidwerkzeug ein Kōan gegeben.

selbst, daß das Problem endlich gelöst ist. In China gibt es das Sprichwort: «Wenn du in der Ausweglosigkeit bist, ist da ein Ausweg.» Im Christentum könnte das vielleicht so lauten: «Die äußerste Not des Menschen ist Gottes Gelegenheit.»

Wenn der Mensch sich in einer solchen Notlage befindet, kommt es darauf an, alle Kräfte des Suchens und Forschens aufzubieten, alle Energie gleichsam auf einen Punkt zu sammeln und den weitesten Sprung zu tun, der ihm von da aus möglich ist. Ob es sich um ein verwickeltes Problem der Philosophie oder Mathematik handelt oder um das Entkommen aus einer scheinbar hoffnungslosen Lage – hier wird uns das Äußerste abverlangt. Wird dieses Äußerste jedoch überschritten, so erschließt sich uns eine neue Energiequelle.

Manch einer entwickelt ein Maß an physischer Kraft und Ausdauer, über das er selbst nur staunen kann; ein Soldat wird auf dem Schlachtfeld mehr Tapferkeit und Wagemut entwickeln, als er sich je zugetraut hätte; ein Philosoph, wenn er wirklich groß ist, eröffnet ganz neue Ausblicke auf die Wirklichkeit. Und diesen Phänomenen entspricht im spirituellen Bereich das, was wir Erleuchtung oder Satori oder eben Tod und Auferstehung nennen. Und alle diese Phänomene entwickeln sich nach demselben Muster: Ansammlung, Sättigung, Durchbruch. Der spirituellen Erfahrung ist allerdings eigentümlich, daß sie das gesamte Sein eines Menschen bis zum Grund erfaßt.

Im übrigen mag man den Inhalt dieser Erfahrung in der christlichen oder der buddhistischen Terminologie umschreiben, je nach der Art der Vorbereitung oder der kulturellen Umgebung des einzelnen. Er interpretiert die Erfahrung gemäß seines eigenen Hintergrundes, und seine eigene Interpretation ist für ihn die beste und plausibelste für die vorliegenden Fakten. Er kann sie in keinem anderen Licht sehen, denn das wäre ihm gleichbedeutend damit, sie als bloß eingebildet oder bedeutungslos zurückzuweisen. Da Christen allerdings sehr den Glaubenssätzen ihrer Religion unterliegen, weil sie stets bemüht sind, mit der Theologie und Tradition der Vorväter im Einklang zu sein, geben sie ihrer religiösen Erfahrung eine ganz andere Färbung als etwa Buddhisten. Vor allem für Zen-Schüler haben Ausdrücke wie göttliche Gnade oder Offenbarung oder mystische Vereinigung etwas sehr Fremdes. Buddhistische und christlicher Erfahrungen mögen im Grunde sehr weitgehend übereinstimmen, sobald sie jedoch in den Begriffen der jeweiligen Religion zum Ausdruck gebracht werden, scheint sich eine tiefe Kluft aufzutun.

Wie ich schon sagte, wird die Vorbereitung der eigentlichen Erfahrung von Zen-Meistern ganz anders umschrieben als von christlichen Mystikern. Stigmatisierung, Expurgation, Kreuzweg, die Qual der Liebe und so weiter – all das hat auf dem Zen-Weg keine Bedeutung. Hier geht es vielmehr um Sammlung, Versenkung, Selbstvergessenheit, sich in den Abgrund stürzen, die Transzendierung von Geburt-und-Tod, Sprung, Preisgabe, Abschneiden des Vorangehenden und des Folgenden und so weiter. Hier gibt es für all jene, denen die andere Terminologie vertraut ist, nichts, das man religiös nennen könnte.

Um den Prozeß des «Selbstvergessens» und des «Abschneidens von Vergangenheit und Zukunft» deutlicher zu machen, möchte ich einige klassische Beispiele anführen:

Der Mönchsälteste Ting fragte Lin-chi: «Was ist der Große Sinn von Buddhas Dharma?»

Lin-chi trat von seinem Zen-Sitz herunter, packte ihn, schlug ihn mit der Hand und stieß ihn weg.

Ting stand benommen da.

Der Mönch neben ihm sagte: «Mönchsältester Ting, warum werft Ihr Euch nicht nieder?»

Ting, als er sich niederwarf, erlebte tiefe Erleuchtung.*

So kurz dieses Beispiel auch ist, wir können ihm alles Wesentliche entnehmen, alles, was wir in bezug auf Tings Zen-

* *Pi-yen-lu (Hekigan-roku)*, 32. Beispiel.

Erfahrung wissen müssen. Zunächst einmal war es nicht einfach eine Laune, daß er an Lin-chi herantrat. Zweifellos ist seine Frage das Ergebnis langen Zweifelns und inbrünstiger Wahrheitssuche. Intellektuelle Rätsel gibt es überall zuhauf, doch eine lebenswichtige Frage, von der für den Fragenden alles abhängt, ist schwer zu stellen. Wenn solch eine Frage dann endlich reif geworden ist, stellt das bloße Fragen schon mehr als die Hälfte der Antwort dar. Nur eine kleine Bewegung des Meisters mag dann genügen, dem Fragenden ein ganz neues Leben zu erschließen. Die Antwort liegt nicht in dem, was der Meister tut oder sagt; sie liegt im Bewußtsein des Fragenden selbst, das nun erwacht. Tings Frage drang aus seinem Innersten, und er war gewiß nicht auf eine intellektuelle Antwort aus.

Als er gepackt und geschlagen wurde, war er gewiß nicht überrascht in dem Sinne, daß er verdattert und hilflos gewesen wäre; seine Überraschung war vielmehr derart, daß er augenblicklich vom ausgetretenen Pfad der Logik gefegt wurde (auf dem er sich wohl noch befand, wenn er das vielleicht auch nicht wußte). Ihm wurde der Boden unter den Füßen fortgezogen, den er gewohnt war und an den er sich gefesselt glaubte; er wurde fortgetragen ins Unbekannte, wußte nur, daß er sich selbst und der Welt verloren war. Das war der Augenblick, als er benommen dastand. All sein Ringen um eine Antwort war zunichte geworden; er stand am Rand des Abgrunds und wehrte sich mit aller Kraft, und der Meister stieß ihn unerbittlich hinab. Noch als er die Stimme des anderen Mönchs hörte, war er nicht gänzlich aus seiner Starre erwacht. Erst als er sich niederwarf, lösten sich alle logischen Unvereinbarkeiten plötzlich auf, so daß er die Antwort in sich selbst erfahren konnte.

Diese Lösung wäre ihm jedoch verschlossen geblieben ohne die Vorbereitung durch Sammlung, Verdichtung und Preisgabe. Mit einer abstrakten, begrifflichen Frage, die nicht vom Grund seines Seins herauf gedrängt hätte, wäre er zu keiner Antwort gelangt, jedenfalls nicht zu einer Antwort, die letzte Wahrheit enthält.

In unserem zweiten Beispiel geht es um Yün-men (Ummon, 864–949), einen der bedeutendsten Zen-Meister des alten China. Sein erster Meister war Mu-chou (Bokushū), der schon Lin-chi gedrängt hatte, Huang-po über das Wesen des Buddhismus zu befragen. Yün-men hatte sich mit buddhistischen Schriften befaßt, doch es befriedigte ihn nicht, und so suchte er schließlich Mu-chou auf. Der Meister öffnete jedoch nur kurz die Tür zu seinem Raum, fragte Yün-men, wie er heiße und was er wolle, und schloß die Tür wieder.

Yün-men ging ratlos fort, und als er einige Zeit später wiederkam, erging es ihm wie beim ersten Mal, und wieder mußte er sich unverrichteter Dinge zurückziehen. Beim dritten Mal, wild entschlossen, nun endlich mit dem Meister zu sprechen, drängte er sich sofort durch die Tür, als sie geöffnet wurde. Der Meister packte ihn jedoch augenblicklich und schrie: «Sag es! Sag es!» Yün-men war völlig verwirrt und zögerte. Da stieß ihn der Meister hinaus und warf die Tür zu, in der jedoch noch Yün-mens Bein steckte. Das Bein brach, und Yün-men schrie: «Au!» Im gleichen Moment kam er urplötzlich zur Erleuchtung.

Wir können aus dieser Geschichte wohl schließen, daß Yün-mens Zen-Erfahrung eine lange und beschwerliche Vorgeschichte hatte, wenn die vorhandenen Aufzeichnungen darüber auch nichts berichten. Sein Suchen und Forschen begann nicht mit dieser Erfahrung, sondern gipfelte in der Begegnung mit Mu-chou. Er wußte keinen Ausweg aus seinem Dilemma, und Mu-chou war seine einzige Hoffnung. Und was für eine Antwort bekam er? Daß die Tür sich zweimal vor seiner Nase schloß – hat das irgendeinen Bezug zu seinem ernsten inneren Ringen?

Auf dem Heimweg hat er gewiß alles darangesetzt, dieses Erlebnis zu begreifen. Der zweite Besuch verstärkte dieses innere Forschen noch, und beim dritten Besuch hatte es sich so weit zugespitzt, daß eine dramatische Wende erfolgen mußte. Mu-chous handgreifliche Aufforderung, sich zu äußern, wenn es da etwas gäbe, das Ausdruck verlange, ließ sein Zen-Bewußtsein zu voller Reife gelangen, und nun bedurfte es nur noch eines Anstoßes zum Erwachen. «Au!» war zugleich der Schrei des Satori, das Innewerden seines eigenen Seins, dessen Tiefe er nun ausgelotet hatte, so daß er sagen konnte: «Ich weiß, denn ich bin es.»

(Wir haben diesen psychologischen Prozeß bis hierher nur aus einigen alten Schilderungen abgeleitet, sind also im Grunde noch bei Mutmaßungen; die Darstellung wird später überzeugender werden, wenn wir die Psychologie der Kōan-Übung anhand der Aussagen der Meister zu diesem Thema untersuchen werden.)

DIE FRÜHEN SCHULUNGSMETHODEN

Dem bisher Gesagten können wir entnehmen, daß es in der Tat nicht leicht ist, das Zen-Bewußtsein bis zur Reife zu entwickeln. In der Frühzeit des Zen in China gab es genügend wagemutige Geister, die auf unmittelbare eigene Erfahrung aus waren und die Fährnisse dieses Weges ins Unbekannte bereitwillig auf sich nahmen.

Die Meister folgten damals noch keinem besonderen System, nach dem sie ihre Schüler zu dieser Erfahrung führten, doch sie gaben mit Worten und Gesten Hinweise, die allerdings in der Regel so unfaßlich blieben, daß sie den Wahrheitssuchenden eher abschreckten als anzogen. Der Pfad war dornenreich, und man setzte viel aufs Spiel, wenn man ihn beschritt. Und so kam es, daß nur wenige der Schüler, die sich um einen Meister scharten, Satori erlangten. Ein voll autorisierter Zen-Meister mochte in seinem Bergkloster fünfhundert oder tausend Schüler haben, doch es gelang kaum zehn von ihnen, Einblick in die Geheimnisse des Zen zu gewinnen. Zen war eine gleichsam aristokratische Form des Buddhismus; lieber ganz wenige wirklich große Geister als eine Fülle von mittelmäßigen, so lautete die Devise.

Daher machten die Meister den Zen-Pfad möglichst steil und stürmisch, so daß nur die wirklich standhaften Gemüter den Gipfel erreichen konnten. Dies geschah freilich nicht mit Vorbedacht, nicht in dem Wunsch, den Schatz für sich zu behalten, denn natürlich hätten sie ihre Lehre gern weit verbreitet gesehen; wollten sie jedoch getreu ihrer Einsicht handeln, so konnten sie sich nicht dem Geschmack der Masse beugen, konnten ihre wahre Berufung nicht dem Ruhm oder Beifall aufopfern. Und machten sie bei aller Strenge nicht schon genügend Zugeständnisse? Meister Ch'ang-sha (Chōsha, gest. 868) pflegte zu sagen: «Wollte ich die Wahrheit des Zen nur in ihrer Absolutheit darlegen, so wäre das Haupttor meines Klosters bald von Unkraut zugewuchtert.»

Doch es gibt nun mal auf jedem Gebiet die Nachahmer, die Falschmünzer, die Krämer, die mit Dingen aus zweiter Hand Geschäfte machen. Gerade auf dem Gebiet des Religiösen haben sie leichtes Spiel, denn hier ist es besonders schwer, das Echte vom Nachgemachten zu unterscheiden. Auch im Zen gab es diese Nachahmer und Falschmünzer, die sich nur die Literatur einverleibten, den Geist aber mißachteten, und man kann sich vorstellen, daß es den wirklichen Meistern oft schwerfiel, in ihren Bergklöstern stillzuhalten und den Niedergang des wahren Zen-Geistes zu verfolgen.

Seit Hui-neng nahm die Zen-Literatur stetig an Umfang zu, und die Ausdrucksformen wurden vielgestaltiger und subtiler. Nach und nach fächerte Hui-nengs Schule sich in mehrere Zweige auf, und zu Beginn der Sung-Zeit, also im elften Jahrhundert, finden wir in China fünf Schulen des Zen vor. Die Zeit rückte heran, da die Zen-Meister sich nicht mehr damit begnügten, einfach abzuwarten, bis das Zen-Bewußtsein sich von selbst entwickelte. Sie erkannten die Notwendigkeit eines Systems, das die Entwicklung beschleunigte und den gesunden Fortbestand des Zen sicherte. Bevor wir jedoch über die Entwicklung dieses Systems sprechen, wollen wir noch betrachten, wie Zen in der Anfangszeit seiner Geschichte gelehrt wurde.

Wie wir aus den bisher angeführten Beispielen schon ersehen konnten, folgten die Meister bei der Schulung keiner bestimmten Methode. Zweifellos gaben sie Darlegungen in der Dhrama-Halle, und sie ließen keine Gelegenheit aus, ihren Schülern das Zen-Bewußtsein auf praktische Weise zu demonstrieren. Zen war hier kein begriffliches Spielzeug; vielmehr war das Leben in allen Bereichen vollkommen davon durchdrungen – auch beim bloßen Heben eines Fingers, beim Schlürfen einer Schale Tee, bei alltäglichen Begrüßungen. Und alle Situationen, die sich im täglichen Leben boten, wurden von den Meistern benutzt, um das Bewußtsein ihrer Schüler zur Wahrheit des Zen zu erwecken. Die folgenden Unterredungen aus den alten Aufzeichnungen, die wir im *Chuang-teng-lu* (*Dentōroku*) finden, werden deutlich machen, was ich meine.

Als der Sechste Patriarch Nan-yüeh (Nangaku) näherkommen sah, fragte er: «Woher kommst du?»

«Ich komme von Tung-shan (Tōsan).»

«Was ist es, das so kommt?»

Es dauerte sechs Jahre, bis Nan-yüeh diese Frage auflösen konnte und ausrief: «Wenn man auch nur sagt, es sei ein Etwas, ist das schon weit gefehlt!»

Ein Mönch fragte den Landesmeister Chung von Nan-yang: «Was ist der Essentielle-Leib von Vairochana[-Buddha]?»

Der Landesmeister sagte: «Bring mir den Wasserkrug.»

Der Mönch holte den Wasserkrug.

Der Landesmeister sagte: «Bring ihn zurück, dorthin, wo er war.»

Der Mönch fragte: «Was ist der Essentielle-Leib von Vairochana?»

Der Landesmeister sagte: «Der alte Buddha ist schon vor langer Zeit dahingegangen.»*

Wu-yeh war ein sehr kräftiger, athletischer Mönch. Als er zu Ma-tsu (Baso) kam, bemerkte dieser: «Welch ein prachtvoller Körperbau, und kein Buddha darin.»

Wu-yeh verneigte sich und sagte: «In der Literatur des Dreifachen Fahrzeugs kenne ich mich durchweg aus, doch habe ich die Zen-Lehre noch nicht verstehen können, die da sagt, daß mein Geist der Buddha ist.»

Der Meister sagte: «Der Geist, der nicht versteht, ist der Buddha; da ist nur *ein* Geist.»

Wu-yeh fragte weiter: «Der Erste Patriarch soll eine geheime Botschaft aus Indien mitgebracht haben. Wie lautete sie?»

Ma-tsu sagte: «Mönch, ich habe eben gerade viel zu tun; komm ein andermal wieder.»

Wu-yeh war schon an der Tür, als der Meister rief: «Mönch!»

Wu-yeh wandte sich um.

«Wie lautet sie?» fragte der Meister.

Dies erweckte Wu-yehs Geist zum vollen Begreifen des Zen, und er warf sich nieder.

Der Meister sagte: «So ein törichter Kerl! Was wirft er sich da nieder?»

Teng Yin-feng stand neben Shih-t'ou (Sekitō), als jener mähte. Als Shih-t'ou ein Grasbüschel vor Teng schwenkte, sagte dieser:

«Ihr wißt nur dieses abzuschneiden, jenes aber nicht.»

Shih-t'ou hob die Sense.

Teng entriß sie ihm und nahm die Haltung eines Schnitters ein.

* *Ts'ung-jung-lu* (*Shōyō-roku*), 42. Beispiel.

Shih-t'ou sagte: «Ihr schneidet das andere ab, wißt aber dieses nicht abzuschneiden.»

Teng gab keine Antwort.

Als Kuei-shan Ling-yu (Isan Reiyū) seinem Meister, Pai-chang Huai-hai (Hyakujō Ekai), als Aufwärter diente, fragte dieser ihn: «Wer bist du?»

«Ich bin Ling-yu.»

«Grabe in der Asche und schau, ob da Feuer in der Feuerstelle ist.»

Kuei-shan grub in der Asche und sagte dann: «Kein Feuer, Meister.»

Pai-chang erhob sich von seinem Sitz und stocherte selbst in der Asche. Er fand ein Stück glimmende Holzkohle, hielt es hoch, zeigte es Kuei-shan und sagte: «Glüht es nicht?»

Das öffnete Kuei-shan die Augen.

Tai-an studierte die Vinaya-Texte, doch es ließ ihn unbefriedigt, denn er fand darin keinen Zugang zum tiefen Sinn der buddhistischen Wahrheit. Er ging auf die Wanderschaft und kam zu Pai-chang. Er sagte zum Meister: «Ich bin auf der Suche nach dem Buddha, weiß aber nicht, wie ich bei der Suche vorzugehen habe.»

Der Meister sagte: «Es ist, als suchtest du den Ochsen, während du selbst auf ihm sitzt.»

«Was tut man, wenn man ihn erkennt?»

«Es ist, wie auf ihm heimzureiten.»

«Darf ich um Unterweisung darüber bitten, wie ich mich dieser ganzen Sache in der rechten Weise anzunehmen habe?»

Pai-chang sagte: «Es ist wie mit einem Viehhirten, der sich um seine Tiere kümmert; mit seinem Stab hält er sie davon ab, auf anderer Leute Land zu weiden.»

Als Kao noch Novize und ohne volle Ordination war, kam er zu Yüeh-shan (Yakusan). Dieser fragte ihn: «Woher kommst du?»

«Ich komme von Nan-yüeh.»
«Wohin gehst du?»
«Zu Chiang-ling, um ordiniert zu werden.»
«Was willst du damit erreichen?»
«Ich möchte frei sein von Geburt-und-Tod.»
«Weißt du, daß da einer ist, der auch ohne Ordination frei ist von Geburt-und-Tod?»

Einst ging Shan-tao mit seinem Meister Shih-t'ou durch die Berge. An einer Stelle waren Zweige über den Weg gewachsen, und der Meister bat Shan-tao, sie zu entfernen.
Der Schüler sagte: «Ich habe mein Messer nicht bei mir.»
Shih-t'ou zog sein eigenes heraus und reichte es seinem Schüler mit der Klinge voran.
Shan-tao sagte: «Bitte, gebt mir das andere Ende.»
Der Meister sagte: «Was willst du denn mit dem anderen Ende?»
Dies ließ Shan-tao zur Wahrheit des Zen erwachen.

Aus diesen Beispielen, die ich der ersten Geschichte des Zen, dem *Ch'uan-teng-lu* (*Dentō-roku*), entnehme, ersehen wir, daß die Meister sehr praktisch, aber nicht nach einem Plan vorgingen. Hatte der Schüler nicht von sich aus eine Frage, so provozierten sie ihn, aber eben nicht mit Vorbedacht, sondern aus den Situationen heraus, die das Leben selbst jeweils bot. Es gab zwar schon einige stehende Redewendungen, mit denen man an den Meister herantrat, und auch seine Fragen konnten immer wieder dieselben sein, doch es gab noch kein System der Zen-Schulung.

Eine der Frage, die besonders von Novizen häufig gestellt wurden, bezog sich auf den Grund für Bodhidharmas Reise nach China. Das ist nicht verwunderlich, denn mit dem Kommen des Patriarchen war Zen ja in China entstanden, und jeder, der in seinen Fußspuren ging, wollte natürlich um seine große Botschaft wissen. Die von den Meistern am häufigsten gestellte Frage war die nach dem Woher und Wohin eines Neuankömmlings in ihrem Kloster. «Woher kommst du?» – das war keine Frage, die nur auf Information abzielte; vielmehr läßt sich der Stand des Zen-Begreifens daran erkennen, wie weit einer um sein wirkliches Woher und Wohin weiß.

Mitunter, vor allem in der Hochblüte des Zen während der T'ang-Zeit, waren die Menschen, die sich an einen Meister wandten, buddhistische Philosophen, die so sehr von ihren Erkenntnissen überzeugt waren, daß sie die Kontroverse suchten. Solche Unterredungen bieten uns ein fesselndes Schauspiel – und stets auf Kosten des Philosophen.

Ein Mönch kam zu Nan-yang Hui-chung (Nan'yo Echū) und wurde von diesem gefragt: «Womit bist du befaßt?»

«Mit Abhandlungen zum *Vajrachchedikā-Sūtra.*»

«Wie lauten die ersten beiden Schriftzeichen des Sūtra?»

«*Ju shih.*»*

«Was bedeutet das?»

Der Meister erhielt keine Antwort.

Ein buddhistischer Philosoph suchte Ma-tsu auf und sagte: «Darf ich fragen, welche Lehrmeinung ein Zen-Meister vertritt?»

Ma-tsu, anstatt zu antworten, stellte eine Gegenfagte: «Welche Lehrmeinung vertretet Ihr?»

«Ich habe die Ehre, mein Wissen über mehr als zwanzig Sūtras und Shāstras weiterzuvermitteln.»

«Da seid Ihr aber wirklich ein Löwenkind, nicht wahr?»

«Ich fühle mich geschmeichelt.»

Ma-tsu atmete einen langen Atemzug. Daraufhin sagte der Philosoph: «Eben das ist es.»

Ma-tsu sagte: «Was bedeutet das?»

«So kommt der Löwe aus seiner Höhle.»

* «Also habe ich gehört.» Das sind die Eröffnungsworte aller Sūtras.

Ma-tsu schwieg.

Der Philosoph sagte: «Auch das ist es.»

«Was bedeutet das?»

«So liegt der Löwe in seiner Höhle.»

«Wenn da aber kein Gehen und kein Kommen ist, was dann?»

Darauf wußte der Philosoph keine Antwort. Später, als er sich vom Meister verabschiedete und zum Gehen wandte, rief Ma-tsu: «Philosoph!» Er wandte sich um. Der Meister sagte: «Was ist das?» Wieder kam keine Antwort, und Ma-tsu sagte: «Oh, dieser verbohrte Sūtra-Lehrer.»

Ein Avatamasaka-Lehrer namens Chih kam zu Ta-chu Hui-hai (Daju-Ekai) und fragte: «Warum gebt Ihr nicht zu, daß aller Bambus der Dharmakāya ist und daß es keine üppig blühenden gelben Blumen gibt, die nicht Prajñā sind?»

Der Meister sagte: «Der Dharmakāya besitzt keine Form, doch mit dem grünen Bambus nimmt er eine Form an; Prajñā ist ohne Empfindungsvermögen, doch angesichts gelber Blüten läßt sie Empfindung entstehen. Daß es Prajñā und Dharmakāya gibt, ist nicht auf gelbe Blüten und grünen Bambus zurückzuführen. Daher heißt es im Sūtra: Der wahre Dharmakāya des Buddha ist wie Leere des Raumes, und wie der Mond sich im Wasser spiegelt, gibt es Formen gemäß den einzelnen Dingen. Wenn die gelbe Blüte Prajñā ist, so ist Prajñā empfindungslos; wenn der grüne Bambus der Dharmakāya ist, so weiß er vielleicht, wie er in verschiedenen Beziehungen zu wirken hat. Versteht Ihr?»

«Nein, Meister, ich kann Euch nicht folgen.»

Der Meister sagte: «Wenn ein Mensch Einblick in das wahre Wesen seines eigenen Seins gewinnt, so wird er die Wahrheit erfassen, wie sie sich ihm auch darbietet, positiv oder negativ. Er versteht es, an keinem von beiden zu haften, denn er hat das Wesen der Dinge in ihrer Bewegtheit erfaßt. Ein Mensch ohne diese Einsicht haftet jedoch am grünen Bambus oder an der gelben Blüte, wenn von ihnen die Rede ist. Er tändelt mit dem Dharmakāya, wenn er über ihn spricht, und er weiß nicht, was Prajñā ist, selbst wenn er davon spricht. Daher das ständige Gezänk unter euch Philosophen.»

In dieser Weise fand die Zen-Unterweisung bis etwa zum zehnten Jahrhundert statt. Einen guten Überblick verschaffen uns die «Achtzehn Arten von Fragen», die Fen-yang Shan-chao (Fun'yō Zenshō, 947–1024), ein Schüler von Shou-shan Sheng-nien (Shuzan Shōnen), zusammenstellte.* Es ist eine unsystematische Klassifizierung, die uns jedoch manches über die damalige Art der Zen-Schulung vermittelt.

1. Die Frage, die Unterweisung heischt. Das sind im allgemeinen Fragen, die von Novizen an den Meister gerichtet werden, Fragen über den Buddha, den Sinn von Bodhidharmas Kommen aus dem Westen, die Essenz der buddhistischen Lehre, den Dharmakāya und so weiter.

2. Die Frage, in der jemand seinen eigenen geistigen Zustand beschreibt und den Meister um sein Urteil bittet. Ein Mönch fragte Chao-chou (Jōshū): «Wie, wenn man nicht einmal *ein* Ding hat?» Er beschrieb hier seine eigene Geistesverfassung. Chao-chou erwiderte: «Wirf es weg!»

3. Die Frage, mit der jemand festzustellen versucht, wo der Meister steht. Ein Mönch kam zur Einsiedelei von Tung-feng (Tōhō) und fragte: «Wenn man plötzlich hier einen großen Tiger trifft, was dann?» Daraufhin ließ der Einsiedler ein lautes Tigerbrüllen erschallen. Der Mönch machte sofort eine entsetzte Gebärde. Der Einsiedler lachte laut.**

4. Die Frage, mit der jemand bekundet, daß er an seiner Zen-Erfahrung noch Zweifel hegt und Bestätigung wünscht. Ein Mönch fragte T'ien-huang Tao-wu (Tennō Dōgo): «Was soll ich tun, wenn da immer noch der Schatten eines Zweifels

* *Jen t'ien yen mu*, «Augen von Menschen und Göttern», Fas. II.

** *Pi-yen-lu*, 85. Beispiel.

ist?» Der Meister erwiderte: «Selbst Einheit, wenn man sich an sie klammert, liegt weit vom Ziel.»

5. Die Frage, mit der jemand begierig die Haltung des Meisters erkunden möchte. Ein Mönch fragte Chao-chou: «Die Zehntausend Dinge gehen auf Eins zurück. Worauf geht dieses Eine zurück?» Chao-chou sagte: «Als ich in Ch'ingchou lebte, machte ich mir ein Gewand, das wog sieben Pfund.»*

6. Die Frage von einem, der nicht weiß, wie er in seiner Schulung fortzufahren hat. Ein Mönch fragte Hsing-hua (Kōke): «Ich kann Schwarz nicht von Weiß unterscheiden. Bitte, Meister, gebt mir Aufklärung.» Er hatte kaum ausgesprochen, als der Meister ihm einen deftigen Schlag versetzte.

7. Eine Frage mit der Absicht, die Zen-Erfahrung des Meisters auf die Probe zu stellen. Diese Art von Frage kam wohl ziemlich häufig vor in einer Zeit, als überall Zen-Klöster eingerichtet wurden und die Mönche von einem Meister zum anderen wanderten. Ein Mönch fragte Feng-hsüeh (Fuketsu): «Wie geht es zu, daß einer, der nicht versteht, nie einen Zweifel hegt?» Der Meister sagte: «Wenn eine Schildkröte über weichen Grund geht, ist es unvermeidlich, daß sie Spuren hinterläßt.»

8. Die Frage des Unwissenden. Ein Mönch fragte Hsüansha (Gensha): «Ich bin neu im Kloster; bitte sagt mir, wie ich meine Schulung fortzusetzen habe.» Gensha sagte: «Hörst du den murmelnden Bach?» – «Ja, Meister.» – «Nun denn, hier ist der Zugang.»

9. Die Frage von einem, der seine eigene Zen-Anschauung hegt und wissen möchte, wie der Meister sie aufnimmt. Ein Mönch sagte: «Was weltliches Wissen und logische Spitzfindigkeit anbelangt, mit denen habe ich nichts zu schaffen; gebt mir bitte ein Zen-Thema.» Auf diese Bitte hin versetzte der Meister ihm einen Schlag.

* *Pi-yen-lu*, 45. Beispiel.

10. Die Frage, die auf den Ausspruch eines alten Meisters anspielt. Ein Mönch fragte Yün-men: «Was würde man tun, wenn keine Grenzen zu sehen sind, wie weit die Augen auch offen sein mögen?» Yün-men sagte: «Schau!»

11. Die Frage, die Sūtra-Worte enthält. Ein Mönch fragte Shou-shan (Shuzan): «Nach den Sūtras sind alle Lebewesen mit Buddha-Wesen begabt; wie kommt es, daß sie es nicht wissen?» Sou-shan sagte: «Sie wissen.»

12. Die Frage, die auf etwas Bekanntes anspielt: «Das Meer, so heißt es, birgt den kostbaren Stein; wie kann man seiner habhaft werden?» Feng-hsüeh erwiderte: «Wenn Wang-hsiang kommt, ist der Stein von blendender Klarheit; wenn Li-lou geht, wogen die Wellen himmelhoch. Je mehr man seiner habhaft zu werden versucht, desto weiter entschwindet er; je mehr man sich müht, ihn zu sehen, desto dunkler wird er.»

13. Die Frage, die von einer unmittelbar gegebenen Tatsache ausgeht: «Ich sehe, daß Ihr dem Sangha angehört. Was ist Buddha? Was ist Dharma?» San-sheng (Sanshō) erwiderte: «Dies ist der Buddha, dies ist der Dharma, siehst du's nicht?»

14. Die Frage, die von einem hypothetischen Fall ausgeht: «Dieser Buddha sitzt in der Halle; was ist der andere Buddha?» Ching-shan antwortete: «Dieser Buddha sitzt in der Halle.»

15. Die Frage, die einem Zweifel Ausdruck gibt: «Alle Dinge sind so, wie sie sind, von Urbeginn an; was ist das, was jenseits des Existierenden ist?» Der Meister erwiderte: «Deine Aussage ist klar und einfach; was soll die Frage?»

16. Die angriffslustige Frage: «Der Patriarch kam aus Indien, und was beabsichtigte er hier zu tun?» Mu-chou (Bokushu) erwiderte: «Sag du es – was hatte er vor?» Der Mönch gab keine Antwort. Mu-chou schlug ihn.

17. Die direkte, unumwundene Frage. Einst fragte ein Außenseiter [Nicht-Buddhist] den Weltverehrten [Buddha]: «Ich frage nicht nach Worten oder Nicht-Worten.» Der Weltver-

ehrte saß einfach da. Der Außenseiter pries ihn und sagte: «Der Weltverehrte hat durch seine große Güte und durch seine große Barmherzigkeit die Wolken meiner Verblendung zerteilt und mir den Eingang geöffnet.» Daraufhin warf er sich nieder und ging weg.*

18. Die Frage, die nicht in Worten gestellt wird. Ein Außenseiter kam zum Buddha und stellte sich vor ihn hin, ohne ein Wort zu sagen. Der Buddha sagte: «Von reicher Fülle, fürwahr.» Der Außenseiter pries ihn und sagte: «Es ist der Güte des Weltverehrten zu danken, daß mir nun der Eingang geöffnet ist.»

Wir können aus dieser Zusammenstellung zumindest die Vielgestaltigkeit der Zen-Fragen und -Antworten in jenen ersten fünfhundert Jahren der Entwicklung nach Bodhidharma ersehen. Charakteristisch sind sie insbesondere für die drei Jahrhunderte nach Hui-neng.

ENTSTEHUNG UND BEDEUTUNG DES KŌAN-SYSTEMS

Zweifellos hat in dieser Zeit eine echte Entwicklung des Zen-Bewußtseins stattgefunden, doch wie überall gab es zugleich auch eine Tendenz, wirkliche Zen-Erfahrung zu bloßer Begrifflichkeit erstarren zu lassen. Hätte man in diesem Stadium den Dingen ihren Lauf gelassen, so war zu befürchten, daß die echte Erfahrung gänzlich absterben würde; all die aufgezeichneten Worte der Meister wären entweder unverständlich oder zum Gegenstand philosophischer Erörterung geworden.

Dieser Niedergang, dieser Abfall von der lebendigen Erfahrung, ist ein Phänomen, das wir in der Geschichte der Religion allenthalben beobachten. Am Beginn steht immer

* *Wu-men-kuan*, 32. Beispiel.

ein schöpferisches Genie, und aus seiner Erfahrung erwächst mit der Zeit ein System. Menschen von geringerer Begabung scharen sich um ihn, und er versucht sie anzuleiten, eben diese Erfahrung auch selbst zu machen. In einigen Fällen gelingt es ihm, in der Mehrzahl jedoch unvollkommen oder gar nicht. Die meisten von uns sind nicht originell und schöpferisch genug, und so begnügen wir uns damit, einem Führer zu folgen, der uns groß und weit überlegen erscheint. So verknöchert das System allmählich, und wenn keine neuen Lebensimpulse kommen, verblaßt die ursprüngliche Erfahrung sehr schnell. In der chinesischen Geschichte des Zen, so können wir sagen, begann dieser Niedergang mit der Einführung des Kōan-Systems – wenn es auch gewiß stimmt, daß diese Einführung in der Geschichte des Zen-Bewußtseins unausweichlich war.

Das Kōan stellt den Versuch dar, im Bewußtsein des Zen-Schülers auf systematische – man möchte fast sagen künstliche – Weise etwas zu entwickeln, das die frühen Meister aus eigener Kraft in sich selbst hervorbrachten. Das Kōan beinhaltete auch die Hoffnung, mehr Menschen zur Zen-Erfahrung zu führen, als es der Meister ohne dieses Mittel könnte. So wurde das Kōan einerseits das Mittel zur Verbreitung des Zen und andererseits zur Garantie für die Echtheit der Zen-Erfahrung. Das «aristokratische» Zen wurde «demokratisch», wurde systematisiert und in gewisser Weise mechanisiert. Das war gewiß auf der einen Seite zum Nachteil des Zen, doch ohne diese Neuerung wäre es vielleicht schon vor langer Zeit wieder erloschen. Für mein Verständnis war es die Kōan-Übung, die uns das Zen als einzigartiges Erbe fernöstlicher Kultur bewahrt hat.

Um die Umstände ein wenig zu verdeutlichen, welche die Einführung des Kōan-Systems notwenig machten, möchte ich zwei Meister zitieren, die im elften Jahrhundert lebten. Ihren Worten können wir entnehmen, daß es vor allem zwei Tendenzen waren, die das Zen zu untergraben drohten. Die eine bestand in dem Mißverständnis, Zen sei die Übung des absoluten Stillwerdens, die andere im Abgleiten in bloße Intellektualität. Der absolute Quietismus, den die Meister von Anfang an zu bekämpfen hatten, stellt offenbar ein Mißverständnis dar, das in der Zen-Schulung selbst angelegt ist, und so hat es sich denn im Laufe der Zeit immer wieder neu gebildet. Das Abgleiten in Intellektualität, das nicht nur bei Außenstehenden, sondern auch unter Zen-Schülern immer wieder vorkommt, steht natürlich in krassem Gegensatz zur Zen-Erfahrung. Kein Zweifel, hier lauert der schlimmste Feind des Zen. Wenn man gegen diese Tendenz nicht gründlich durchgreift, wird sie sich immer wieder behaupten, vor allem in Zeiten, da Zen Anzeichen von Schwäche zeigt. Chen-ching K'e-wen (1024–1102) sagt in einer seiner Darlegungen:

> Im Zen ist Erfahrung alles. Was nicht auf Erfahrung beruht, steht außerhalb von Zen. Die Zen-Schulung muß daher aus dem Leben selbst erwachsen, und Satori muß bis zum Grund gehen. Bleibt irgend etwas unbereinigt, so ist da ein Tor zur Welt der Teufel.
>
> Sagte nicht ein alter Meister, zahllose Leichname lägen auf dem glatten, ebenen Grund; und sagte er nicht auch, sie seien wirklich von der echten Art, seien durch Dickicht und Dornengestrüpp gegangen? Heute macht man die Menschen glauben, das höchste Ziel des Zen bestehe darin, alle Funktionen von Körper und Geist lahmzulegen, und wahre Sammlung sei in einem einzigen gegenwärtigen Augenblick, in welchem ein Zustand von Ewigkeit-in-einem-Augenblick herrsche – absoluter Stillstand, ein Zustand ähnlich einem Räuchergefäß in einem alten Wegschrein, ein Zustand kühler Indifferenz.
>
> Sie sehen nicht – und das ist wahrlich ein Unglück –, daß dieser Zustand der Sammlung, so erstrebenswert er auch sein mag, zum Hindernis wird, wenn man an ihm haftet:

Er verhindert die wahre innere Wahrnehmung und die Manifestation jenes Lichts, das die Sinne nicht erfassen.

Ta-hui schreibt an einen seiner Schüler:

Es gibt zwei Arten des Irrtums, die nun unter Zen-Anhängern und Laien gleichermaßen verbreitet sind. Der eine beinhaltet, daß in Worten und Ausdrücken wunderbare Dinge enthalten seien, und jene, die dieser Auffassung anhängen, sind ganz begierig nach Worten und Ausdrücken. Der andere geht ins andere Extrem und vergißt, daß Worte der deutende Finger sind, der uns zeigt, wo wir den Mond zu suchen haben. Indem sie blindlings den Anweisungen der Sūtras folgen, in denen gesagt wird, Worte verhinderten ein rechtes Verständnis der Wahrheit des Zen und des Buddhismus, lehnen sie alle in Worte gefaßten Lehren ab und sitzen einfach mit geschlossenen Augen da, die Braue gesenkt, als wären sie tot. Sie nennen das stilles Sitzen oder Kontemplation oder schweigende Reflexion. Und nicht zufrieden mit ihrer eigenen ganz in sich gekehrten Übung, versuchen sie auch andere zu verleiten, diese falsche Anschauung des Zen anzunehmen und zu praktizieren. Solchen Unwissenden und Gutgläubigen sagen sie: «Ein Tag des stillen Sitzens ist ein Tag des Voranschreitens im Streben.»

Welch ein Jammer! Es entgeht ihnen gänzlich, daß sie auf ein geisterhaftes Leben hinarbeiten. Nur wenn diese beiden irrigen Anschauungen abgelegt werden, gibt es eine Aussicht auf wirkliches Voranschreiten im Zen. Denn wie wir im Sūtra lesen, soll man sich zwar nicht an die Einbildungen und das Unwirkliche heften, das alle Wesen in Worten und Sprache zum Ausdruck bringen, aber auch nicht der anderen Anschauung verfallen, alle Worte seien gleichermaßen zu verwerfen; darin nämlich übersehen wir, daß sie die Wahrheit vermitteln, wenn sie recht verstanden werden, und daß Worte und ihre Bedeutung weder verschieden noch nicht verschieden sind, sondern so aufeinander bezogen, daß das eine ohne das andere nicht denkbar ist.

Es gibt von den Zen-Meistern jener Zeit viele ähnliche Aussagen, und wir können wohl davon ausgehen, daß Zen, hätte man es sich selbst überlassen, zu bloßem Stillsitzen oder zum Auswendiglernen von Zen-Sprüchen und Zen-Dialogen verkommen wäre. Um das zu verhindern und eine weitere gesunde Entwicklung sicherzustellen, hätten die Meister kaum etwas Besseres ersinnen können als die Kōan-Übung.

WAS IST EIN KŌAN?

Das japanische Wort Kōan (chin. *kung-an*) bedeutet wörtlich «öffentlicher Aushang» und wurde in China ursprünglich zur Bezeichnung eines juristischen Präzedenzfalls verwendet. Ganz in diesem Sinne gibt es für den Gebrauch dieses Wortes im Zen die Definition: «öffentliches Dokument, das einen Beurteilungsmaßstab setzt», mit dem also das Zen-Begreifen auf seine Richtigkeit überprüft wird. Ein Kōan ist im allgemeinen eine Stelle aus einem Sūtra oder die Aussage eines Meisters oder eine Wechselrede von Frage und Antwort, ein Mondō (wörtl. «Frage-Antwort«), wie es im Japanischen heißt. Hier einige kurze Beispiele:

Ein Mönch fragte Tung-shan (Tōzan): «Was ist Buddha?»
Tung-shan sagte: «Drei Pfund Hanf!»*

Ein Mönch fragte Yün-men: »Wenn sich kein Gedanke erhebt, gibt es dann einen Fehler oder nicht?»

* *Wu-men-kuan*, 18. Beispiel.

Yün-men sagte: «Berg Sumeru.»*

Einst fragte ein Mönch Meister Chao-chou mit allem Respekt: «Hat ein Hund wirklich Buddha-Wesen oder nicht?»

Chao-chou sagte: «Wu (jap. *mu*).»**

Hui-neng, von dem Mönch Ming ersucht, ihm den Dharma zu offenbaren, sagte: «Nicht gut denkend, nicht böse denkend, was ist in eben diesem Augenblick das Ur-Antlitz von Mönch Ming?»***

Ein Mönch fragte Chao-chou: «Was ist der Sinn von des Patriarchen Kommen aus dem Westen?»

Chao-chou sagte: «Die Zypresse da im Vorgarten.»****

Chao-chou fragte Nan-ch'üan (Nansen): «Was ist der Weg?»

Nan-ch'üan sagte: «Das gewöhnliche Bewußtsein ist der Weg.»*****

Ein Mönch fragte Chao-chou: «Die Zehntausend Dinge gehen auf Eins zurück. Worauf geht dieses Eine zurück?»

Chao-chou sagte: «Als ich in Ch'ing-chou lebte, machte ich mir ein Gewand, das wog sieben Pfund.»******

P'ang-yün (Hō Un) fragte Ma-tsu: «Wer ist der, der nicht von den Zehntausend Dingen abhängig ist?»

Ma-tsu sagte: «Ich werde es dir sagen, wenn du die Wasser des Westflusses mit einem Zuge ausgetrunken hast.»

* *Ts'ung-jung-lu* (*Shōyō-roku*), 19. Beispiel.

** *Wu-men-kuan*, 1. Beispiel.

*** Aus dem 23. Beispiel des *Wu-men-kuan*.

**** *Wu-men-kuan*, 37. Beispiel.

***** *Wu-men-kuan*, 19. Beispiel.

****** *Pi-yen-lu*, 45. Beispiel.

Worum geht es dem Meister, wenn er seinem Schüler solche Probleme zur Lösung vorlegt? Durch die Beschäftigung mit solch einem Kōan soll eben jener Bewußtseinszustand erzeugt werden, der in den Worten des Kōan zum Ausdruck kommt. Ist das Kōan erfaßt, so ist der Bewußtseinszustand des Meisters erfaßt, und das ist Satori, ohne das Zen ein Buch mit sieben Siegeln bleibt.

In den Anfängen des Zen legte der Schüler dem Meister eine Frage vor; dieser konnte daran den Entwicklungsstand seines Schülers ablesen und die notwendigen Hilfen geben. Die Hilfe reichte manchmal aus, ihn zur Zen-Erfahrung zu erwecken, doch meist verblüffte und verwirrte sie ihn zunächst maßlos und trieb ihn immer weiter in das «Suchen und Forschen» hinein, von dem bereits die Rede war. Bis zur ersten wirklichen Frage des Schülers konnte es lange dauern, wenn sie überhaupt von selbst kam. Diese erste Frage zu stellen, ist schon mehr als die Hälfte der Lösung, denn es bedarf intensiver Bemühungen, um den Geist in die Krise zu führen. Die Frage zeigt an, daß die Krise erreicht wurde und der Geist bereit ist, sie hinter sich zu lassen. Ein erfahrener Meister weiß, wie er den Schüler in und durch die Krise führen kann; wir sehen es an den geschilderten Beispielen Lin-chis und anderer.

Es gab mit der Zeit immer mehr Aufzeichnungen solcher Mondō zwischen Meister und Schüler, und es konnte auch nicht ausbleiben, daß man auf intellektuellem Wege nach Lösungen suchte. Die aufgezeichneten Mondō waren für den, der sie las, keine lebendige Erfahrung und Intuition des Zen-Bewußtseins, sondern wurden zum Gegenstand logischer Betrachtung. Es war, wie gesagt, unvermeidlich, aber ohne geeignete Gegenmaßnahmen hätte es gewiß katastrophale Folgen gehabt. Die Zen-Meister, denen es um die gesunde Entwicklung des Zen-Bewußtseins und um die Bewahrung und Stärkung der Zen-Tradition ging, erkannten die Zeichen der Zeit und fanden zu einer Methode, alles, was nicht wahres Begreifen war, auszumerzen.

Unter den gegebenen Umständen bot es sich an, einige der Aussagen der alten Meister so einzusetzen, daß sie Wegweiser und zugleich Schranke sein konnten: Sie zeigen dem Verstand seine Grenzen, indem sie ihn selbst herausfinden lassen, wie weit er gehen kann; unweigerlich wird er dabei feststellen, daß es einen Bereich gibt, in den er niemals wird vordringen können. Die zweite Funktion dieser Schranken besteht darin, daß sie das Zen-Bewußtsein reifen lassen, so daß es schließlich durchbrechen kann zum Satori-Zustand.

Ein Kōan wirkt also sozusagen in zwei Richtungen, und in der einen Richtung führt es zu dem, was wir Suchen und Forschen genannt haben. Hat der Intellekt hier erst einmal erfahren, wie wenig er auszurichten vermag, so wird das Suchen und Forschen die ganze Persönlichkeit mit all ihren Kräften erfassen. Dieses intensive innere Ringen unter der Führung eines erfahrenen Meisters läßt das Zen-Bewußtsein reifen, bis die Auseinandersetzung mit dem Kōan in das einmündet, was wir Zen-Erfahrung genannt haben. Ohne ein Kōan verliert das Bewußtsein die Richtung, und es kommt nie zum Satori. Das Voranschreiten bis zu der Stelle, wo es weder vorwärts noch rückwärts weiterzugehen scheint, ist eine notwendige Voraussetzung für Satori.

Der schlimmste Feind der Zen-Erfahrung, zumindest in der Anfangsphase, ist der Intellekt, der stets auf die Unterscheidung von Subjekt und Objekt aus ist. Er muß abgeschnitten werden, wenn das Zen-Bewußtsein sich entfalten soll, und dafür dürfte es kein bessere Mittel geben als das Kōan.

Das Kōan bietet nirgendwo Raum für intellektuelle Interpretation, denn es stellt keine logisch gefügte Aussage dar, sondern ist Ausdruck eines bestimmten Bewußtseinszustands, der aus der Zen-Schulung erwächst. Denn welche logische Verbindung könnte man wohl zwischen Buddha und «drei Pfund Hanf» herstellen oder zwischen Buddha-Wesen und «Wu» oder zwischen Bodhidharmas Kommen aus Indien und der «Zypresse im Vorgarten»? Yüan-wu, (Engo, 1063–1135), der Herausgeber des *Pi-yen-lu* (*Hekigan-roku*), das neben dem *Wu-men-kuan* (*Mumonkan*) eine der beiden bedeutendsten Kōan-Sammlungen darstellt, gibt uns zu den «drei Pfund Hanf» einen Kommentar, dem wir auch entnehmen können, welche intellektuellen Interpretationsversuche damals unternommen wurden:

> Es gibt heute etliche, die dieses Kōan nicht wahrhaft erfassen, denn es gibt darin keinen Spalt, an dem ihre intellektuellen Zähne Halt fänden. Es ist zu direkt und ohne Geschmack. Die Meister haben auf die Frage: «Was ist Buddha?» die verschiedensten Antworten gegeben. Einer sagte: «Er sitzt in der Buddha-Halle.» Ein anderer sagte: «Der mit den zweiunddreißig Zeichen der Erhabenheit.» Wieder ein anderer sagte:«Eine Bambuswurzelpeitsche.» Wenn es jedoch darum geht, der Spekulation alle Wege abzuschneiden, so geht nichts über T'ung-shans «drei Pfund Hanf». Manche meinen, T'ung-shan habe in dem Augenblick gerade Flachs gewogen, und dies sei der Grund für seine Antwort gewesen. Andere sagen, er habe hier mit einem Doppelsinn gespielt. Und wieder andere schließlich glauben, T'ung-shan habe dem Fragesteller auf diese indirekte Weise verdeutlichen wollen, daß er selbst der Buddha sei. Solche sind wie Leichname, denn sie sind völlig außerstande, die lebendige Wahrheit zu begreifen. Und da sind noch andere, welche die »drei Pfund Hanf« für den Buddha nehmen. Was für abwegige Hirngespinste! Solange sie sich von Worten blenden lassen, besteht keine Hoffnung, daß sie T'ung-shans Geist wahrhaft erfassen, mögen sie auch bis zur Zeit des Buddha Maitreya leben. Weshalb? Weil Worte nur das Fahrzeug sind, das die Wahrheit trägt. Da sie den alten Meister selbst nicht begreifen, versuchen sie den Sinn in seinen Worten zu finden, aber sie werden darin nichts Greifbares finden. Die Wahrheit selbst ist jenseits

aller Beschreibung, wie ein Weiser der alten Zeit sagte, doch durch die Worte nimmt sie Gestalt an.
Vergessen wir die Worte also, wenn wir die Wahrheit selbst erlangt haben. Das kann nur geschehen, wenn wir durch Erfahrung Einblick gewinnen in das, worauf die Worte hindeuten. «Drei Pfund Hanf» – das ist wie der Königsweg durch die Hauptstadt. Bist du erst auf diesem Weg, so führt jeder Schritt, den du tust, in die richtige Richtung. Als Yün-men einst gefragt wurde, was die Lehre sei, die über die Buddhas und Patriarchen hinausgehe, sagte er: «Bauernknödel.» Yün-men und T'ung-shan gehen dieselbe Straße Hand in Hand. Bist du erst gründlich von allen Verunreinigungen der Unterscheidung befreit, so wird die Wahrheit ohne weiteres Aufheben erfaßt. Der Mönch, welcher hatte wissen wollen, was Buddha sei, ging später zu Chih-men (Chimon) und fragte ihn, was T'ung-shan mit «drei Pfund Hanf» gemeint habe. Chih-men sagte: «Eine Menge Blüten, eine Menge Brokat. Verstehst du?» Der Mönch antwortete: «Nein.» Chih-men sagte: «Bambus im Süden, Bäume im Norden.»

Das Kōan, das dem Anfänger gegeben wird, soll «die Wurzel des Lebens zerstören», «den berechnenden Geist sterben machen», «das ganze Bewußtsein, das von Urbeginn an am Werk ist, mit der Wurzel ausreißen». Das klingt zunächst etwas gewalttätig, doch es geht darum, die Grenzen des diskursiven Denkens zu überschreiten, und das ist nur möglich, wenn wir alles, was uns an Geisteskräften zur Verfügung steht, ein für allemal ausschöpfen. Dann erst können Logik und diskursives Denken umschlagen in zielstrebiges Forschen und Intuition. Was auf der Ebene des empirischen Bewußtseins nicht zu lösen war, wird nun auf tiefere Bewußtseinsebenen übertragen. Und so sagt dann auch ein Zen-Meister: «Solange dir nicht *einmal* der Schweiß den Rücken hinabgeronnen ist, kannst du das Schiff nicht vor dem Wind segeln sehen.» «Solange du nicht *einmal* in Schweiß gebadet warst, darfst du nicht erwarten, einen Palast aus Perlen auf einem Grashalm zu sehen.»

Es gibt keinen leichteren Weg zur Lösung des Kōan. Ist es jedoch gelöst, so gleicht es einem Stück Ziegelstein, mit dem man an ein Tor klopft: Wenn das Tor sich öffnet, wirft man den Ziegel fort. Was man beim Aufspringen des Tores sieht, ist etwas gänzlich Unerwartetes, ganz anders als alles, was wir uns je hätten vorstellen können. Betrachtet man das Kōan nun noch einmal von dieser neuen Warte aus – wie wunderbar treffend ist es dann!

PRAKTISCHE ANWEISUNGEN ZUR KŌAN-ÜBUNG

Solange es die Kōan-Schulung gibt, haben die Meister sich immer wieder zu der Frage geäußert, wie man mit einem Kōan übt. Wir können an diesen Äußerungen ablesen, welche Funktion das Kōan für die Entwicklung des Zen-Bewußtseins hat und welchen Veränderungen die Kōan-Schulung im Laufe der Zeit unterworfen war. Wie wir später noch eingehender darstellen werden, führte die Ausformung der Kōan-Schulung in der Ming-Zeit dazu, daß die Zen-Meister versuchten, eine Verbindung zur Praxis des Nembutsu (Rezitieren des Namens von Buddha Amitābha) herzustellen. Das kam daher, daß die psychologischen Mechanismen der Kōan-Übung und des Nembutsu eine Gemeinsamkeit aufweisen.

Ein Zen-Meister, der vermutlich in der frühen Sung-Zeit lebte, gibt folgende Unterweisung zur Zen-Schulung:

> Ihr Mönche! Ihr mögt zungenfertig und vielleicht auch verständig über Zen und Tao sprechen und über die Buddhas und Patriarchen spotten; doch wenn der Tag kommt, da euer Soll und Haben aufgerechnet wird, nützt euer Lip-

pen-Zen euch gar nichts. Bis jetzt habt ihr andere getäuscht, doch heute sollt ihr sehen, daß ihr euch selbst zum Narren gehalten habt. Ihr Mönche! Trachtet, solange euer Körper noch stark und gesund ist, wahrhaft zu begreifen, was Zen ist. Es ist ja nicht gar so schwierig, das Schloß in die Hand zu bekommen; doch ihr seid nicht entschlossen, bis zum letzten Atemzug zu kämpfen, und so findet ihr keinen Weg zur Verwirklichung und sagt: «Das ist zu schwierig; es übersteigt meine Kräfte.» Es ist nicht zu fassen! Wenn ihr Menschen von wirklichem Willen seid, *werdet* ihr herausfinden, was euer Kōan bedeutet. Ein Mönch fragte Chao-chou: «Hat ein Hund Buddha-Wesen?» Chao-chou sagte: «Wu!» Widmet euch ganz diesem Kōan und ergründet seinen Sinn. Widmet euch ihm Tag und Nacht, sitzend oder liegend, gehend oder stehend – widmet euch seiner Lösung durch alle zwölf Zeitabschnitte. Selbst wenn ihr euch ankleidet oder speist oder euren köperlichen Bedürfnissen nachgeht, sammelt euch mit allen Kräften des Gemüts auf das Kōan. Bemüht euch entschlossen, es jederzeit gegenwärtig zu haben. Die Tage vergehen, die Jahre folgen eins aufs andere, doch wenn die Zeit sich erfüllt und euer Geist ganz gesammelt auf dieses eingestimmt ist, wird es in euch ein plötzliches Erwachen geben – ein Erwachen zum Geist der Buddhas und Patriarchen. Ihr werdet von da an, wohin ihr euch auch wenden mögt, von keinem Zen-Meister mehr in die Irre geführt werden.*

I-an Chen aus dem Kloster Fo-chi gibt folgenden Rat:

Es heißt seit alters: «Wo genügend Glaube ist, da ist genügend Zweifel, ein großer Geist des Forschens; und wo ein großer Geist des Forschens ist, da ist Erleuchtung.» Entleert euren Geist gründlich von allem, was sich in ihm

* Aus dem *Zenkan Sakushin* («Das Durchbrechen der Zen-Schranke»).

angesammelt hat: Gelehrsamkeit, Gehörtes, falsch Verstandenes, gescheite oder gewitzigte Sprüche, die sogenannte Wahrheit des Zen, die Lehren des Buddha, Einbildung, Überheblichkeit und was dergleichen mehr ist. Sammelt euch auf das Kōan, von dem ihr noch kein tiefgehendes Begreifen habt. Das bedeutet, verschränkt eure Beine, haltet den Rücken gerade und, der Tageszeiten nicht achtend, haltet eure Sammlung aufrecht, bis ihr eures Ortes nicht mehr gewahr seid – Osten, Westen, Süden, Norden –, als wäret ihr lebendige Leichname.

Der Geist regt sich gemäß den Anstößen von außen. Es wird die Zeit kommen, da keine Gedanken sich mehr regen und das Wirken des Bewußtseins aufhört. Und dann, urplötzlich, zersprengt ihr euer Hirn und erkennt zum erstenmal, daß die Wahrheit schon immer in eurem Besitz ist. Wäre euch das nicht im täglichen Leben eine große Genugtuung?

Ta-hui war im zwölften Jahrhundert ein großer Befürworter der Kōan-Schulung. Sein Lieblings-Kōan war Chao-chous «Wu», doch er hatte auch ein eigenes. Er pflegte einen kurzen Bambusstock bei sich zu tragen, und den hielt er vor seinen Schülern hoch und sagte: «Ihr Mönche, wenn ihr das einen Stock nennt, so ist das Anhaften. Wenn ihr das ›nicht-ein-Stock‹ nennt, so ist das Sich-Widersetzen. Ihr Mönche, sagt einmal, wie nennt ihr es?»*

In dem folgenden Auszug aus seinen Darlegungen** gibt er Ching-kuang, dem Gärtnermönch, noch ein anderes Kōan:

Der Dharma ist nicht durch bloßes Sehen, Hören oder Denken zu meistern. Sonst wäre er ja selbst nicht mehr als Sehen, Hören oder Denken, und diese genügen nicht für

* *Wu-men-kuan*, 43. Beispiel.

** *Ta-hui Pu-shuo*, kompiliert von T'su-ching, 1190.

die Suche nach der eigentlichen Wahrheit. Die Wahrheit liegt nicht in dem, was wir von anderen hören oder aus eigenem Vermögen mit dem Verstand erfassen. Haltet euch also fern von allem, was ihr gesehen, gehört und gedacht habt, und schaut, was ihr in euch selbst habt. Da ist nur Leere und Nichts, und die entziehen sich eurem Zugriff, und eure Gedanken können sich nicht an sie heften. Warum nicht? Weil dies der Ort ist, wohin eure Sinne nicht reichen. Wäre dieser Ort in Reichweite eurer Sinne, so wäre er etwas, das ihr denken könntet und dessen ihr ansichtig werden könntet; er wäre etwas, das dem Gesetz von Geburt und Tod unterworfen ist.
Nehmt also nicht mehr wahr, was zu euren Sinnesorganen eingeht, und macht euer Bewußtsein wie einen Holzklotz. Wenn dieser Holzklotz plötzlich zusammenfährt und einen Laut von sich gibt, das ist der Augenblick, da ihr euch wie ein Löwe fühlt, der ungehindert und ungestört umherstreift, oder wie ein Elefant, der einen Wasserlauf durchquert und der starken Strömung nicht achtet. In diesem Augenblick ist da kein Zaudern, kein Tun, nur dies und sonst nichts. P'ing-t'ien der Ältere sagt:

> Der himmlische Glanz ist ungetrübt,
> das Prinzip besteht für alle Zeit.
> Für den, der eintritt durch dieses Tor,
> gibt es keine Argumente, keine Vernunft.

Ihr müßt wissen, daß euch durch Sehen, Hören und Denken der Eingang geöffnet wird und daß Sehen, Hören und Denken euch daran hindern einzutreten. Wie das? Habt ihr das zweischneidige Schwert, welches das Leben nimmt und das Leben aufs neue erweckt, so könnt ihr vom Sehen, Hören und Denken guten Gebrauch machen. Habt ihr das zweischneidige Schwert, das tötet und zum Leben erweckt, jedoch nicht, so wird euer Sehen, Hören und Den-

ken ein großer Stolperstein sein, über den ihr immer wieder zu Fall kommt. Euer Wahrheitsauge wird vollkommen geblendet sein; ihr werdet in vollkommener Finsternis wandeln und nicht fähig sein, frei und unabhängig zu werden. Wollt ihr jedoch euer Sehen, Hören und Denken ablegen und die freien Meister eurer selbst sein, so haltet euren begehrlichen, äffischen Geist davon ab, Schaden zu stiften: Haltet ihn still und gesammelt, was auch immer ihr tut – sitzend, liegend, stehend oder gehend, schweigend oder sprechend; haltet ihn wie ein gespanntes Seil, das ihr nicht aus der Hand gleiten laßt. Entgleitet euch der Geist, so findet ihr ihn augenblicklich wieder im Dienst des Sehens, Hörens und Denkens. Gibt es in solchem Fall ein Heilmittel? Welches ließe sich hier anwenden?
«Einst fragte ein Mönch Meister Yün-men: ‹Was ist der Buddha?› Yün-men antwortete: ‹Ein aufgetrockneter Scheißspatel.›» Das ist das Heilmittel. Ob ihr geht, sitzt oder liegt, sammelt euren Geist beständig auf diesen «aufgetrockneten Scheißspatel». Die Zeit wird kommen, da euer Geist sich plötzlich festrennt wie eine alte Ratte in einem toten Gang. Dann folgt der Sprung ins Unbekannte mit dem Schrei: «Ah, dies!» Mit diesem Schrei entdeckt ihr euch selbst. Und zugleich entdeckt ihr, daß all die Lehren der alten Weisen, wie sie im buddhistischen Tripitaka, in den taoistischen Schriften und den Hauptbüchern des Konfuzianismus niedergelegt wurden, nichts als Kommentare zu eurem Schrei «Ah, dies!» sind.

Ta-hui wurde es nie müde, seinen Schülern die Wichtigkeit von Satori klarzumachen, einer Erfahrung, die Sprache und Verstand übersteigt und im Bewußtsein aufbricht, wenn wir seine Grenzen überschreiten. In seinen Briefen und Darlegungen findet sich eine Fülle von Ratschlägen und Anweisungen, die nur darauf abzielen. Ich werde noch zwei dieser Stellen zitieren. Daß er in diesem Punkt so beharrlich war, deutet darauf hin, daß Zen damals zu bloßem Quietismus auf der einen Seite und zu intellektueller Analyse der alten Kōan auf der anderen zu entarten drohte.

Die Zen-Schulung muß zum Satori führen. Das ist wie mit einem schnittigen Boot, das normalerweise an einem geschützten Ort verwahrt wird, aber entworfen und gebaut wurde, um damit eine Regatta zu gewinnen. So war das bei all den alten Zen-Meistern, denn wir wissen, daß Zen nur gewonnen wird, wenn wir Satori erlangen. Irgendwie müßt ihr es erlangen, doch ihr werdet nicht finden, was ihr sucht, wenn ihr einfach nur innerlich still seid und wie ein Toter dasitzt. Warum nicht? Sagte nicht einer der Patriarchen, wenn ihr durch bloße Unterdrückung Stille zu erlangen trachtet, wird eure Stille um so anfälliger sein gegen Störungen? Wie ernsthaft ihr auch versuchen mögt, euren verwirrten Geist still zu halten, es wird etwas ganz anderes dabei herauskommen, solange eure Neigung zum Urteilen und Schlußfolgern bestehenbleibt.

Laßt also ab von dieser Gewohnheit. Tragt die beiden Schriftzeichen für «Geburt» und «Tod» auf der Stirn und richtet eure Aufmerksamkeit ausschließlich auf das folgenden Kōan, als wäret ihr unter einer drückenden Schuldenlast. Was immer ihr tut, und welche Tageszeit es auch sei, Tag oder Nacht, habt stets dieses Kōan gegenwärtig: Ein Mönch fragte Meister Chao-chou: «Hat ein Hund wirklich Buddha-Wesen oder nicht?» Chao-chou sagte: «Wu!» Sammelt euren Geist auf dieses «Wu!» und seht zu, was darin ist. Mit fortschreitender Sammlung werdet ihr das Kōan gänzlich ohne Geschmack finden – es gibt dem Verstand keinen Anhaltspunkt, nach dem er seinen Inhalt ausloten könnte. Dennoch mag sich ein Gefühl der Freude in eurem Herzen ausbreiten, dem jedoch bald ein anderes Gefühl folgt, das der Beunruhigung. Ohne auf dieses Wechselspiel der Gefühle zu achten, gebt euch Mühe und fahrt fort mit der Ergründung des Kōan, und ihr werdet sehen, daß ihr euch wie die alte Ratte in einen toten Gang getrieben habt. Dann muß eine tiefgreifende Umstülpung folgen, doch Menschen von geringer Entschlußkraft, die schwanken und zögern, bleibt dieser Schritt verwehrt.

An anderer Stelle sagt Ta-hui:

Übt einfach ständig weiter mit eurem Kōan in jedem Augenblick eures Lebens. Steigt ein Gedanke auf, so versucht nicht, ihn zu unterdrücken; macht einfach einen erneuten Versuch, euch das Kōan gegenwärtig zu halten. Ob ihr geht oder sitzt, haltet eure Aufmerksamkeit ununterbrochen darauf gesammelt. Wenn es anfängt, gänzlich geschmacksfrei zu werden, so naht der entscheidende Augenblick – laßt es euch nicht entwischen. Wenn dann urplötzlich etwas aufblitzt in euch, wird dieses Licht das ganze Universum durchstrahlen; ihr werdet das Land der Erleuchteten sehen, vollkommen offenbar auf der Spitze eines einzigen Haares; ihr werdet das große Rad des Dharma sehen, wie es sich in einem einzigen Staubkorn dreht.»*

K'ung-ku Ching-hung (15. Jahrhundert) gibt seinen Mönchen eine ähnliche Unterweisung:

Chao-chous «Wu!», bevor ihr in seinen Sinn eingedrungen seid, ist [abweisend] wie ein Silberberg oder eine Eisenwand. Doch indem ihr tagtäglich fortfahrt mit «Wu!» und seinen Gehalt zu ergründen trachtet und euch keinen Augenblick Ruhe gönnt, wird der große Augenblick unausweichlich über euch kommen, so wie auch eine Flut sich endlich Bahn bricht. Und dann werdet ihr sehen, daß der

* Eine Anspielung auf das *Avatamsaka-Sūtra*, mit dem Ta-hui wohlvertraut war.

> Silberberg und die Eisenwand doch nicht gar so gewaltig waren. Wollt ihr das große Rätsel von Leben und Tod lösen, so verlaßt euch vor allem nicht auf Verstandeswissen, sondern setzt allem Sinnen und Trachten ein Ende und bemüht euch aufs Äußerste. Verschwendet eure Zeit nicht mit bloßem Denken an «Wu!», als wärt ihr lauter Dummköpfe, und sucht keine falschen Lösungen durch Spekulation und Vorstellungskraft. Werft euch entschlossen mit ganzem Herz-Geist auf die Lösung von «Wu!». Dann plötzlich, wenn ihr von allem loslaßt, kommt eine große Umwälzung des Bewußtseinsganzen, und zum ersten Mal geht euch strahlend auf, worauf dies alles letztlich hinausläuft.

Die Schrift *Der Spiegel für den Zen-Schüler** bestätigt nicht nur alles bisher Zitierte, sondern beschreibt auch eingehend die Psychologie der Kōan-Übung:

> Vom Zen-Schüler ist verlangt, daß er Einsicht gewinnt in den Ausdruck (*chü*),** der lebt, und nicht in den, welcher tot ist. Forscht nach dem Sinn eures Kōan, legt eure ganze Geisteskraft in diese Aufgabe wie eine Glucke auf ihren Eiern, wie die Katze, die einer Ratte auflauert, wie der Hungrige, der überall begierig nach Eßbarem sucht, wie der Dürstende, der nichts will als Wasser, wie ein Kind, das sich nach der Mutter sehnt. Wenn ihr euch so ernsthaft und so verzweifelt müht, wird die Zeit gewiß kommen, da euch der Sinn des Kōan aufgeht.

* Kompiliert von T'ui-yin, einem koreanischen Zen-Meister der Ming-Zeit. Das Buch erschien 1579.

** Nach T'ui-yin unterscheiden die Zen-Meister zwei Arten von Chü, lebendige und tote Chü. Lebendige Chü sind Aussagen, die uns keinen Ansatzpunkt für rationale Interpretationen bieten und dem empirischen Bewußtsein alle Möglichkeiten abschneiden. Tote Chü sind solche, die sich logisch oder philosophisch behandeln lassen, die also mitgeteilt und gelernt werden können.

Drei Dinge sind entscheidend für den Erfolg im Zen: großer Glaube, große Entschlossenheit und ein großer Geist des Forschens. Fehlt eines dieser drei, so ist es wie bei einem Kessel, dem ein Bein abbrach – kein fester Stand. Bemüht euch um Einsicht in den Sinn von Chao-chous «Wu!», in jedem Augenblick eures Lebens und was auch immer ihr gerade tut. Haltet euch das Kōan stets gegenwärtig und laßt nie vom Geist des Forschens ab. Geht dieses Forschen stetig, ununterbrochen weiter, so werdet ihr sehen, daß euer Kōan dem Verstand keinen Angriffspunkt bietet, daß es eines Sinnes in der üblichen Bedeutung dieses Wortes gänzlich ermangelt, daß es fad ist, ohne Geschmack und Anreiz, und daß in euch ein Gefühl von Beklemmung und Unrast aufkommt. Seid ihr so weit gekommen, so wird es Zeit, alles auf eine Karte zu setzen und euch in den Abgrund zu stürzen und so die Grundlage der Buddhaschaft zu schaffen.

Während ihr euch das Kōan vergegenwärtigt, fragt nicht danach, was sein Sinn sei. Stellt keine Überlegungen an und bemüht nicht eure Vorstellungskraft. Erwartet nicht, daß Satori über euch kommt, indem ihr die wirren Gedanken vertreibt. Sammelt euch einfach auf das Kōan in seiner ganzen Unbegreiflichkeit, welcher der Verstand offensichtlich nicht beikommen kann.* Schließlich werdet ihr

* Der Anhang enthält an einigen Stellen weitere Anweisungen für die richtige Haltung des Zen-Schülers gegenüber seinem Kōan. Wir finden hier interessantes und aufschlußreiches Material für die psychologische Betrachtung des Zen-Bewußtseins. T'ui-yin legt seinen Schülern die folgenden zehn Punkte ans Herz: Orientiert euch nicht an euren Vorstellungen. Laßt eure Aufmerksamkeit nicht dorthin ziehen, wo der Meister die Augenbrauen hochzieht oder blinzelt. Versucht nicht, aus der Ausdrucksweise des Kōan einen Sinn abzuleiten. Lehnt eure Demonstration des Kōan nicht an Worte an. Glaubt nicht, der Sinn des Kōan sei dort zu erfassen, wo ihr es euch als Objekt des Denkens vorhaltet. Haltet Zen nicht für einen Zustand bloßer Passivität. Beurteilt das Kōan nicht nach dem dualistischen Maßstab von Sein (*yu*) und Nichtsein (*wu*).

sein wie eine alte Ratte, die sich in die hinterste Ecke der Scheune verlaufen hat und dort durch eine plötzliche Kehrtwendung den Fluchtweg entdeckt. Daß ihr das Kōan mit der Elle des Verstandes meßt, wie ihr es auch mit allen anderen Dingen tut, daß euer Leben im Strom von Geburt und Tod treibt, daß euch ständig Gefühle von Furcht, Sorge und Unsicherheit ankommen – all das ist das Werk eurer Vorstellungen und eures berechnenden Verstandes. Ihr solltet wissen, wie man sich über die nebensächlichen Dinge des Lebens erhebt, in denen die meisten Menschen sich selbst ertränken. Fragt nicht lange, wie es zu beginnen sei, sondern werft euch mit aller Kraft hinein. Es ist wie eine Mücke, die einen eisernen Ochsen sticht; in eben dem Augenblick, in welchem das Eisen euren schwachen Stechrüssel vollkommen abweist, vergeßt ihr euch selbst ganz und gar, und es ist vollbracht.

Ich möchte diesen Teil abschließen mit einer Passage aus den Schriften von Hakuin Zenji, dem Vater des modernen japanischen Rinzai-Zen. Wir sehen hier, wie die «Psychologie» des Zen sich über mehr als tausend Jahre, seit den Tagen Huinengs und seiner Nachfolger, mehr oder weniger gleichgeblieben ist.

Glaubt nicht, das Kōan deute auf die absolute Leere. Zieht keine Schlußfolgerungen aus dem Kōan. Hütet euch vor der Haltung des Wartens auf Satori.

Die Kōan-Übung wird häufig als eine Form der Meditation bezeichnet, doch aus diesen Ermahnungen eines alten Meisters dürfte deutlich werden, daß Zen keine Übung in Meditation oder Passivität ist. Dies muß ein jeder Zen-Schüler in Ost und West sich vollkommen klarmachen. Den Geist zur Satori-Erfahrung zu erwecken, ist das erklärte Ziel des Zen, und dazu dient die ungeteilte Sammlung auf ein Kōan; es ist nicht Gegenstand der Meditation und dient nicht dem Zweck, den Geist in einem Zustand der Empfänglichkeit zu halten, sondern soll als eine Art Stange benutzt werden, mit der man über den Strom der Relativität ans andere Ufer, das Ufer des Absoluten, springt.

Wenn ihr zur unverfälschten Wahrheit der Ichlosigkeit gelangen wollt, müßt ihr ein für allemal loslassen und in den Abgrund stürzen und werdet euch wieder erheben, jetzt erst erwacht und im Besitz von Ewigkeit, Seligkeit, Freiheit und Reinheit, welche dem wahren Ich angehören. Was heißt das, vom Rand des Abgrunds loslassen? Nehmt an, ein Mann sei tief in die Berge gewandert, wohin noch nie ein Mensch sich gewagt hat. Er gelangt an den Rand eines unauslotbar tiefen Abgrunds, wo die moosüberwachsenen, schlüpfrigen Felsen seinem Fuß keinen Halt bieten; er kann weder vor noch zurück, und er schaut dem Tod ins Angesicht. Seine einzige Hoffnung ist die Ranke, an die seine Hände sich klammern; sein Leben hängt an dieser Ranke. Eine kleine Unachtsamkeit, und er wird abstürzen, und sein Körper wird unten zerschmettert.
So auch der Zen-Schüler. Wenn er, wie mit der Hand an einen letzten Halt geklammert, mit seinem Kōan ringt, wird er sehen, daß sein Geist die äußerste Grenze seiner Spannung erreicht hat, und er wird zum Stillstand kommen. Wie der Mann über dem Abgrund, weiß er nicht, was nun zu tun ist. Von gelegentlicher Beklemmung und Verzweiflung abgesehen, ist es wie der Tod. Dann, urplötzlich, sind Geist und Körper zusammen mit dem Kōan wie aus dem Dasein gelöscht. Das nennt man «Loslassen». Wenn ihr aus der Erstarrung erwacht und wieder zu Atem kommt, so ist es wie Wassertrinken und unmittelbar Wissen, daß es kühl ist. Es ist eine unaussprechliche Freude.

Zusammenfassung

Rekapitulieren wir.

Die Einführung der Kōan-Schulung war aufgrund der folgenden Umstände unumgänglich:

1. Hätte man der weiteren Entwicklung des Zen ihren Lauf

gelassen, so wäre es aufgrund der «aristokratischen» Natur seiner Schulung und Erfahrung erloschen.

2. Im Laufe der zwei oder drei Jahrhunderte nach Huineng, dem sechsten Patriarchen des Zen in China, erschöpfte sich die kreative Originalität des Zen allmählich, und wenn es überhaupt überleben sollte, mußte es durch radikale Methoden, die das Zen-Bewußtsein aufrütteln konnten, zu neuem Leben erweckt werden.

3. Nach diesem Zeitalter schöpferischer Entfaltung sammelten sich immer mehr Aufzeichnungen von «Pointen» (*hua-t'ou*), «Umständen» (*chi-yüan*) und «Fragen und Antworten» (*wen-ta*) an, und dies verleitete zu intellektuellen Intepretationen, die dem Ausreifen des Zen-Bewußtseins im Wege standen.

4. Vor allem war es die Ausbreitung des Zen-Quietismus, die jetzt bedrohliche Ausmaße annahm und die lebendige Zen-Erfahrung untergrub. Die beiden Hauptrichtungen – der Quietismus beziehungsweise die Schule der «schweigenden Erleuchtung» und der Intuitionalismus beziehungsweise die Schule der noetischen Erfahrung – hatten von Anfang an mehr oder weniger offen miteinander im Streit gelegen.

Das von den Zen-Meistern des zehnten und elften Jahrhunderts eingeführte Kōan-System wirkte diesen Tendenzen entgegen:

1. Es sorgte für eine weitere Verbreitung des Zen, wirkte dadurch seiner «Exklusivität» entgegen und bewahrte die Tradition vor dem Aussterben.

2. Es gab der Entwicklung des Zen-Bewußtseins neue Anstöße und beschleunigte dadurch die Reifung des Zen-Bewußtseins.

3. Es wirkte der Ausbreitung des Intellektualismus des Zen entgegen.

4. Es bewahrte Zen vor lähmendem und unproduktivem Quetismus.

Aus den Zitaten zur Kōan-Übung können wir die folgenden Punkte isolieren:

1. Die Auseinandersetzung mit dem Kōan soll beim Schüler eine gesteigerte Bewußtheit erzeugen.

2. Der Verstand wird außer Kraft gesetzt, das heißt, die oberflächliche Bewußtseinstätigkeit kommt zur Ruhe, so daß tiefere Schichten, die normalerweise verschüttet sind, aktiviert werden und ihre eigentliche Funktion ausüben können.

3. Ein tiefer Drang, der das eigentliche Zentrum der Persönlichkeit bildet, kommt jetzt ins Spiel und entfaltet seine ganze Kraft für die Lösung des Kōan. Das ist es, was der Zen-Meister meint, wenn er vom «großen Glauben» und vom «großen Geist des Forschens» als den beiden wichtigsten Kräften auf dem Zen-Weg spricht. Die Tatsache, daß die großen Meister alles hinzugeben bereit waren für den Durchbruch zur Zen-Erfahrung, spricht nicht nur für die Größe ihres Glaubens an die letzte Wirklichkeit, sondern auch für die Kraft ihres forschenden Geistes, der nicht locker läßt, bis er sein Ziel erreicht hat, bis er also den Buddha von Angesicht zu Angesicht sieht.

4. Auf dem Höhepunkt dieser Entwicklung bildet sich ein gleichsam neutraler Bewußtseinszustand, der von den Psychologen des religiösen Bewußtseins irrtümlich als «Ekstase» oder «Verzückung» bezeichnet wird. Dieser Zen-Bewußtseinszustand unterscheidet sich ganz wesentlich von dem, was Verzückung genannt wird: Verzückung ist das Aussetzen aller mentalen Kräfte, während der Geist sich passiv der Kontemplation hingibt. Der Zen-Bewußtseinszustand ist demgegenüber das Ergebnis höchst intensiver Aktivität aller Grundvermögen der Persönlichkeit, die sich hier auf einen einzigen Gegenstand sammeln, bis sie ganz davon erfüllt sind und die Dualität von Subjekt und Objekt erlischt. Diesen Zustand der Einheit nennt man im Zen Dai-Gidan, «Großer Zweifel».*

* Vgl. *Satori*, S. 207, Anm. 8.

Das ist der Punkt, an dem das empirische Bewußtsein mit all seinen bewußten und unbewußten Inhalten seine Grenzen sprengt und in eine noetische Beziehung zum Unbekannten tritt. In der Verzückung gibt es diesen Grenzübertritt, diesen Umschlag nicht; sie ist vielmehr von statischer Endgültigkeit, die keine weitere Entfaltung zuläßt. Es ist darin nichts von diesem «Sich-in-den-Abgrund-Stürzen» und vom «Loslassen».

5. Und schließlich: Was zunächst wie ein zeitweiliges Aussetzen aller mentalen Kräfte aussieht, schlägt urplötzlich um in eine Entfesselung von Energien, deren Vorhandensein bis dahin nicht einmal zu ahnen war. Dieser jähe Umschlag, den wir Zen-Erfahrung oder Satori nennen, wird häufig durch ein Geräusch, einen bestimmten Anblick oder irgendein Bewegungsgeschehen ausgelöst. Die Quelle eines neuen Lebens beginnt zu sprudeln, und in der Tiefe des Bewußtseins fügt sich alles zu einer umfassenden Einsicht: Das Kōan gibt sein Geheimnis preis.

Im Zen wird dieses «psychische» Geschehen auf folgende Weise philosophisch erklärt. Zen ist, wie schon häufig betont wurde, weder eine Psychologie noch eine Philosophie, sondern lebendige Erfahrung. Diese Erfahrung ist endgültig und unabweisbar – sie spricht für sich selbst. Erst diese letzte Wahrheit, die nicht unserem relativen Erkenntnisvermögen entspringt, kann die tiefsten Bedürfnisse des Menschen befriedigen. Sie muß unmittelbar in uns selbst verwirklicht werden, keine äußere Autorität kann uns dazu verhelfen. Selbst die Lehren des Buddha und die Worte der Meister, so tiefgründig sie auch sein mögen, sind erst wirklich unser eigen, wenn unser Sein ihnen gleich geworden ist, wenn sie also unserer eigenen unmittelbaren Erfahrung entspringen. Diese Verwirklichung der uranfänglichen Wahrheit wird Satori genannt. Alle Kōan sind unmittelbarer, das heißt vom Intellekt gänzlich unabhängiger Ausdruck des Satori; daher ihr häufig so fremdartiger Charakter und ihre Unbegreiflichkeit.

Der Zen-Meister macht seine Äußerungen jedoch nicht mit

Absicht fremdartig und unbegreiflich; was er sagt oder tut, bricht aus ihm hervor, wie eine Blüte im Frühjahr sich öffnet oder wie die Sonne ihre Strahlen aussendet. Um ihn zu verstehen, müssen wir selbst wie die Blüte, wie die Sonne, wie er werden: in sein inneres Sein eindringen. Erst wenn wir unser Bewußtsein in eben die Verfassung bringen, in welcher die Zen-Meister die Worte sprachen, die dann zu Kōan wurden, erkennen wir sie. Daher meiden die Meister alle verbalen Erklärungen, die im Bewußtsein der Schüler doch nicht mehr erzeugen als intellektuelle Neugier. Da also der Intellekt sich als allgegenwärtiges Hindernis, ja als Todfeind erweist, muß er, zumindest am Beginn der Zen-Schulung, eine Zeitlang ausgeschaltet werden. Diesen Verstand «sprachlos» zu machen, ist das Kōan in der Tat das geeignete Mittel. Im Zen wird den Gegebenheiten unseres Bewußtseins stets mehr Bedeutung beigemessen als den Begriffen, die man sich über sie machen kann. Denn im Unterschied zu den Begriffen sind diese Gegebenheiten unmittelbar erfahrbar und sprechen für sich selbst – sie sind für den forschenden Geist des Zen-Schülers von unwiderstehlicher Überzeugungskraft.

Und eben weil es auf die Gegebenheiten der unmittelbaren Erfahrung ankommt, haben wir Kōan wie Yün-mens «aufgetrockneten Scheißspatel», Chao-chous «Zypresse im Vorgarten» und T'ung-shans «drei Pfund Hanf» – alles Dinge, die in der damaligen Zeit vertraute Gegebenheiten des Alltags darstellten. Verglichen mit indischen Ausdrücken wie: «Alles ist leer, ungeboren und jenseits der Verursachung» oder: «Das ganze Universum ist in einem Staubkorn», sind die Chinesen doch sehr viel näher an unserer alltäglichen Erfahrung.

Zen ist deshalb besser als seine indische Ursprungsform geeignet, den Intellekt auszuschalten und das Bewußtsein an seine tieferen Quellen zu führen. Es *muß* etwas gänzlich anderes als Intellektualität ins Spiel gebracht werden, wenn wir zu einer Erfahrung von grundsätzlich anderer Art gelangen wollen, die all unser Streben und Suchen befriedigt. Und das kann nur etwas Alogisches oder Arationales sein, dem mit dem Verstand auf keine Weise beizukommen ist. In der Geschichte des menschlichen Strebens nach dem Absoluten war die Einführung der Kōan-Schulung zur Entwicklung des Zen-Bewußtseins ein Schritt, den die Natur der Sache geradezu diktierte.

SATORI IM PERSÖNLICHEN ERFAHRUNGSBERICHT

Wir werden nun anhand einiger persönlicher Erfahrungsberichte verfolgen, welchen Einfluß die Kōan-Übung auf das Ausreifen des Zen-Bewußtseins hat.* Diese Aufzeichnungen wären eine eigene psychologische Untersuchung wert, doch möchte ich an dieser Stelle nur beispielhaft verdeutlichen, welche Rolle das Kōan in der Zen-Schulung spielt und von welcher Weisheit dieses von den Meistern der Sung-Zeit eingeführte System ist.**

Meng-shan Te-i, der an achter Stelle in der Nachfolge von Wu-tsu Fa-yen (Goso Hōen, ca. 1024–1104) steht, erzählt die folgende Geschichte von seiner Zen-Erfahrung:

Als ich zwanzig Jahre alt war, machte ich Bekanntschaft mit dem Zen, und bis ich zweiunddreißig war, hatte ich siebzehn oder achtzehn Meister aufgesucht, um sie über ihre Schulungsmethoden zu befragen, doch keiner von ihnen konnte mir über den wichtigsten Punkt Aufschluß geben. Als ich dann zu Meister Huan-shan kam, trug er mir auf, den

* Drei Berichte dieser Art habe ich bereits in einem früheren Essay zitiert. Siehe *Satori*, S. 181–186.

** Alle im folgenden zitierten Fälle stammen aus dem *Zenkan Sakushin* («Das Durchbrechen der Zen-Schranke»). Die Biographien der hier genannten Meister finden sich in einer Geschichte des Zen mit dem Titel *Hui-yüan hsü-liao*.

Sinn von «Wu» zu ergründen, und fügte hinzu: «Hab stets acht auf dein ‹Wu› durch alle Abschnitte des Tages, ständig wachsam wie eine Katze, die eine Ratte fangen will, wie eine Glucke auf ihren Eiern. Solange du noch keine Einsicht gewonnen hast, sei wie eine Ratte, die am Sargholz nagt, und sei niemals schwankend in deinem Bemühen. Fährst du in dieser Weise fort, so wird gewiß der Tag kommen, an dem dein Geist erleuchtet wird.»

Dieser Anweisung folgend, widmete ich mich der Aufgabe Tag und Nacht. So vergingen achtzehn Tage. Dann, beim Teetrinken, ging mir plötzlich der Sinn von Kāshyapas Lächeln auf – von jenem Lächeln, mit dem er geantwortet hatte, als der Buddha vor seinen versammelten Schülern die Blume hochhielt. Ich war überglücklich. Ich wollte wissen, ob mein Begreifen richtig war, und sprach bei einigen Zen-Meistern vor. Sie gaben mir jedoch keine schlüssige Antwort. Manche sagten, ich solle dem ganzen Universum den Stempel des Sāgaramudrā-Samādhi aufprägen und auf nichts anderes achten. Ich glaubte ihnen, und wieder vergingen zwei Jahre. Im sechsten Monat des fünften Jahres Ching-ting (1265) hielt ich mich in Chung-ch'ing auf. Ich litt an Ruhr und war in sehr bedenklicher Verfassung. In mir war keine Kraft mehr, und das Sāgaramudrā half mir in dieser Zeit nicht. Was immer ich am Zen begriffen haben mochte, es trug mich nicht. Die Zunge wollte nicht mehr sprechen, der Körper sich nicht regen, und es blieb nur noch eins: den Tod willkommen zu heißen. Die Vergangenheit entrollte sich vor mir – die Dinge, die ich getan hatte, die Situationen, in denen ich mich befunden hatte. Ich befand mich in einem furchtbaren Zustand der Mutlosigkeit und wußte nicht, wie ich dieser Marter entkommen sollte.

Doch schließlich, in dem Entschluß, mein eigener Meister zu sein, schloß ich mit dem Leben ab. Leise stand ich auf, entzündete Räucherwerk und legte die Kissen des Krankenlagers zurecht. Ich warf mich nieder vor den Drei Kostbarkeiten und den Nāga-Gottheiten und bekannte ihnen meine frü-

heren Sünden. Ich betete darum, nach meinem Tod, wenn er denn jetzt eintreten sollte, durch die Kraft von Prajñā in eine gute Familie geboren zu werden und schon in jungen Jahren ins Mönchsleben einzutreten. Sollte ich jedoch von meiner Krankheit geheilt werden, so wollte ich sogleich ein Mönch werden und den Rest meines Lebens ganz und gar der Zen-Schulung widmen. Sollte ich Erleuchtung finden, so würde ich versuchen, auch andere dahin zu führen – mit demselben Eifer wie bei mir selbst.

Nach diesem Gebet erfüllte ich mein Bewußtsein mit «Wu» und wandte das Licht nach innen. Nicht lange, und ich fühlte meine Eingeweide ein paarmal zucken, doch ich beachtete es nicht. Nach einer Weile wurden meine Lider starr und blinzelten nicht mehr, und dann entschwand der Körper meinem Bewußtsein, das jetzt ganz von «Wu» in Anspruch genommen war. Am Abend erhob ich mich und bemerkte, daß ich schon halbwegs von meinem Leiden befreit war. Ich saß weiter bis in die frühen Morgenstunden, und da verschwand die Krankheit schließlich ganz. Ich war wieder ich selbst, gesund und guten Mutes.

Im achten Monat desselben Jahres ging ich nach Chiangling und ließ mir den Kopf scheren [d. h. wurde ein Mönch]. Gegen Ende des Jahres machte ich mich auf die Pilgerschaft, und als ich einmal Reis kochte, ging mir auf, daß die Kōan-Übung ununterbrochen und mit stetem Bemühen weitergeführt werden muß. Ich beschloß, in Huang-lung zu bleiben.

Wann immer ich mich zum ersten Mal schläfrig fühlte, kämpfte ich mit dem Willen gegen die Müdigkeit an und blieb sitzen, bis sie verging. Wurde ich das zweite Mal müde, so konnte ich mich wieder auf ähnliche Weise dagegen durchsetzen. Der dritte Angriff der Müdigkeit war jedoch zu stark, und ich erhob mich, um mich vor dem Buddha niederzuwerfen; das erfrischte mich. Ich nahm wieder meinen Sitz ein und half mir auf diese Weise weiter, solange es ging. Mußte ich dann aber schließlich doch schlafen, so benutzte ich ein Kis-

sen, später dann den Ellbogen – bis ich es schließlich ganz vermied, mich niederzulegen. So vergingen zwei Nächte. In der dritten war ich so übermüdet, daß mir war, als berührten meine Füße gar nicht mehr den Boden. Plötzlich lichtete sich die dunkle Wolke, die mir den Blick verstellt zu haben schien, und ich fühlte mich, wie eben dem Bade entstiegen und wie neugeboren.

Ich blieb in tiefer Versunkenheit auf das Kōan gesammelt, und es füllte mich vollkommen aus, ohne daß ich mich eigens darum mühen mußte. Äußere Empfindungen, die Fünf Leidenschaften und Acht Störungen – all das lenkte mich nicht mehr ab. Ich war rein und klar wie eine mit Schnee gefüllte Silberschale, wie der von allen Wolken freigefegte Herbsthimmel. So nahm die Übung also einen sehr fruchtbaren Verlauf, doch die entscheidende Wende blieb noch aus.

Später verließ ich dieses Kloster und wanderte nach Che. Unterwegs erfuhr ich mancherlei Widrigkeiten, und meine Zen-Übung litt dementsprechend. Ich gelangte zum Kloster Ch'eng-t'ien, das von Meister Ku-ch'an geführt wurde, und wählte es als meine zeitweilige Bleibe. Ich schwor mir, diesen Ort nicht zu verlassen, bis ich die Wahrheit des Zen verwirklicht hatte. In etwas über einem Monat hatte ich aufgeholt, was mir an Übungsintensität verlorengegangen war. In dieser Zeit überzog sich mein ganzer Körper mit Geschwüren, doch ich war entschlossen, bei meiner Übung zu bleiben, und sollte es mich das Leben kosten.

Das gab meinen geistigen Kräften Auftrieb, und so war ich in der Lage, selbst in der Krankheit mein Suchen und Streben (*kung-fu*) aufrechtzuhalten. Als ich einmal zum Essen eingeladen wurde, ging ich mit «Wu» im Sinn zum Haus des Gastgebers und war so davon erfüllt, daß ich nicht merkte, wo ich mich befand, und am Haus vorbeilief. Das machte mir deutlich, was es heißt, die Übung selbst bei der Arbeit fortzuführen. Mein geistiger Zustand glich der Spiegelung des Mondes in der Tiefe eines strömenden Baches, die Oberfläche in schneller Bewegung, während der Mond selbst seine vollkommene Gestalt und seine stille Gelassenheit bewahrte.

Am sechsten Tag des dritten Monats saß ich wie üblich auf dem Kissen, ganz in «Wu» versunken, als der Mönchsälteste die Zen-Halle betrat. Versehentlich ließ er die Räucherwerkdose fallen, und es gab ein lautes Geräusch. Das öffnete meinen Geist augenblicklich einer ganz neuen Schau; mit einem Schrei erlangte ich Einblick in mein inneres Sein und erfaßte den alten Chao-chou. Dieser Vers wurde laut in mir, und ich sprach ihn aus:

Unerwartet gelangt der Pfad ans Ende.
Durchstößt man die Oberfläche, so sind Wellen und
Wasser nicht zweierlei.
Sie sagen, der alte Chao-chou stünde erhaben über allen
anderen,
doch ich finde nichts Außergewöhnliches in seinen Zügen.

Im Herbst war ich zum Dokusan bei Meistern von hohem Ruf wie Hsüeh-yen, T'ui-keng, Shih-fan und Hsü-chou. Letzterer riet mir, zu Huan-shan zu gehen. Als ich ihm gegenübertrat, fragte er: «Das strahlende Licht allein bescheint alle Phänomene, Gewässer, Sandkörner – das ganze Universum; sind das nicht die Worte von Chang-cho?» Ich wollte eben den Mund aufmachen, als Huan-shan ein lautes «Ho!» rief und mich ohne alle Förmlichkeiten entließ. Dies machte mich verdrossen, und ich konnte an nichts anderes mehr denken als dieses Verhalten des Meisters. Ob ich ging oder saß, aß oder trank, mein Geist war nur damit beschäftigt.

Sechs Monate vergingen. Eines Tages, ich war unterwegs gewesen und kehrte gerade in den Ort zurück, stieg ich eine Steintreppe hinauf, als das Eis, das meinen Geist so lange gehemmt hatte, plötzlich schmolz und ich mich gänzlich vergaß. Ich ging sogleich zum Meister, und als er mir die frühere Frage noch einmal stellte, warf ich seinen Sitz um. Nun sah ich es ganz klar, dieses Kōan, dessen Knoten so schwer aufzuknüpfen gewesen waren.

Ihr Zen-Gefährten, seid gründlich in eurer Zen-Übung! Wäre ich nicht krank geworden in Chung-ch'ing, so wäre dieses Leben so gut wie vertan gewesen. Das Wichtigste ist, einem Meister von wirklicher spiritueller Einsicht zu begegnen. Bedenkt auch, wie ernsthaft und unermüdlich die alten Meister sich Tag und Nacht der Zen-Schulung widmeten, um die unübertreffliche Wahrheit zu erfassen.

Yüan-chou Hsüeh-yen Tsu-ch'in (gest. 1287), ein Schüler von Wu-chun Shih-fan (Bushun-Shiban, 1177–1249), gibt folgenden Bericht von seiner Erfahrung:

Ich verließ mein Zuhause, als ich fünf Jahre alt war. Bei meinem Meister hörte ich zu, wie er mit Besuchern sprach, und so erfuhr ich vom Zen, begann daran zu glauben und beschloß schließlich, mich der Zen-Schulung zu unterziehen. Mit sechzehn erhielt ich die volle Mönchsordination, und mit achtzehn machte ich mich auf die Zen-Pilgerschaft. Unter Meister Yüan von Shuang-shan hatte ich mich von morgens bis abends um die Dinge im Kloster zu kümmern und war niemals außerhalb des Klostergeländes. Auch wenn ich mich in der Schlafhalle befand oder mit meinen eigenen Dingen zu tun hatte, hielt ich die Hände in der Zen-Haltung, wann immer das möglich war, und der Blick blieb gesenkt, schaute nicht weiter als drei Fuß voraus.

Mein erstes Kōan war «Wu». Wann immer ein Gedanke sich regte in meinem Bewußtsein, unterbrach ich ihn sofort, und mein Geist war rein und glatt wie Eis, gelassen und durch nichts gestört.

Mit neunzehn Jahren hielt ich mich im Kloster von Ling-yin auf und machte dort die Bekanntschaft des Archivars Lai aus Ch'u-chou. Er gab mir diesen Rat: «Deine Übungsmethode ist ohne Leben und wird zu nichts führen. Es ist eine Dualität darin: Du nimmst Bewegung und Ruhe als die beiden getrennten Pole des Geisteswirkens. Um dich recht im Zen zu schulen, bedarfst du eines forschenden Geistes (*i-ch'ing*), denn die Tiefe deiner Erleuchtung hängt von der Kraft deines forschenden Geistes ab.»

Auf diesen Rat hin ließ ich mir ein anderes Kōan geben, nämlich jenes vom «aufgetrockneten Scheißspatel». Ich begann, seinen Sinn zu erforschen (*i*), auf jede erdenkliche Art und aus allen nur möglichen Blickwinkeln. Jetzt aber raubten wechselnde Zustände von Rastlosigkeit und fadem Stillstand mir die Ruhe, und ich fand keinen Augenblick mehr zu gelassener Kontemplation zurück. Ich wanderte zum Kloster Ching-tzu und schloß mich dort einer Gruppe von sieben sehr ernsthaften Zen-Schülern an. Wir verschnürten unser Bettzeug und waren entschlossen, uns nicht mehr hinzulegen. Da war ein Mönch namens Hsiu, der sich uns nicht anschloß, sondern wie ein Eisenpfosten auf seinem Kissen sitzenblieb. Ich wünschte mir sehr, mit ihm sprechen zu können, doch er war vollkommen unnahbar.

Zwei Jahre lang hielt ich es durch, mich nicht niederzulegen, doch dann war ich an Geist und Körper zutiefst erschöpft. Schließlich kehrte ich zu der normalen Weise des Ausruhens zurück. Indem ich so der Natur nachgab, gewann ich binnen zwei Monaten meine Gesundheit zurück, und der Geist schöpfte neue Kraft. Wahrlich, für die Zen-Schulung ist es nicht unbedingt notwendig, daß man Schlaflosigkeit übt. Viel besser ist es, sich mitten in der Nacht ein paar Stunden Schlaf zu gönnen und den Geist Kraft schöpfen zu lassen.

Einmal begegnete ich Hsiu dann doch auf dem Gang und bekam zum ersten Mal Gelegenheit, mit ihm zu sprechen. Ich fragte: »Warum bist zu mir im vergangenen Jahr stets ausgewichen, wenn ich mit dir sprechen wollte?»

Er sagte: «Ein ernsthafter Zen-Schüler geizt sogar mit der Zeit, die das Nägelschneiden in Anspruch nimmt; um wieviel mehr mit der Zeit, die er in Gesprächen mit anderen nur verschwenden würde?»

Ich sagte: «Zwei Dinge bekümmern mich, Stumpfheit und Rastlosigkeit; wie kann ich sie überwinden?»

«Das kommt daher, daß du nicht wirklich entschlossen übst», erwiderte er. «Sieh zu, daß dein Sitzkissen hoch genug ist, halte den Rücken aufrecht und wirf all deine innere Kraft auf das Kōan selbst. Was soll dieses Gerede von Stumpfheit und Rastlosigkeit?»

Dieser Rat gab meinem Üben eine neue Wendung. Innerhalb von drei Tagen und Nächten gelang es mir, einen Zustand zu erreichen, worin die Dualität von Körper und Geist nicht mehr existierte. Ich fühlte mich ganz durchsichtig und war von solcher Frische, daß meine Lider ständig geöffnet blieben. Am dritten Tag führte mein Weg mich am Tor vorbei, und ich fühlte mich so, wie man sich in der Zen-Haltung auf dem Kissen fühlt. Ich begegnete Hsiu, und er fragte: «Was tust du hier?»

Ich antwortete: «Ich versuche das Tao zu verwirklichen.»

«Was meinst du mit Tao?» fragte er.

Ich konnte ihm keine Antwort geben, und das verstärkte mein inneres Aufgewühltsein noch.

Ich wandte meine Schritte zur Zen-Halle zurück und begegnete dabei dem Mönchsvorsteher. Er sagte: «Halte die Augen weit offen und schau, was der Sinn von allem ist.» Das gab mir neuen Mut. Als ich in die Halle gelangte und auf meinen Übungsplatz zuging, veränderte sich plötzlich alles. Ein weiter Raum öffnete sich vor mir, und der Boden schien einzusinken. Es war eine Erfahrung, die sich nicht beschreiben und vermitteln läßt, denn es gibt in der Welt nichts, was sich dem vergleichen ließe. Ich erhob mich von meinem Sitz und suchte Hsiu auf. Er war hocherfreut und sagte immer wieder: «Ich bin so froh! Ich bin so froh!» Wir nahmen einander bei der Hand und gingen vor dem Tor am weidenbestandenen Ufer entlang. Mein Blick wanderte hierhin und dahin, und das ganze Universum mit seinen Zehntausend Dingen stellte sich nun ganz anders dar; was mir an Widerwärtigem begegnet war, all das quälende Nicht-Wissen und die Leidenschaften, erkannte ich jetzt als bloßen Ausfluß meines innersten Wesens, welches selbst strahlend, wahr und klar blieb. Dieser Zustand hielt für mehr als einen halben Monat an.

Leider war es mir in jener Zeit nicht vergönnt, einem großen Meister von tiefer Einsicht zu begegnen, und so blieb ich eine ganze Weile auf dieser Stufe der Erleuchtung. Es war eine noch unvollkommene Erleuchtung, die zum Hindernis für wirklich tiefe Einsicht wird, wenn man sie für endgültig nimmt und daran festhält. Die Stunden des Wachens und des Schlafens waren noch nicht zu einer Einheit verschmolzen. Die Kōan, die dem Verstand einen Ansatzpunkt boten, leuchteten mir ein, doch die anderen, die lückenlos gefügt sind wie eine Wand aus Eisenblöcken, entzogen sich mir gänzlich. So vergingen die Jahre unter Meister Wu-chun; ich lauschte seinen Darlegungen und bat um seine Unterweisung, doch es gab kein Wort, das meine Beunruhigung hätte lösen können, und ich fand nichts in den Sūtras und in den Worten der alten Meister, das meinen Kummer linderte.

Zehn Jahre lang konnte ich diese harte innere Schranke nicht überwinden. Eines Tages ging ich durch die Buddhahalle und mein Blick fiel auf die Zypresse vor der Halle. Dieser Anblick des alten Baumes eröffnete mir jäh einen neuen geistigen Horizont, und die feste Masse des Hindernisses in mir schmolz augenblicklich dahin. Es war, als träte ich hinaus in den Sonnenschein, nachdem ich lange im Dunkeln eingeschlossen war. Danach hegte ich keine Zweifel mehr, was Leben und Tod, den Buddha und die Patriarchen anging. Zum ersten Mal ging mir auf, was das innere Leben meines Meisters Wu-chun ausmachte – und er verdiente wahrlich dreißig Schläge.

T'ien-shan Ch'iung, ein Schüler von Meng-shan Te-i, berichtet:

Mit dreizehn Jahren erfuhr ich etwas über den Buddhismus; mit achtzehn verließ ich mein Zuhause, und mit zweiundzwanzig erhielt ich die Mönchsordination. Zuerst ging ich nach Shih-chuang und hörte dort, daß der Mönch Hsiang immer auf seine Nasenspitze schaute und dies seinen Geist klar hielt. Später brachte ein Mönch mir Hsüeh-yens «Ratschläge für die Übung des Sitzens in Versunkenheit (*zazen*)». Daraus ersah ich, daß meine Übung in falschen Bahnen lief. Ich suchte Hsüeh-yen auf und übte fortan, wie er es mir riet, ausschließlich mit «Wu». In der vierten Nacht geriet ich in Schweiß, doch mein Geist war klar und hell. In der Halle wechselte ich kein Wort mit anderen, sondern widmete mich ganz dem Zazen.

Später ging ich zu Meister Miao von Kao-feng. Er sagte zu mir: «Laß während der zwölf Abschnitte des Tages keine Lücke entstehen in deiner Übung. Steh in den ersten Morgenstunden auf und wende dich sogleich deinem Kōan zu, so daß es dir stets gegenwärtig bleibt. Fühlst du dich müde und schläfrig, so steh auf und geh ein Weilchen, doch laß dir auch dabei das Kōan nicht entschlüpfen. Ob du ißt oder arbeitest oder dich um die Angelegenheiten des Klosters kümmerst, halte jeden Augenblick fest an deinem Kōan. Geschieht dies Tag und Nacht, so wird ein Zustand der Einheit herrschen, und später wird dein Geist ganz gewiß erleuchtet werden.» Ich führte meine Übung gemäß dieser Anweisung fort, und tatsächlich stellte sich schließlich ein Zustand der Einheit ein. Am zwanzigsten März gab Hsüeh-yen folgende Unterweisung:

«Ihr Zen-Gefährten, wenn ihr euch schläfrig fühlt nach langem Sitzen auf dem Kissen, so steigt von der Plattform, lauft rund herum durch die Halle, spült euch den Mund aus und netzt Gesicht und Augen mit kaltem Wasser. Danach nehmt wieder eure Sitzhaltung auf dem Kissen ein. Haltet den Rücken gerade wie eine steile Felswand und werft alle Kraft in das Kōan. Wenn ihr das sieben Tage lang durchhaltet, so werdet ihr, ich versichere es euch, Erleuchtung erlangen, denn eben das widerfuhr mir vor vierzig Jahren.»

Ich befolgte diesen Rat, und meine Übung wurde lichter

und kraftvoller als bisher. Am zweiten Tag konnte ich die Lider nicht mehr schließen, selbst wenn ich es wollte. Am dritten Tag war mir, als ginge ich in der Luft. Am vierten Tag fielen alle weltlichen Dinge von mir ab. In der Nacht lehnte ich eine Weile am Geländer, und als ich mich erforschte, war mein gesamtes Bewußtseinsfeld wie leergefegt, und das Kōan nahm allen Raum ein. Ich wandte mich um und nahm meinen Platz auf dem Kissen ein, als ich plötzlich ein Gefühl empfand, als werde mein ganzer Körper von Kopf bis Fuß gespalten; mir war, als würde ich aus abgründiger Tiefe gehoben und in die Luft geworfen. Meine Freude war grenzenlos.

Ich legte Hsüeh-yen meine Erfahrung vor, doch sie fand nicht seine volle Anerkennung. Er wies mich an, in der bisherigen Weise mit meiner Übung fortzufahren. Als ich um weitere Unterweisung bat, sagte er unter anderem: «Wenn du wirklich die unübertreffliche Wahrheit des Buddhismus erlangen willst, so muß noch ein letzter Streich erfolgen, denn deinem Begreifen fehlt immer noch etwas. Frage dich: ‹Wo fehlt mir diese Endgültigkeit?›» Ich mochte seine Worte nicht glauben, aber da war doch der Schatten eines Zweifels in mir. Eisern fuhr ich fort mit meinem Zazen, Tag für Tag, sechs weitere Monate.

Einmal hatte ich Kopfschmerzen und bereitete mir eine Medizin, als ein Mönch, den sie Chiao den Rotnäsigen nannten, mich fragte, wie ich die Geschichte von Prinz Nata* verstünde. Da erinnerte ich mich, daß ich einst vom Mönchsältesten Wu dasselbe gefragt worden war, aber keine Antwort geben konnte. Diese Erinnerung führte augenblicklich zur Lösung.

Später, als Hsüeh-yen dahingegangen war, suchte ich Meng-shan auf, und dieser fragte mich: «An welcher Stelle

* «Prinz Nata, sich selbst zerreißend, gibt sein Fleisch seiner Mutter zurück und seine Knochen dem Vater, und indem er vermöge wunderbarer Kräfte seinen Ur-Leib erscheinen läßt, predigt er den Dharma zum Wohle seiner Eltern.»

deiner Zen-Schulung glaubst du ihre Erfüllung erreicht zu haben?» Darauf wußte ich nichts zu sagen. Meng-shan trug mir auf, das Stillwerden des Geistes zu üben, um allen Staub der Weltlichkeit zu entfernen. Doch sooft ich ihn in seinem Raum aufsuchte, um etwas zu sagen, kam er mir zuvor mit den Worten: «Etwas fehlt.» Einmal begann ich um vier Uhr nachmittags mit dem Zazen und setzte es bis vier Uhr früh fort, und durch die schiere Kraft der Sammlung gelangte ich in einen Zustand tiefer Versunkenheit. Später ging ich zum Meister und berichtete ihm davon. Er fragte: «Was ist dein ursprüngliches Selbst?» Ich wollte gerade antworten, als er mir vor der Nase die Tür zuwarf.

Danach verstärkte ich meine Bemühungen immer weiter und erfuhr Zustände von äußerster Hochgestimmtheit des Geistes. Zwar hatte ich meinen früheren Meister dahinscheiden sehen, bevor ich in alle Einzelheiten des Zen eingedrungen war, doch glücklicherweise gelangte ich durch die Führung meines späteren Meisters zu tieferer Verwirklichung. Wenn man ernsthaft und entschlossen genug ist, wird man die Zen-Erfahrung häufiger machen, und bei jedem Schritt wird wieder etwas von einem abfallen.

Einmal las ich im *Hsin-hsin-ming** des Dritten Patriarchen: «An die Wurzel zurückkehrend, erlangen wir den Sinn. Äußeren Dingen nachhängend, geht das Prinzip uns verloren.» Dabei löste sich wieder etwas in mir und fiel ab. Meister Meng-shan sagte: «Die Zen-Schulung ist wie das Polieren eines Edelsteins: Je glatter er wird, desto mehr erstrahlt er, und wenn er immer strahlender wird, so poliere ihn nur weiter. Werden seine äußeren Schichten immer weiter abgeschliffen, so wird dein Leben wertvoller als ein Edelstein.»

Doch sooft ich etwas sagen wollte, kam der Meister mir zuvor mit seinem: «Etwas fehlt.» Eines Tages, in tiefer Versunkenheit, stand dieses fehlende Etwas plötzlich vor mir.

* Siehe *Zazen*, S. 45.

Alle Fesseln des Geistes und des Körpers lösten sich augenblicklich, und so auch alle Knochen und ihr Mark. Es war, als sähe ich die Sonne durch schneeschwangere Wolken brechen und erstrahlen. Da hielt es mich nicht länger auf meinem Kissen, und ich sprang auf, lief zum Meister, packte ihn und rief: «So, was fehlt mir?» Er versetzte mir drei Schläge, und ich verneigte mich tief vor ihm. Er sagte: «Viele Jahre, T'ien-shan, hast du dich gemüht um dies. Heute, endlich, hast du es.»

Wu-wen T'sung war Dharma-Nachfolger von T'ien-shan Ch'iung, und er beschrieb seine Zen-Erfahrung so:

Tu-weng war der erste Meister, unter dem ich mich im Zen schulte. Er gab mir als Kōan: «Es ist nicht Geist. Es ist nicht Buddha. Es ist nicht Dinge.» Später fanden wir uns zu einer Gruppe von sechs Mönchen zusammen, darunter auch Yün-feng und Yüeh-shan, um einander in der Zen-Übung Rückhalt zu geben. Danach suchte ich Meister Chiao Wu-neng auf, der mir «Wu» als Kōan gab. Dann ging ich zu Chang-lu, wo ich mich wieder zur gegenseitigen Ermutigung mit Freunden zusammentat. Einmal begegnete ich dem Brudermönch Huai-shan Ching, und der fragte mich: «Worin besteht dein Zen-Begreifen nach vielen Jahren der Schulung?»

Ich erwiderte: «Kein Gedanke regt sich den ganzen Tag.»

«Wo hat diese Auffassung ihren Ursprung?» fragte er weiter.

Mir war, als wüßte ich es, doch fiel mir nichts ein, was ich ihm hätte antworten können. Da ich offenbar noch keinen Einblick in den Kern der Sache gewonnen hatte, sagte Ching: Was das Stillwerden des Geistes angehe, so stehe es mit mir recht, jedoch in ihrem Wirken hätte ich die Sache noch nicht erfaßt. Das erstaunte mich, und ich bat ihn inständig, mir zu raten, wie ich meine Übung fortsetzen solle, um Einblick zu gewinnen.

Er sagte: «Weißt du nicht, was Ch'uan-lao sagt? Er sagt: ‹Wenn du die Sache erfassen willst, so betrachte den Nordstern, während du dich nach Süden wendest.›» Und ohne ein weiteres Wort ging er weg.

Ich wußte keine Antwort und fühlte mich gänzlich in Frage gestellt. Ob ich ging oder saß, mein Geist hatte für nichts anderes mehr Raum als den Nordstern, der im Süden gesehen wird und der für etliche Tage sogar «Wu» verdrängte. Einmal saß ich mit einigen anderen im Rasier-Raum auf einem Holzblock. Der Große Zweifel hatte mich ganz ergriffen, die Zeit verstrich, und ich war dessen nicht gewahr. Um die Mittagszeit weitete sich mein Geist urplötzlich und ohne jede Ankündigung, er wurde klar und licht und heiter. Das Ganze meines Bewußtseins schien aufzubrechen, und alle Hüllen fielen von ihm ab. Die ganze Welt mit all ihren belebten und unbelebten Dingen verschwand, und da war eine weite Leere.

Nach einer Weile erwachte ich und fühlte den Schweiß am ganzen Körper rinnen, und jetzt wußte ich, was es heißt, den Nordstern im Süden zu sehen. Ich traf Ching, und er fragte: «Was ist es, das so kommt?»

«Nicht das Ich, nicht das andere», erwiderte ich.

Er fragte: «Wenn es weder das Ich noch das andere ist, was ist es dann?»

«Einer der ißt, wenn er hungrig ist, und schläft, wenn er müde ist.»

Ching ließ mich die Erfahrung in Versen ausdrücken, und ich tat es, und alles nahm seinen Weg, ohne Hindernis. Und doch blieb da noch ein Letztes, und ich sah mit Verwunderung, daß ich es noch nicht erfaßt hatte.

Später ging ich in die Berge von Hsiang-yen und verbrachte dort den Sommer. Die Mücken plagten mich schrecklich, und ich konnte die Hände nicht stillhalten. Dann dachte ich an die alten Meister, die ihr Leben eingesetzt hatten für den Dharma – und ich sollte mich von Mücken abschrecken lassen? Ich faßte den Entschluß, mich nicht länger von ihnen stören zu lassen. Die Zähne zusammengebissen, die Fäuste geballt, ließ ich von «Wu» nicht ab und kämpfte zäh gegen die Insekten an. Und während ich mich dieser Prüfung meiner Ausdauer unterzog, geschah es, daß Körper und Geist schließlich doch in einen Zustand der Stille eintraten. Es war, als wäre um mich her das ganze Gebäude mit all seinen Mauern eingestürzt und ich bliebe in einer weiten Leere zurück – eine Erfahrung, die sich mit nichts Irdischem umschreiben läßt. Ich saß von sieben Uhr früh bis gegen zwei Uhr nachmittags. Da wurde mir klar, daß der Buddhismus die ganze Wahrheit enthält und daß wir ihn nur deshalb manchmal für irreführend halten, weil wir bei dem Versuch, ihn zu erfassen, nicht gründlich genug sind.

Mein Zen-Begreifen war nun klar und voll, doch gab es in den letzten, fast unzugänglichen Winkeln meines Bewußseins noch etwas, das doch noch nicht gänzlich ausgeräumt war. Also zog ich mich wiederum in die Berge zurück – sechs Jahre in Kwang-chou, weitere sechs Jahre in Li-an und noch einmal drei Jahre in Kwang-chou –, und da wurde ich im tiefsten Sinne des Wortes frei.

DER GEIST DES FORSCHENS

Wiederholen wir noch einmal, worin das Rüstzeug des Zen-Schülers für die Kōan-Schulung besteht:

1. Er muß den aufrichtigen Wunsch haben, von den Fesseln des Karma und von Geburt und Tod befreit zu werden.

2. Er muß klar sehen, daß das Ziel des buddhistischen Lebens darin besteht, Erleuchtung zu erlangen.

3. Er muß einsehen, daß es vollkommen sinnlos ist, die letzten Fragen des Daseins mit Hilfe des Verstandes klären zu wollen.

4. Er muß glauben, daß die Verwirklichung von Satori

das Erwachen der Buddha-Natur bedeutet, die in jedem Geist wirkt, nur überkrustet vom Oberflächenbewußtsein.

5. Er muß einen starken Geist des Forschens mitbringen, der ihn stets anspornt, die Buddha-Natur in sich selbst zu erfahren.

Ohne dieses Rüstzeug darf niemand erwarten, daß er die Kōan-Schulung erfolgreich abschließen kann. Und selbst Menschen, welche diese Bedingungen erfüllen, sind nicht immer davon überzeugt, daß das Kōan das wirksamste Mittel der Schulung darstellt. Manch einer mag sich mehr von den Methoden der T'ien-tai- oder der Shingon-Schule angezogen fühlen, ein anderer von der Rezitation des Buddha-Namens in der Schule des Reinen Landes oder des Daimoku in der Nichiren-Schule. Hier regieren seine religiösen Vorlieben und Abneigungen, die auf früherem Karma beruhen. Solch ein Mensch wird kein Zen-Schüler sein können, und seine Befreiung muß auf anderem Wege herbeigeführt werden.

Selbst unter den Zen-Anhängern gibt es jene, die nicht an das Kōan glauben und es für etwas künstlich Ausgeklügeltes halten. Sie gehen sogar noch weiter und behaupten, Satori sei eine Art Auswuchs, gehöre nicht zum Grundbestand des Zen. Viele Anhänger der Sōtō-Schule in Japan sind dieser Auffassung. Die unterschiedlichen Anschauungen zur Wirksamkeit der Kōan-Übungen und zur Satori-Erfahrung gehen wohl zurück auf verschiedene philosophische Interpretationen des Zen durch die Sōtō- und Rinzai-Schule.

Soviel jedenfalls ist sicher: Wenn man sich der Kōan-Schulung unterzieht und darin die Satori-Erfahrung anstrebt, muß man auch an diese Form der Schulung glauben. Die Frage ist nun: Wenn das Kōan das gesamte Bewußtseinsfeld ausfüllen muß, damit man zu seiner Lösung gelangen kann, wie hat man dann vorzugehen bei der Übung? Ein Kōan steht, wie wir schon sagten, außerhalb aller logischen Bezüge und ist dazu da, allen Spekulationen und Vorstellungen den Weg abzuschneiden. Wenn der Schüler also zum Beispiel Chao-chous «Wu» (jap. «Mu») als Kōan erhält, wie soll er damit umgehen? Natürlich soll er nicht darüber nachdenken, denn «Wu» ergibt im Zusammenhang mit «Hund» oder mit «Buddha-Wesen» keinerlei rationalen Sinn; es ist «Wu», nur das. Das Kōan behauptet weder das Vorhandensein von Buddha-Wesen, noch leugnet es das Buddha-Wesen, obgleich Chao-chous Antwort dem reinen Wortsinn nach eine Verneinung zu beinhalten scheint. Wenn dieses Kōan dem Anfänger gegeben wird, steht «Wu» ganz für sich selbst, und so war es von allen Zen-Meistern, die es als einen «Augen-Öffner» benutzten, von Anfang an gemeint.

So auch die «Zypresse»; sie ist einfach «die Zypresse» und steht in keiner logischen Beziehung zu der Frage: «Was ist der Sinn von des Patriarchen Kommen aus dem Westen?» In solchen Antworten liegt auch nicht, wie immer wieder irrtümlich behauptet wird, versteckter Pantheismus. Wenn das Kōan uns also den Schlüssel zu den Geheimnissen des Zen in die Hand gibt, welche Haltung sollen wir dann ihm gegenüber einnehmen?

Es gibt eine Reihe chinesischer Schriftzeichen, welche die verschiedenen Aspekte dieser inneren Haltung umschreiben: *t'i-ch'i, t'i-szu, t'i-to, chu*, mit der Bedeutung «heben», «hochhalten», «aufrichten»; *k'an*, «sehen», «betrachten», «vor Augen halten»; *san*, «befaßt sein mit», «darin sein», «zu Rate ziehen», «verweisen auf»; *san-chiu* oder *t'i-chiu*, «erkunden», «erforschen»; *kung-fu*, «einen Anhaltspunkt suchen», «nach einer Lösung suchen, «sich mit etwas befassen»; *yai*, «untersuchen». Alle diese Ausdrücke meinen: Eine Kōan beständig vor dem inneren Auge behalten in dem Bemühen, einen Schlüssel zu seinem Geheimnis zu finden.

Das Hochhalten und das forschende Streben sind zwei Aspekte ein und desselben Prozesses, denn das Hochhalten eines Kōan im Geist verfolgt einzig und allein den Zweck, seinen Sinn zu erfassen. Im Verlauf dieses Prozesses entfaltet sich der Sinn, der in «Wu» oder der «Zypresse» oder den «drei Pfund Hanf» gesucht wird, aber nicht aus dem Kōan, sondern im Geist des Suchenden. Das ist der Augenblick, in dem das Kōan mit dem forschenden und strebenden Geist vollkommen verschmilzt und der Sinn sich in dieser Vereinigung erschließt.

Es ist also eigentlich unzutreffend, vom «Verstehen» eines Kōan zu sprechen, denn im Augenblick dieses «Verstehens» ist keinerlei Dualität mehr zwischen dem Kōan und dem Bewußtsein. Verstehen setzt Dualität voraus und ist stets Reflexion, also etwas, das *nach* dem eigentlichen Faktum einsetzt; daher hat es auch keinen Sinn zu sagen, in der Zen-Erfahrung verstehe der Geist sich selbst. Hier gibt es noch kein Urteil, kein Subjekt und kein Prädikat, nur den Ausruf: »Ah!» Die chinesischen Ausdrücke für dieses Geschehen sprechen für sich: *he ti i hsia* oder *p'en ti i fa*, «ein ausbrechender Schrei». Für den Augenblick des Durchbruchs gibt es Umschreibungen wie «das Platzen eines Beutels», «das Brechen eines Pech-Kästchens», «ein plötzliches Brechen», «das Brechen des Bambus mit einem Knack», «das Aufbrechen der Leere».

Im Zusammenhang mit der Kōan-Schulung wird sehr viel von «Konzentration» gesprochen, doch tatsächlich ist Konzentration oder besser Sammlung nicht der eigentliche Hauptpunkt, wenn auch unverzichtbar. Das Wesentliche bei der Übung ist der Wille, in den Sinn – leider fehlt uns hier ein treffenderer Ausdruck – des Kōan einzudringen. Wenn der Wille oder der Geist des Forschens stark und beständig am Werk ist, so bleibt das Kōan stets gegenwärtig, während die Gedanken, die ja zur Sache selbst nichts beitragen können, überhaupt nicht mehr zur Kenntnis genommen werden. Die Gedankenleere ist also mehr oder weniger ein Nebenprodukt. Hier unterscheidet sich die Kōan-Übung grundsätzlich von bloßer Konzentration oder auch von der indischen Form des Dhyāna.

Es ist sinnvoll, zwischen Konzentration und Sammlung zu

unterscheiden; Konzentration wird gewissermaßen künstlich herbeigeführt, während Sammlung sich zwangsläufig mit der Intensivierung des Forschens einstellt. Kommt es zu vollkommener Sammlung und zum Einswerden mit dem Kōan, so kann der Durchbruch zur Zen-Erfahrung nicht ausbleiben. Im echten Zen bedarf es dazu eines forschenden Geistes, wie die folgenden Zitate deutlich machen werden.

Ta-hui, einer der frühen Verfechter der Kōan-Schulung, nimmt zu diesem Punkt eine ganz eindeutige Haltung ein und kommt in seinen Darlegungen* immer wieder darauf zurück. Betrachten wir etwa die folgenden Zitate:

> «Suche den Punkt heraus, worüber du dein Leben lang im Zweifel gewesen bist, und hefte ihn dir an die Stirn.» «Ist es etwas Heiliges oder etwas Gewöhnliches? Ist es Wesenheit oder Nicht-Wesenheit? Geh der Frage bis ganz ans Ende nach. Schrecke nicht davor zurück, dich in eine Leere zu stürzen. Spüre auf, was das ist, das diese Furcht hegt. Ist es eine Leere oder nicht?»

Ta-hui gibt uns nicht den Rat, uns einfach ein Kōan innerlich vorzuhalten. Er sagt vielmehr, es müsse vermöge der Kraft des forschenden Geistes das Zentrum unserer Aufmerksamkeit einnehmen. Ein Kōan, von solch einem Geist getragen, sei «wie ein großes verzehrendes Feuer, das jedes Insekt müßiger Spekulation verbrennt, sobald es sich nähert». Ohne diesen forschenden Geist kann sich kein Kōan dauerhaft in unserem Bewußtsein behaupten. Daher sind die folgenden Worte bei den Zen-Meistern fast so etwas wie ein Gemeinplatz: «Das wichtigste auf dem Zen-Weg ist, den forschenden Geist stets wachzuhalten. Je stärker dieser Geist ist, desto tiefer wird das Satori sein. Ohne forschenden Geist kein Satori. Versuche daher von Anfang an, den Sinn des Kōan zu ergründen.»

* *Ta-hui p'u-shuo.*

Bei Koa-feng Yüan-miao (1238–1295) finden wir:

> Das Kōan, das ich für gewöhnlich meinen Schülern gebe, lautet: «Die Zehntausend Dinge gehen auf Eins Zurück. Worauf geht dieses Eine zurück?» Danach lasse ich sie suchen. Danach suchen, das heißt, einen großen Geist des Forschens nach dem letzten Sinn des Kōan zu erwecken. Die Vielzahl der Dinge ist auf das Eine zurückzuführen, doch worauf ist dieses Eine letztlich zurückzuführen? Ich sage ihnen: Treibt dieses Forschen mit aller Kraft voran, gebt niemals nach in diesem Bemühen. In welcher äußeren Lage ihr euch auch befindet und womit ihr auch jeweils beschäftigt seid, laßt eure Zeit nicht müßig verstreichen. Worauf geht das Eine zurück? Sucht nach einer definitiven Antwort. Gebt euch nicht einem Zustand des Nichtstuns hin. Laßt eure Einbildungskraft aus dem Spiel. Treibt vielmehr euren Geist des Forschens voran, stetig und ohne Unterbrechung, und strebt ein vollkommenes Einswerden an. Dann werdet ihr wie ein Schwerkranker sein, der auf nichts Appetit hat. Und ihr werdet sein wie der Tor, nicht wissend, was dies, was das ist. Ist euer forschender Geist so weit gelangt, so kommt die Zeit, da die Blüte eures Geistes aufspringen wird.

Ku-yin Ching-ch'in (15. Jahrhundert) gibt folgenden Rat zur Kōan-Übung:

> Das Suchen und Forschen übt man am besten da, wohin Lärm und Trubel nich dringen. Setzt euch ab von allen störenden Umständen. Macht allen Spekulationen und Vorstellungen ein Ende. Widmet euch rückhaltlos der Aufgabe, an eurem Kōan festzuhalten, und laßt es niemals dem Zentrum eures Bewußtseins entgleiten, ob ihr sitzt oder liegt, geht oder steht. Kümmert euch nicht um die äußeren Umstände, ob sie erfreulich oder unerfreulich sind, son-

dern haltet an dem Kōan fest und fragt euch, wer es ist, der diesem Kōan so unermüdlich auf der Spur ist und euch ohne Unterlaß diese Frage stellt.
Wenn ihr so mit aller Kraft und in allem Ernst fortfahrt, nach dem Fragenden selbst zu fragen, wird ganz gewiß die Zeit kommen, da es euch nicht mehr möglich ist, dieses Forschen weiter fortzusetzen – als wäret ihr an die Quelle eines Baches gelangt und ringsumher verstellten die Berge euch den Weg. Das ist die Zeit, da der Baum mitsamt der ihn umrankenden Glyzinie niederbricht, da also die Unterscheidung von Subjekt und Objekt vollkommen ausgelöscht wird und der Suchende mit dem Gesuchten zu vollkommener Einheit verschmilzt. Beim Erwachen aus dieser Einheit ereignet sich ein großes Satori, das all euer Forschen und Suchen befriedet.

Bei T'ien-ch'i Shui finden wir:*

Säubert euren Geist gründlich von aller Verschlagenheit und Falschheit, trennt euch von Gier und Zorn, die aus Selbstsucht erwachsen, und laßt euch nicht mehr von dualistischen Gedanken stören – euer Bewußtsein muß vollständig leergefegt sein. Wenn diese Säuberung geschehen ist, so haltet das folgende Kōan vor eurem Geist hoch: «Die Zehntausend Dinge gehen auf Eins zurück. Worauf geht das Eine zurück?»
Erforscht dieses Problem von Anfang bis Ende, als eine Vielfalt von Fragen oder als *ein* Stück ohne Teile, oder erkundet einfach den Aufenthaltsort des Einen. Macht aber auf jeden Fall die Fragen zum einzigen Gegenstand eurer Aufmerksamkeit. Laßt ihr Nebengedanken in die massive, lückelose Kette des Forschens eindringen, so wird eure ganze Übung zunichte.

* Nach Chu-hung: *Biographien berühmter Zen-Meister der Ming-Zeit.*

Wenn ihr kein Kōan habt, das ihr euch innerlich vergegenwärtigen könnt, so werdet ihr auch keine Gelegenheit haben, den Satori-Zustand zu verwirklichen. Satori ohne ein Kōan anzustreben, das ist, als kochte man Sand, um nahrhaften Reis zu gewinnen.
Das erste ganz wesentliche Ding ist, einen großen Geist des Forschens zu erwecken, und danach zu trachten, daß ihr seht, worauf das Eine zurückgeht. Wird dieser Geist beständig wachgehalten, so daß Lauheit und Trägheit und Müßiggang keinen Ansatzpunkt finden, so wird die Zeit kommen, da der Geist – ohne daß ihr es eigens anstrebt – in einen Zustand vollkommener Sammlung eintritt. Wenn ihr dann sitzt, seid ihr euch dessen nicht bewußt. Und so ist es auch mit eurem Gehen oder Liegen oder Stehen: Ihr seid euch eures Tuns nicht bewußt, noch gewahrt ihr, wo ihr euch befindet, Osten oder Westen, Süden oder Norden. Ihr vergeßt, daß ihr im Besitz der Sechs Sinne seid, Tag ist wie Nacht, Nacht wie Tag. Da aber seid ihr noch auf halbem Wege, es ist noch nicht Satori selbst. Noch habt ihr den letzten entscheidenden Schritt vor euch, dies zu durchbrechen, diesen entrückten Zustand, und dann zerbirst die Leerheit des Raumes in Stücke, und alle Dinge sind von vollkommener Gleichheit. Es ist wie die Sonne, die hinter den Wolken hervorkommt: Alle weltlichen und überweltlichen Dinge stellen sich in ihrer reinen Soheit dar.

Als nächsten hören wir Ch'u-shan Shao-ch'i:*

Der Anfänger braucht eine Art Werkzeug, womit er Zen ergreifen kann. Aus diesem Grund gibt man ihm auf, das Nembutsu zu üben, also vom Buddha ganz erfüllt zu sein. Der Buddha ist nichts anders als Geist oder vielmehr das, was den Geist zu sehen begehrt. Wo entsteht dieses Verlan-

* Ebenda

gen, dieser Gedanke? Im Geist, sagen wir alle. Und dieser Geist ist weder Geist noch Buddha noch Dinge. Was ist er? Um das herauszufinden, legt alles ab, was ihr an intellektuellem Wissen angesammelt habt, und widmet euch einzig und allein dieser einen Frage: Was ist es, das das Nembutsu übt? Dieses Forschen muß sich bis zum höchsten Grade entfalten. Versucht nicht, es mit dem Verstand zu ergründen. Überlaßt euch nicht einem Zustand bloßer Passivität, in welchem Satori dann von selbst kommen soll. Laßt nicht zu, daß ihr falsche Gedanken und Vorstellungen hegt. Gebt keinen Gedanken des Unterscheidens nach. Wenn euer Streben und Suchen beständig ist, ohne Unterbrechungen, wird euer Dhyāna auf natürliche Weise reifen, und euer forschender Geist wird sich unweigerlich dem kritischen Umschlagpunkt nähern. Dann werdet ihr sehen, daß Nirvāna und Samsāra, das Land der Reinheit und das Land der Befleckung, nichts als müßige Worte sind, daß da von Anfang an nichts ist, was Erklärung oder Kommentar verlangte, und daß der Geist nicht dem Bereich des relativen Bewußtseins angehört und daher nicht Gegenstand verstandesmäßigen Begreifens sein kann.

Auch Tu-feng Chi-shan, der in der zweiten Hälfte des fünfzehnten Jahrhunderts wirkte, war ganz entschieden der Auffassung, daß es notwendig sei, einen forschenden Geist zu erwecken:*

Wenn ihr entschlossen seid, Geburt und Tod zu entkommen, so muß zuerst ein großes glaubendes Herz erweckt und ein großes Gelübde abgelegt werden. Macht dies zu eurem Gebet: Solange ich das Kōan, das jetzt vor mir aufgerichtet ist, nicht gelöst habe; solange ich mein eigenes

* Zitiert im *Ch'an-kuan ts'e-chin* (*Zenkan Sakushin*, «Das Durchbrechen der Zen-Schranke»).

Gesicht, das ich schon vor meiner Geburt habe, nicht sehe; solange die Überreste früherer Taten nicht getilgt sind – solange bin ich fest entschlossen, das Kōan nicht fahrenzulassen, das mir zur Lösung aufgegeben wurde, mich von wahrhaft weisen Lehrern nicht fernzuhalten, nicht gierig nach Ruhm und Reichtum zu streben. Verletzte ich diese Entschlüsse wissentlich und willentlich, so möge ich den Pfaden des Bösen anheimfallen. Habt ihr dieses Gelübde getan, so hütet stets euer Herz, damit ihr des Kōan würdig seid.

Wenn ihr die Aufgabe erhaltet, den Sinn von «Wu» zu ergründen, so richtet euren Sinn auf das «Warum» des Nichtvorhandenseins von Buddha-Wesen im Hund. Geht es in eurem Kōan um die Einheit aller Dinge, so heftet euren Sinn an das «Wo» dieser Einheit. Habt ihr den Sinn des Nembutsu zu erforschen, so richtet eure Aufmerksamkeit ganz und gar auf das «Wer» des Nembutsu. Wendet das Licht der Reflexion nach innen und taucht tief in den Geist des Forschens ein. Habt ihr den Eindruck, daß ihr in dieser Übung keine Kraft gewinnt, so wiederholt euch das Kōan als ein Ganzes von Anfang bis Ende. Dieser systematische Umgang mit dem Kōan wird euch helfen, einen Geist des Forschens nach seinem Sinn heranzubilden. Haltet ihr diesen Geist am Leben, in aller Ernsthaftigkeit und ohne Unterbrechung, so wird die Zeit kommen, da ihr, ohne dessen gewahr zu sein, einen Salto machen werdet. Danach dürft ihr zu mir kommen und erfahren, wie ich meine Schläge austeile.

K'ung-ku Lung* scheint sowohl das Nembutsu als auch das Kōan zu befürworten. Bei der Unterweisung seiner Schüler zur Kōan-Übung betont er jedoch, der Geist des Forschens sei dafür die tragende Kraft. Das Kōan, so sagt er, solle

* Nach Chu-hungs *Biographien*.

«schweigend erforscht» (*mo-mo t'san chiu*) werden, und das «Wu» müsse «strahlend klar» (*ming*) gemacht werden, indem man sich ihm «ingrimmig» (*fen-fen-jan*) widmet. Ein Zen-Schüler, so heißt es weiterhin, müsse sich mit dem folgenden Gedanken auseinandersetzen: «Dieser Geist wird in Gang gehalten, solange der Körper sein Māyā-gleiches Dasein fortsetzt, doch wo wird er bleiben, wenn der Leichnam verbrannt ist?» Um herauszufinden, wo die Einheit der Dinge ihren Ort hat, muß der Schüler sich dieser Frage mit der ganzen Kraft seines forschenden Geistes widmen.*

Alle diese Meister – die in der späten Yüan- und der frühen Ming-Zeit wirkten, als das Kōan-System sich endgültig als Mittel der Zen-Schulung etablierte – sprechen von der Notwendigkeit dieses forschenden Fragens nach dem Sinn des Kōan beziehungsweise nach diesem forschenden Geist selbst. Es genügt nicht, das Kōan einfach im Bewußtsein aufzurichten als eine Art Magnet, der alle geistigen Kräfte an sich zieht; es muß vielmehr noch eine Unterströmung spiritueller Energie vorhanden sein, ohne die die Kōan-Übung mechanisch wird und das Zen seine schöpferische Vitalität einbüßt.

Man könnte nun fragen: Inwiefern steht die «mechanische» Methode nicht ebenfalls in voller Übereinstimmung mit dem Zen-Geist? Aus welchem Grund ist die Methode des Forschens vorzuziehen? Weshalb muß der Geist des Forschens durch die ganze Kōan-Schulung aufrechterhalten werden? Hat das etwas mit der Satori-Erfahrung zu tun, die aus dieser Übung hervorgehen soll? Ich glaube, die Meister erachteten die Kōan-Schulung deshalb für so wichtig, weil das Kōan

* Dies gilt offenbar nicht in gleicher Weise für die Nembutsu-Übung, wie aus Chu-hungs Kommentar zu diesen Ausführungen hervorgeht: Hier, so sagt er, kommt es K'ung-ku Lung offenbar nicht so sehr auf einen starken Geist des Forschens an. Er schreibt in einem seiner Briefe, nach den Worten von Meister Yu-t'an solle man zwar das «Wer» des Nembutsu zu erforschen trachten, doch sei das nicht unbedingt erforderlich; es genüge auch, das Nembutsu ohne besonderes Forschen zu üben.

jenes Zen-Bewußtsein zu wecken vermag, das sich bei den früheren Meistern mehr oder weniger spontan gebildet hatte. Diese hatten sich in der Regel mit buddhistischer Philosophie befaßt, bevor sie zum Zen kamen, und sie hatten es so gründlich getan, daß sie schließlich die Grenzen dieses Philosophierens erkennen konnten: Sie begriffen, daß in dieser Lehre etwas war, dem sie mit intellektueller Analyse nicht beikommen konnten. Es ergriff sie ein tiefes Verlangen, diesen undurchdringlichen Schleier zu zerreißen.

Was ist dieser Geist, dieses Buddha-Wesen, dieses Unbewußte, das in den Zehntausend Dingen und in uns selbst lebendig und wirksam zu sein scheint? In ihnen wuchs der Wunsch, es direkt zu erfassen, intuitiv, wie es alle Buddhas der Vergangenheit getan hatten. Von diesem Erkenntnisdrang, dem forschenden Geist, getrieben, widmeten sie sich der großen Frage mit solcher Zähigkeit, daß das Tor schließlich aufsprang und sie sahen. Dieses unermüdliche Anklopfen ist seit jeher die Vorbedingung für das Ausreifen des Zen-Bewußtseins.

In der Zen-Schulung geht es also um diesen Bewußtseinszustand, und er wird mit Hilfe des Kōan in gewisser Weise künstlich herbeigeführt. Die Meister konnten nicht darauf warten, daß der Zen-Genius sich spontan entfaltet, denn das geschah unter den weniger begabten Schülern höchst selten.* Man mußte dem Zen ein wenig von seinem aristokratischen Charakter nehmen, so daß auch Menschen von durchschnittlicher Begabung zum Meister heranreifen konnten; ansonsten stand zu befürchten, daß Zen bald wieder verschwinden würde aus jenem Land, in dem Bodhidharma und seine Nachfolger sich so intensiv darum bemüht hatten, daß es tiefe Wurzeln schlug. Zen mußte also «demokratisiert» werden, und dies geschah durch Systematisierung.

* So sagt K'ung-ku Lung: «In der alten Zeit gab es wohl einige, die Satori erfuhren, ohne sich der Kōan-Übung bedient zu haben, doch heute gibt es solche nicht mehr.»

Pao-neng Jen-yang* sagt in einer seiner Darlegungen:

> Das Bündel geschultert, die Schale in der Hand, bin ich über zwanzig Jahre lang durchs ganze Land gepilgert und habe mehr als ein Dutzend Zen-Meister aufgesucht. Dennoch kann ich keine besondere Errungenschaft mein eigen nennen. Könnte ich es, so wäre ich kaum besser als irgendein vernunftloser Stein. Auch jene verehrungswürdigen Meister des Zen, die ich aufsuchte, hatten nichts Besonderes an sich, was anderen zum Nutzen gereichen konnte. Ich bin nach wie vor ein rechter Ignoramus, ohne Wissen von irgend etwas, ohne den Kopf, irgend etwas zu verstehen. Doch ich bin mir recht so, wie ich bin. Ohne eigene Absicht, vom Wind des Karma hergeweht, finde ich mich nun im Lande Chiang-neng, wurde zum Vorsteher dieses bescheidenen Klosters gemacht, habe andere zu führen und mische mich unter die Menschen der Welt. Hier diene ich als Gastgeber den Pilgern, die aus allen Teilen des Landes kommen. Es ist genügend Salz und Soße und Grütze und Reis da, sie alle ausreichend zu speisen. Meine solchermaßen in Anspruch genommene Zeit verbringe ich in Stille; was aber die Wahrheit des Buddhismus angeht, so ist davon nicht einmal ein Schatten da und nicht einmal im Traum.

* Er war ein Schüler von Yang-ch'i Fang hui (Yōgi Hōe, 992–1049). Bevor er zum Zen kam, war er ein großer Gelehrter der T'ien-tai-Philosophie. Als er zu Meister Hsüeh-tou (Setchō) kam, erkannte dieser sogleich den künftigen Meister in ihm. Um ihn anzustacheln, sprach er ihn an mit den Worten: «Großer Lehrmeister». Das reizte Pao-neng in der Tat, und er nahm sich vor, selbst diesen großen Meister im Zen zu übertreffen. Als er dann, wie von Hsüeh-tou vorausgesehen, Meister geworden war, trat er einmal ans Pult und sagte: «Seht, ich bin jetzt in der Zungenausreißer-Hölle!» Damit zerrte er auch schon an seiner Zunge und rief aus: «Au! Au! Diese Hölle ist für die Lügner!» Ein andermal, als sein Aufwärter vor der Darlegung Räucherwerk opferte, sagte er: «Ihr Mönche, mein Aufwärter hat euch bereits eine Darlegung gegeben», und verließ ohne ein weiteres Wort das Pult.

Würden alle Zen-Meister auf dieser erhabenen Verwirklichung des Zen beharren, wer könnte je ihr Nachfolger sein, und wie sollte ihre Erfahrung und Lehre in ununterbrochener Linie der Nachwelt übermittelt werden? Shih-t'ien Fa-hsün (1170–1244) sagt:

> Wenige, fürwahr, sind derer, die den Pfad der Patriarchen wandeln können!
> Tiefer und steiler ist er als ein bodenloser Abgrund.
> Müßig, die Hand auszustrecken, um den Vorbeikommenden zu helfen –
> Soll das Moos in meinem Vorgarten doch so grün werden, wie es will.

Diese Anschauung ist gewiß bei einem echten Zen-Meister zu erwarten, doch wenn das Moos im Zen-Garten nie von Menschenfüßen niedergedrückt wird, was wird dann aus Zen? Der Pfad muß ein wenig leichter begehbar gemacht werden, und es muß Mittel geben, mögen sie auch künstlich sein, Menschen zu schulen, die den Weg nicht allein aus eigener Kraft gehen können, aber eines Tages vielleicht doch zu echten Übermittlern des Zen werden.

Die Einführung der Kōan-Schulung war also eine ganz natürliche Entwicklung in der Geschichte des Zen. Die Funktion eines ersten Kōan besteht darin, im Schüler jene Geisteshaltung «künstlich» zu erzeugen, die sich bei den frühen Meistern eher spontan einstellte. Der forschende Geist muß zu vollkommener Sammlung gebracht werden. Das Kōan bietet dem Intellekt keinerlei Angriffspunkte, und so ist man schließlich gezwungen, sich von Logik und Psychologie und allen Ideen abzuwenden und der eigenen persönlichen Erfahrung zuzuwenden, die oberflächlichen Eigenschaften preiszugeben zugunsten des wahren inneren Seins.

Das Kōan versucht nicht, den Verstand gewaltsam auszuschalten, doch wenn es vor dem Übenden steht wie «eine

Eisenwand oder ein Silberberg» und alle Spekulationen und Vorstellungen abprallen läßt, bleibt ihm gar nichts anderes übrig, als den Verstand aufzugeben. Er muß irgendeinen anderen Zugang finden. Seinen forschenden Geist kann er nicht mehr preisgeben, denn er ist es ja, der ihn stärker macht und von dem die Entschlossenheit ausgeht, die Eisenwand zu durchbrechen. Ein Kōan, wenn richtig mit ihm geübt wird, bricht den Geist nicht, sondern gibt ihm die richtigen Impulse.

Eben dieser forschende Geist war der Grund dafür, daß die Zen-Schüler der Anfangszeit in der Philosophie kein Genügen fanden und daß sie wußten, was sie suchten, wenn sie dann schließlich einen Meister aufsuchten. Ohne diesen ständigen inneren Drang hätten sie sich vielleicht auf Dauer zufriedengegeben mit den philosophischen Lehren der Sūtras und Shāstras. Dieser Drang hat immer die entscheidende Rolle gespielt, auch als die Kōan-Schulung die eher spontane Bildung des Zen-Bewußtseins ablöste. *San-ch'ing* oder *i-ch'ing*, dieser Drang oder forschende Geist, steht bei der Zen-Schulung auch heute noch ganz im Vordergrund. Und so geben die Meister Anweisungen wie diese: «Finde heraus, wo du ruhen wirst nach dem Tode, nach der Verbrennung.» Oder: «Ergründe, indem du alle Kraft des Geistes aufbietest, worauf das Eine, auf das alle Dinge zurückgehen, letztlich selbst zurückgeht.» Oder: «Erwecke einen großen Geist des Forschens und sieh zu, worauf das Eine zurückgeht; laß diesen Geist nicht schwanken oder zaudern.» Oder: «Ergründe, welche geistige Haltung es ist und welcher Sinn sich hier erschließt; sei entschlossen, alles auszuschöpfen, was darin enthalten ist.» Oder: «Frage nach deinem Ich, erforsche dich selbst, bleibe deinem Ich auf der Spur, aber laß dir niemals von anderen sagen, was es ist, und erkläre es selbst nicht in Worten.»

Wenn der Schüler sich auf diese Weise mit dem Kōan übt, bleibt er stets aufgeschlossen für den Geist des Zen, und auch das Kōan bleibt erfüllt davon. Da es sich um ein lebendiges und kein totes Problem handelt, muß auch das Satori, welches daraus erwächst, eine lebendige Erfahrung sein.

Daß die Zen-Meister uns immer wieder so beharrlich den Geist des Forschens ans Herz legen, beruht auf dem unerschütterlichen Glauben an das Wirken des Buddha-Wesens in jedem einzelnen. Was uns überhaupt dazu bringt, nach dem Ort des Einen zu forschen, ist ja eben dieses Buddha-Wesen. Das Wirken des forschenden Geistes in einem Zen-Schüler ist also nichts anderes als eine Bekundung des Buddha-Wesens. Daher die alte Regel: «Je größer der Glaube, desto stärker der Geist des Forschens, und je stärker der Geist des Forschens, desto tiefer die Verwirklichung von Satori.»

«Glaube» und «forschender Geist» widersprechen einander übrigens nicht, sondern ergänzen und bedingen einander. Dadurch wird verständlich, weshalb die Meister bei der Kōan-Schulung so beharrlich den forschenden Geist fördern. Vermutlich waren sie sich der Logik, die hinter ihren Unterweisungen steckte, nicht bewußt. Daß es ein Buddha-Wesen gibt, ist nur zu erkennen und zu erfahren, wenn man unermüdlich «anklopft», wenn man also in seinem fragenden Forschen nicht nachläßt. Der chinesische Ausdruck, den ich hier mit «Geist des Forschens» übersetze, bedeutet wörtlich «zweifeln» oder «argwöhnen»; ich ziehe den Begriff «Forschen» vor, da wir es hier nicht mit einem Zweifel im üblichen Sinne des Wortes, also nicht mit Skepsis zu tun haben. Was in der Zen-Literatur «Großer Zweifel» (jap. *dai-gidan*) genannt wird, ist ein Zustand bestürzten, selbstvergessenen Lauschens, der sich einstellt, wenn das fragende Forschen seine höchste Intensivierung erreicht hat.

Hakuin Zenji schreibt in einem seiner Briefe:

> Das Wichtigste bei der Schulung ist es, den Geist des Forschens so groß wie möglich zu machen. Daher heißt es: Je stärker der forschende Geist, desto größer das Satori, und

ein hinreichend starker Geist des Forschens wird gewiß zu einem großen Satori führen. Ferner ist es nach den Worten von Fo-kuo der größte Mangel, wenn man ohne diesen Geist des Forschens mit einem Kōan übt. Hat der forschende Geist den höchsten Grad von Zweifel erreicht, so ereignet sich urplötzlich ein Ausbruch. Und wenn ihrer Hunderte, ja Tausende sind, die so üben, so seid dessen gewiß, daß jeder einzelne von ihnen die höchste Stufe erreichen wird. Wenn der Augenblick des größten Zweifels kommt, so ist ihnen, als säßen sie im leeren Raum, offen und grenzenlos nach allen Seiten hin. Sie wissen nicht mehr, ob sie lebendig oder tot sind. Sie fühlen sich so klar, so frei von allen Unreinheiten, als wären sie in einem Becken aus Kristall oder von einer gewaltigen Eismasse umschlossen. Sie sind wahrlich von Sinnen: Sitzen sie, so vergessen sie aufzustehen, und wenn sie stehen, denken sie nicht daran, sich hinzusetzen.

Nicht ein Gedanke, nicht eine Gefühlsregung ist im Bewußtsein, welches nun ganz und gar vom Kōan selbst in Anspruch genommen wird. Für diesen Augenblick werden sie ermahnt, kein Gefühl der Furcht zu hegen und keinen unterscheidenden Gedanken zu fassen, sondern entschlossen mit ihrem Kōan fortzufahren. Und plötzlich erfahren sie einen Durchbruch, als würde ein Becken aus Eis zerschellen, als stürzte ein Turm aus Jade ein, und dieses Ereignis wird begleitet von einem Gefühl grenzenloser Freude, wie sie nie zuvor empfunden wurde ... Deshalb werdet ihr angewiesen, das Kōan «Mu» (*wu*) zu erforschen, zu erkunden, welchen Sinn es enthält. Wenn euer forschender Geist niemals nachgibt, stets auf «Mu» ausgerichtet bleibt und sich von allen Gedanken, Gefühlen und Vorstellungen freihält, so werdet ihr ganz gewiß in den Zustand des großen Zweifels gelangen ... All das ist zurückzuführen auf das Vorhandensein eines forschenden Geistes in euch; ohne ihn ist der Höhe- und Umschlagspunkt nicht zu erreichen, und ich versichere euch: Ein forschender Geist ist das Schwingenpaar, das euch voranträgt zum Ziel.*

Einer der Gründe für die Ablehnung der mechanischen Kōan-Übung ohne forschendes Fragen besteht darin, daß das Bewußtsein des Übenden sich hierbei nur auf Worte und Laute konzentriert. Das ist zwar, wie wir bei der Betrachtung der Nembutsu-Übung noch sehen werden, keine gar so schlechte Sache, nur kann man mit dieser Haltung gegenüber dem Kōan nicht sicher sein, ob man je das Stadium des Großen Zweifels erreichen wird, ohne den es nicht zu einem entscheidenden Durchbruch kommen kann.

Der forschende Geist erleichtert den Weg zum Satori, und Satori ist das, was ihm Genugtuung und Frieden gibt; vor allem aber weckt der forschende Geist den «Großen Glauben» (jap. *dai-shinkon*), der am Grund unseres Seins liegt. Die Zen-Meister sagen: «Wo Glaube ist, da ist Zweifel», das heißt, wo Glaube ist, da ist ein forschender Geist: dieser Zweifel *ist* Glaube. Betonen wir noch einmal, daß dieses Zweifeln und Forschen nichts mit Skepsis zu tun hat; es ist vielmehr das Verlangen, unmittelbar zu sehen – also ohne alle vermittelnden Instanzen zwischen dem Sehenden und seinem Gegenstand. Der Suchende hat noch keine Vorstellung vom «Was» dessen, was er sehen möchte, doch er glaubt, daß es vorhanden ist, und zwar in ihm selbst. Beschreibungen und Erklärungen lassen ihn unbefriedigt – seinen Glauben bestätigt dergleichen nicht. Der Wunsch nach Bestätigung des Glaubens durch unmittelbare Anschauung – analog jener Bestätigung, die wir durch direkte Sinneswahrnehmung erhalten – weckt in uns den forschenden Geist, von dem die Meister immer wieder sprechen. Das mechanische Wiederholen eines Kōan kann daher nicht im Sinne des Zen sein.

In einem Buch aus der späten Ming-Zeit mit dem Titel *Po-*

* Aus einem Werk Hakuins mit dem Titel *Orategama*.

*shans Ratschläge zur Schulung im Zen** wird die Frage des forschenden Geistes im Detail erörtert. Das folgende stellt eine Zusammenfassung dar:

Bei dem Bemühen, auf dem Zen-Weg voranzuschreiten, kommt es vor allem auf die Entschlossenheit an, jenen Geist zu besiegen, der Geburt und Tod unterworfen ist. Wird dieses Verlangen im Schüler wach, so fühlt er sich wie von loderndem Feuer eingeschlossen. Er möchte ihm entkommen. Er kann darin nicht umhergehen, er kann darin nicht einfach still sitzenbleiben, er kann keine müßigen Gedanken hegen, er kann nicht erwarten, daß andere ihm heraushelfen. Er hat keinen Augenblick Zeit zu verlieren; er muß alle Kräfte aufbieten und hinausstürmen, ohne sich von Gedanken an die möglichen Konsequenzen beirren zu lassen.

Ist dies Verlangen in ihm wach geworden, so ist im weiteren nun ein planvolles Vorgehen erforderlich: Der forschende Geist muß geweckt und wachgehalten werden, bis schließlich der Augenblick der Lösung kommt. Das Forschen dreht sich um das Woher der Geburt und das Wohin des Todes, und genährt wird es von dem Verlangen, sich über beide zu erheben. Das geschieht, wenn der Geist des Forschens ausreift und zum Satori-Zustand durchbricht.

Die Methode dieses Reifenlassens umfaßt die folgenden Hauptpunkte:

1. Sich nicht um weltliche Dinge kümmern.
2. Nicht dem bloßen Stillsein verhaftet sein.
3. Sich nicht von der Vielfalt der Dinge ablenken lassen.
4. Stets auf der Hut sein, wachsam wie eine Katze, die eine Maus fangen will.
5. Seine ganze geistige Kraft auf das Kōan sammeln.
6. Nicht versuchen, es intellektuell zu lösen.
7. Nicht auf einen billigen «Zen-Dreh» verfallen.

* *Po-shan san-ch'an ching-yü*, verfaßt von Wu-i Yüan-lai (1575–1630).

8. Die Übung nicht mit bloßem Nichtstun verwechseln.

9. Einen vorübergehenden Zustand der Klarheit nicht für das Endziel halten.

10. Das Kōan nicht einfach innerlich hersagen, als wäre es das Nembutsu oder eine Dhāranī.

Befolgt der Schüler diese Anweisungen, so wird es ihm gelingen, den Geist des Forschens zur Reife zu bringen. Tut er es nicht, so wird dieser Geist nicht erwachen, und der Schüler gerät leicht auf Abwege, auf denen er nie aus den Fesseln von Geburt und Tod freikommt und die Wahrheit des Zen nicht verwirklichen kann.

Diese Irrwege, die nichts mit dem wahren Geist des Forschens und daher nichts mit dem Geist der Kōan-Übung zu tun haben, sind:

1. Intellektualität: Man versucht, dem Kōan einen logischen Sinn abzuringen.

2. Eine negative oder pessimistische Einstellung: Der Schüler flieht alle Umstände, die seiner Ansicht nach ungünstig sind für die stille Kontemplation.

3. Quietismus: Er bemüht sich, alle Gedanken und Gefühle zu unterdrücken, um einen Zustand der Stille und vollkommenen Leerheit zu erreichen.

4. Der Versuch, die Kōan der alten Meister nach eigenem Dafürhalten zu klassifizieren und zu beurteilen.

5. Die Anschauung, es befinde sich in diesem zusammengesetzten Körper etwas, dessen Intelligenz durch die Sinnesorgane herausleuchte und das

6. sich des Körpers bedient, um Gutes oder Böses zu tun.

7. Askese: Den Körper unnötigerweise allen möglichen Kasteiungen unterziehen.

8. Die Vorstellung von Verdienst, durch dessen Ansammlung man Buddhaschaft oder endgültige Befreiung zu erlangen hofft.

9. Zügellosigkeit: Die Ablehnung aller moralischen oder sonstigen Verhaltensregeln.

10. Selbst-Überschätzung und Selbst-Täuschung.

Durch den Geist des Forschens gelangen wir schließlich zum Großen Zweifel, einem Zustand der Einheit, in dem der Berg nicht mehr als Berg und ein Gewässer nicht mehr als Gewässer gesehen wird, weil man in diesem Zustand ganz von der Erfahrung der «Einheit in der Vielheit» überwältigt ist. Doch das ist nur ein Stadium auf dem Weg zur letzten Verwirklichung, in der ein Berg wieder ein Berg und ein Fluß wieder ein Fluß ist. Würde man diesen Zustand des Großen Zweifels für endgültig ansehen, so hinderte man sich nur an dem letzten Schritt, dem Durchbruch zum Satori, der Einsicht in die wahre Wirklichkeit, dem Durchtrennen der Fessel von Geburt-und-Tod.

ZWEITER TEIL:

Erleuchtung und Erlösung

DIE KŌAN-ÜBUNG UND DAS NEMBUTSU

Wir sind nun in der Lage, uns zu vergegenwärtigen, in welcher Beziehung die Kōan-Übung zur Nembutsu-Praxis steht. Der chinesische Buddhismus hat sich entlang dieser beiden Hauptlinien – Zen und Nembutsu – entwickelt, und indem wir ihre Beziehung betrachten, werden wir etwas über die psychologischen Grundtatsachen des buddhistischen Lebens, ja des religiösen Lebens überhaupt, erfahren.

Einer der Gründe, die dazu führten, daß die Kōan-Übung mechanisch wurde, bestand darin, daß in der Yüan- und Ming-Zeit die Nembutsu-Praxis immer mehr an Bedeutung gewann. Nembutsu bedeutet wörtlich «des Buddha eingedenk sein», und es besteht in der Rezitation des Namens von Buddha Amitābha (chin. *o-mi-to-fo*).

Der Ursprung des Nembutsu läßt sich sehr weit zurückverfolgen bis in die frühen Tage des Buddhismus in Indien. Die erste chinesische Gruppe von Nembutsu-Anhängern war nach den alten Zeugnissen die Gesellschaft des Weißen Lotos, die von Hui-yüan (gest. 416) geführt wurde. Die fortschreitende Demokratisierung des Buddhismus im Laufe der Zeit begünstigte die Verbreitung des Nembutsu über ganz China. Oberflächlich betrachtet ist das Nembutsu das genaue Gegenteil von Zen, denn während im Zen das Selbst und das eigene Bemühen von entscheidender Bedeutung sind, hängt in der

Nembutsu-Praxis alles vom Buddha ab. Dennoch liegt in der Rezitation des Namens von Amitābha-Buddha, wie sie in den Schulen des Reinen Landes praktiziert wird, etwas, das sich dem Üben mit einem Kōan vergleichen läßt. Diese Gemeinsamkeit war es, die eine gegenseitige Annäherung von Zen und Nembutsu ermöglichte.

Das Nembutsu war am Anfang keineswegs eine mechanische Übung. Das Des-Buddha-eingedenk-Sein stand obenan, und die Anrufung des Namens kam an zweiter Stelle. Doch wie so oft, bestimmte auch hier zunächst der Inhalt die Form, und dann kehrte das Verhältnis sich um. Wer den Namen anruft, muß dabei nicht notwendig auch des Buddha selbst, seiner strahlenden Tugend, seiner Erlösungsgelübde eingedenk sein; dennoch ruft die stetige Wiederholung des Namens schließlich all das wach, was mit diesem Namen verbunden ist, und ohne daß man sich dessen bewußt wird, ist man doch in die kontemplative Betrachtung des Weltverehrten versunken. Die anfangs mechanische Anrufung nimmt nun eine Wendung, die vielleicht gar nicht geplant oder abzusehen war.

Der Einfluß der Nembutsu-Praxis auf manche Vertreter des Zen begann in der späten Yüan-Zeit, aber es gab auch Zen-Meister, die sich mit aller Entschiedenheit dagegen wandten. Sie sahen die Gefahr, daß die Kōan-Schulung zu einer Art Rezitationspraxis verkam, und das hätte nicht nur dem Geist des Zen schwer geschadet, sondern die Kōan-Übung überhaupt sinnlos gemacht.

Auch als das Nembutsu im fünfzehnten Jahrhundert überall praktiziert wurde und sogar in die Zen-Klöster Einzug hielt, blieben die Meister bei ihrer Anweisung, der Schüler müsse herausfinden, *wer* es ist, der den Buddha anruft oder seinen Namen rezitiert. Tu-feng Chi-shan (gest. vermutlich gegen Ende des 15. Jahrhunderts) sagte zum Beispiel: «Das Wichtigste ist, den letzten Sinn des Lebens zu erfassen. Seid also eifrig und scheut keine Mühe, um herauszufinden, wer es ist, der den Namen anruft. Das Wort ‹wer› ist außerordentlich wichtig; sammelt euch ganz auf dieses eine Wort.»*

Ch'u-shan Shao-ch'i (1404–1473) schreibt an einen seiner Schüler:

> Bei der Anrufung geht es darum zu erkennen, daß der Buddha nichts anderes ist als dein eigener Geist. Doch was ist dieser Geist? Forsche nach dem Woher des Gedankens, der dich den Namen des Buddha sprechen läßt. Wo entspringt er? Doch du mußt noch weiter gehen und das Wer dieses Menschen ergründen, der nach dem Woher des Gedankens fragt. Ist es Geist oder Buddha oder Dinge? Nein, nichts davon, sagen die Meister. Was also ist es?

So also gingen die Meister mit dem Nembutsu im Zusammenhang mit der Kōan-Übung um, damit der Zen-Geist nicht verlorenging. Der forschende Geist durfte auf keinen Fall zur Nebensache werden. Die folgenden Zitate von Zen-Meistern der Yüan- und der Ming-Zeit verdeutlichen, woher der Wind wehte im Denken des vierzehnten und fünfzehnten Jahrhunderts. T'ien-ju Wei-tse wirkte zu Anfang des vierzehnten Jahrhunderts und war eine der großen Gestalten seiner Zeit. Wir können seinen Worten entnehmen, daß die Nembutsu-Bewegung zu jener Zeit sehr stark war und in die Domäne des Zen einbrach. T'ien-ju ging es darum, Zen und Nembutsu gegeneinander abzugrenzen, aber auch aufzuzeigen, worin sie übereinstimmten. Im zweiten Band seiner «Worte-Aufzeichnung» (*yü-lu*, jap. *goroku*) lesen wir:

> Es gibt heute einige, sowohl unter den Laien als auch in der Mönchsgemeinschaft, die mit dem Nembutsu nach der Wiedergeburt im Land der Reinheit streben und sich fragen, ob das Nembutsu nicht etwas ganz anderes sei als

* Aus Chu-hungs *Biographien*.

Zen. Mir scheint, sie erkennen nicht, daß Zen und Nembutsu nicht gleich sind und doch gleich sind. Denn im Zen geht es darum zu begreifen, was das Leben ist, und im Nembutsu ist es ebenso. Zen deutet unmittelbar auf den Geist in jedem von uns und sagt, die Schau des Wesens sei Buddha-Werdung; das Nembutsu strebt die Wiedergeburt im Land der Reinheit an, und das ist nichts anderes als der eigene Geist, ist Einsicht in das Wesen von allem Sein, und das ist Amitābha selbst.
Wenn das so ist, wie können wir das Nembutsu dann vom Zen unterscheiden? Wir lesen im Sūtra, es sei wie das Betreten einer großen Stadt, die an allen vier Seiten Tore besitzt. Die Menschen, mögen sie auch aus verschiedenen Richtungen kommen, finden alle ihren Zugang, da es ja mehr als ein Tor gibt. Doch haben sie das Tor durchschritten, so befinden sie sich alle in derselben Stadt. Zen und Nembutsu wenden sich an verschiedene Charaktertypen, das ist alles.
Beim Nembutsu kann man unterscheiden zwischen dem, was wirksam ist, und dem, was unwirksam ist. Wenn die Anrufung nur von den Lippen des Übenden kommt, sein Geist aber gar nicht vom Buddha erfüllt ist, so bewirkt diese Anrufung nichts. Streben seine Lippen und sein Geist jedoch gemeinsam zum Buddha hin bei der Rezitation, so daß sein Geist in der Vereinigung mit dem Buddha wirkt, so wird sein Nembutsu gewiß Ergebnisse zeitigen. Nehmen wir an, ein Mann halte eine Gebetskette in der Hand und rezitiere mit den Lippen den Namen des Buddha; wenn unterdessen seine Gedanken ungezügelt in alle Richtungen laufen, so ist die Anrufung nur auf seinen Lippen und nicht in seinem Geist. Er plagt sich unnütz, und seine Mühe wird zunichte. Weit besser ist es, den Buddha im Geiste zu haben und die Lippen nicht zu bewegen, denn dies ist die wahre Übung des Nembutsu.
Lesen wir nicht in einem Sūtra, daß alle Tathāgatas der

Zehn Weltgegenden liebevoll an alle Wesen denken wie eine Mutter an ihre Kinder? Denn Wesen, die im großen Ozean von Geburt und Tod untergehen, sind wie Kinder, die sich in die Fremde verirrt haben. Der Buddha denkt wie eine liebende Mutter an sie, und wenn er auch von seinem Erbarmen nicht spricht, so ist sein Herz doch stets bei seinen verlorenen Kindern. Dächten die Kinder ebenso an ihre Mutter, würden sie dann nicht, Mutter und Kinder, sich eines Tages von Angesicht zu Angesicht begegnen?
Daher sagt das Sūtra: Wenn die Herzen aller Wesen sich nach dem Buddha sehnen und an ihn denken, so werden sie ihn gewiß sehen, in der Gegenwart oder in der Zukunft. Gegenwart ist dieses Leben, Zukunft das Leben nach diesem. Wenn das so ist, so wird der, den es nach dem Buddha verlangt und der an ihn denkt, seiner ganz gewiß ansichtig werden. Des Buddha ansichtig werden oder in der Zen-Schulung Satori erlangen – wo bestünde da ein Unterschied?
Meister Huan-chu sagt: «In der Zen-Schulung soll der Sinn von Geburt und Tod erhellt werden, während es im Nembutsu darum geht, die Frage von Tod und Leben zu klären. Wähle einen der beiden Wege, denn da ist nichts, worüber sich streiten ließe.» Sehr richtig, es gibt keinen Streit zwischen den beiden, doch versucht nicht, euch beider zu bedienen. Möge der Zen-Schüler sich ganz an Zen halten, und möge einer, der das Nembutsu übt, sich ganz an das Nembutsu halten. Teilt sich der Geist auf zwischen den beiden, so erreicht man nichts. Ein alter Meister vergleicht einen so geteilten Geist mit einem Mann, der in zwei Booten zugleich zu sein versucht, tatsächlich aber in keinem von beiden ist. Das mag so weit noch nicht so schlimm sein, aber wenn er sich nicht sehr hütet, kann der Augenblick kommen, da er zwischen den beiden Booten ins Wasser fällt.
Was mich selbst angeht, so weiß ich nicht viel, doch kann

ich immerhin sagen, daß im Nembutsu diese vier Silben hochgehalten werden: *o-mi-to-fo* (jap. *a-mi-da-butsu*), und daraus geht – zumindest für den Zen-Anfänger – noch nicht hervor, wie man damit verfährt. Er ist zunächst ratlos und weiß nicht, was er damit anfangen soll. In der Kōan-Schulung jedoch wird euch gesagt, daß ein jeder im Besitz des «Ur-Angesichts» ist, welches bei allen Wesen dasselbe ist wie das der Buddhas, nur daß wir es an uns selbst nicht erkennen. Versucht, es ganz aus eigenem zu sehen, ohne euch auf irgend jemanden sonst zu verlassen. Darin habt ihr dann eine Art Anhaltspunkt für die Fortführung eurer Zen-Übung.

Einer der ersten Zen-Meister, die das Nembutsu in die Zen-Schulung einführten, war Yang-ming Yen-shou (gest. 975). Er maß der Nembutsu-Übung so große Bedeutung bei, daß er sogar sagte: «Neun von zehn derer, die ohne das Nembutsu den Zen-Weg gehen, werden das Ziel nicht erreichen, während die, welche das Nembutsu üben, ohne Ausnahme zur Verwirklichung gelangen; am besten jedoch steht es mit denen, die sowohl Zen als auch das Nembutsu üben, denn sie werden wie gehörnte Tiger sein.» Was genau Yang-ming damit meint, ist schwer zu sagen, denn er klärt uns nicht darüber auf, wie die gleichzeitige Praxis von Zen und Nembutsu praktisch auszusehen hat. Sollte das Nembutsu nach einem Durchbruch im Zen geübt werden oder umgekehrt? Solange diese praktische Frage nicht definitiv geklärt ist, können wir Yang-ming weder widerlegen noch bestätigen.

Wir können nur sagen, daß das Nembutsu sich rasch verbreitete und schon im zehnten Jahrhundert auch im Zen immer mehr Anhänger fand. Yang-ming, einer der größten Synkretisten, die China je hervorgebracht hat, unternahm den Versuch, alle Schulen des Buddhismus in seine Zen-Philosophie einzugliedern, und das galt natürlich auch für das Nembutsu. Die Öffnung des Zen für die Nembutsu-Praxis hatte jedoch noch einen weiteren Grund: Zen war zu philosophisch (wenn auch nicht im üblichen Sinn dieses Wortes) und neigte zu völliger Mißachtung der emotionalen Seite des Lebens. Zen ist so starr auf Satori ausgerichtet, daß es häufig die Tränen eintrocknen läßt, die vergossen werden müssen über unsere Verblendung, über die Leiden des Daseins, über eine Welt voller Unruhe. Zen gibt uns nicht die Hoffnung auf ein Land der Seligkeit und Reinheit, das den Anhängern des Nembutsu so lebhaft vor Augen steht. War es das, was Yang-ming meinte, als er sagte, Zen müsse vom Nembutsu begleitet sein? Die folgenden Worte von K'ung-ku Ching-lung, der in der ersten Hälfte des fünfzehnten Jahrhunderts wirkte, scheinen für diese Annahme zu sprechen:

> Die sich im Zen schulen, sind so ausschließlich dem Zen hingegeben; sie mühen sich um das Erlangen von Stille und sonst nichts. Hersagen des Buddha-Namens, um im Land der Reinheit wiedergeboren zu werden, Anrufung des Buddha, Rezitation der Sūtras am Morgen und am Abend – damit haben sie nichts im Sinn. Man könnte von ihnen sagen: Sie haben Zen, aber sie haben kein Nembutsu. Dennoch steht es mit ihnen eigentlich nicht recht; sie sind eifernde Pedanten der Kōan-Übung, still wie ein Stock, ein Stein oder ein Ziegel. Sind sie von dieser Krankheit des Geistes befallen, so können sie nicht erlöst werden oder allenfalls einer von zehn.
>
> Zen ist lebendiger Geist. Es ist wie eine Kürbisflasche im Wasser: Berührst du sie, so tanzt sie aufs Lebhafteste. Daher denn heißt es, man solle auf den lebendigen Geist der Meister achthaben und nicht auf ihre toten Worte. Es gibt jedoch andere, die sich im Zen üben und trotzdem die Lehre der Nembutsu-Schule nicht gering schätzen, sondern an der morgendlichen und abendlichen Andacht teilnehmen. Wahrlich, die Wahrheit des Zen ist überall, wenn du nur Augen hast, sie zu sehen. Hsüeh-feng (Seppō) lei-

stete in etlichen Klöstern harte Arbeit als Küchenmeister, und Yang-chi (Yōgi) hatte als Klosteraufseher viel zu tun; sie führten ihr Alltagsleben mit großer Gewissenhaftigkeit, während sie sich innerlich dem Zen widmeten. Yang-ming meisterte das Zen seines Lehrers Te-shao und war doch geneigt, die Lehre der Schule des Reinen Landes nutzbar zu machen. Ist er nicht einer, der innerlich rund und äußerlich viereckig war? Innerlich war er alles, was ein Bodhisattva zu sein hat, und äußerlich handelte er wie einer, der zu den Shrāvakas* gehört. Er ist einer, der sowohl Zen als auch das Nembutsu hat.**

Das ist vielleicht keine sehr überzeugende Argumentation; die Tatsache bleibt jedoch bestehen, daß die Nembutsu-Übung sich damals sehr rasch im Zen ausbreitete, und wir werden noch sehen, daß es in der Psychologie des Nembutsu einen Faktor gab, der eine Verbindung zur Kōan-Übung – zumindest in ihrer mechanischen Phase – herstellt. K'ung-ku jedenfalls, obgleich er das Nembutsu als Shrāvaka-Praxis bezeichnet, glaubt, daß sie für die Verwirklichung des wahren buddhistischen Lebens ebenso wirksam ist wie die Kōan-Übung.

In einem anderen Brief, offenbar eine Antwort auf Fragen zur Nembutsu-Praxis, gibt er dem betreffenden Schüler den Rat, das Nembutsu nicht unbedingt in einer philosophischen Haltung, also nicht unbedingt mit forschendem Geist zu rezitieren. Das wichtigste sei beim Nembutsu, ein gläubiges Herz zu haben und es still zu sprechen, ohne sich um die Dinge der Welt zu sorgen. Er schreibt:

* Im Unterschied zum Bodhisattva, der auf den Eintritt ins Nirvāna verzichtet, solange noch unerleuchtete Wesen in der Welt leben, ist für den Shrāvaka das Nirvāna «ohne Erdenrest» das höchste Ziel. (Anm. d. Übers.)

** Aus einem Brief an einen seiner Schüler, zitiert in Chu-hungs *Biographien*.

Die Nembutsu-Praxis ist der kürzeste Weg zur Verwirklichung des buddhistischen Lebens. Sei überzeugt von der Unwirklichkeit dieses körperlichen Daseins, denn das Haften an den Nichtigkeiten dieses weltlichen Lebens ist die Ursache der Wiedergeburt. Das Erstrebenswerteste ist das Land der Reinheit, und das Verläßlichste ist das Nembutsu. Ob Du mit großer Sammlung oder beiläufig des Buddha gedenkst, ob Du seinen Namen laut oder leise anrufst, laß Dich nicht von Regeln binden, sondern halte den Geist unbewegt, in Ruhe und stiller Betrachtung. Erreicht er einen Zustand der Einheit, den äußere Dinge nicht mehr stören, so wird eines Tages irgendein Anstoß einen jähen geistigen Umsturz in Dir auslösen, und darin wird Dir aufgehen, daß das Reine Land des Friedvollen Lichts diese Erde selbst ist und Amitābha-Buddha Dein eigener Geist. Doch hüte Dich, daß Dein Geist nicht erwartungsvoll Ausschau hält nach diesem großen Ereignis, denn dies wird nur zum Hindernis für die Verwirklichung.
Das Buddha-Wesen ist aus sich selbst und durch sich selbst und nicht etwa aufgrund unseres Denkens oder unserer Vorstellungen. Nun magst Du auf diese Worte hin annehmen, es sei ein Zustand von Nicht-Bewußtsein, doch das ist ein weiterer großer Irrtum, den Du meiden mußt. Wesentlich ist allein, ein gläubiges Herz zu haben und keinen überflüssigen und störenden Gedanken Raum zu geben. Führst Du so Deine Übung des Nembutsu fort, so mag es zwar sein, daß Du in diesem Leben noch nicht Gelegenheit erhältst, Satori zu erlangen, doch wirst Du nach dem Tode gewiß im Reinen Land wiedergeboren werden und dort über weitere Stufen schließlich den Punkt erreichen, von dem aus es kein Zurückfallen mehr gibt.
Meister Yu-t'an weist seine Schüler an, sich dies vor Augen zu halten: «Wer ist es, der das Nembutsu übt? Was ist dies, das mein eigenes Wesen ist, das also Amitābha ist?» Dies könnte man das «Nembutsu mit angespanntem Geist»

> oder das «Nembutsu mit forschendem Geist» nennen. Es ist nicht nötig, daß Du dieser Methode folgst; sprich das Nembutsu einfach in Deinem gewöhnlichen Bewußtsein.

Wenn man wie K'ung-ku der Auffassung ist, das Nembutsu müsse nicht unbedingt von einem forschenden Geist begleitet sein, so öffnet man natürlich der rein mechanischen Rezitation Tür und Tor. Das ist der Grund, weshalb Hakuin und seine Schule manche chinesischen Meister des fünfzehnten und späterer Jahrhunderte so heftig angriffen.

Chu-hung, Autor der beiden hier mehrfach zitierten Schriften *Biographien berühmter Meister der Ming-Zeit* und *Das Durchbrechen der Zen-Schranke* und vieler anderer Werke, wurde ebenfalls von Hakuin attackiert. Über K'ung-ku schreibt er in den *Biographien*:

> Die meisten Zen-Meister ermahnen ihre Schüler zu ergründen, wer es ist, der den Namen des Buddha anruft. K'ung-ku hingegen sagt, dies sei nicht unbedingt erforderlich. Wie eine Medizin gemäß der Krankheit verordnet werde, so müsse auch die Wahrheit je nach den Fähigkeiten des Schülers gelehrt werden. Beide Auffassungen lassen sich vertreten, und es ist nicht gut, die eine zugunsten der anderen zu verwerfen.

Die Methode der Anrufung, wie sie von Meistern wie K'ung-ku und Chu-hung vertreten wurde, beruht auf bestimmten psychologischen Gegebenheiten, und so nähern wir uns dem Gegenstand vielleicht am besten dadurch, daß wir einmal genauer betrachten, was es mit dem Nembutsu auf sich hat.

NEMBUTSU (*NIEN-FO*) UND SHŌMYŌ (*CH'ENG-MING*)

Nembutsu (Skrt. *buddhānusmriti*) bedeutet wörtlich «des Buddha eingedenk sein» oder «über den Buddha meditieren» und wird im *Mahāvyutpatti* als eines der sechs Themen der Meditation genannt. Diese sind: 1. Buddhānusmriti; 2. Dharma; 3. Sangha (die buddhistische Gemeinschaft); 4. Shīla (Moralität); 5. Tyāga (Loslassen, Entsagung, selbstloses Tun); 6. Devatā (Gottheiten). Außerdem ist es eines der fünf *Wu t'ing hsin* – Gegenstände, die den Geist vor falschen Anschauungen bewahren, wenn er von diesen Gegenständen erfüllt ist. Diese fünf sind: 1. Unreinheit des Körpers: daran zu denken, ist wirksam gegen Gier und sinnliches Verlangen; 2. Mitgefühl oder Erbarmen: daran zu denken, verhindert Zorn; 3. Verursachung oder Bedingtheit: daran zu denken, verhindert Verblendung oder Torheit; 4. Die Sechs Elemente: daran zu denken, verhindert die Vorstellung einer Ich-Wesenheit; 5. Regelung des Atems: daran zu denken, ist wirksam gegen Geistesverwirrung. Chih-che* hat nun in seinem Kommentar zum *Saddharmapundarīka-Sūtra* eine Veränderung an dieser Aufzählung vorgenommen (und wir können heute nicht mehr rekonstruieren, wie es dazu kam): Er ersetzte den vierten Punkt (also die sechs Elemente Erde, Wasser, Feuer, Luft, die Leere und das Bewußtsein) durch «Meditation über den Buddha» (*nembutsu*). In einem Werk aus der von Chih-i begründete T'ien-t'ai-Schule heißt es, diese Meditation wirke geistiger Schwere, schlechten Gedanken und körperlichen Gebrechen entgegen.

Für Buddhisten lag es natürlich nahe, über den Stifter ihrer Religion zu meditieren, dessen große Persönlichkeit sie in gewisser Weise tiefer beeindruckte als seine Lehre. Wenn ihr

* Auch Chih-i (jap. Chisha, 538–597), 4. Patriarch und eigentlicher Begründer der T'ien-t'ai-Schule des Buddhismus. (Anm. d. Übers.)

Eifer bei der Wahrheitssuche erlahmte oder wenn der Geist von allerlei weltlichen Versuchungen gestört wurde, war das Denken an diesen großen Lehrmeister das, was ihre Moral am ehesten stärkte. Am Anfang war das Nembutsu eine rein moralische Übung, doch im Laufe der Zeit wurde die geheimnisvolle Kraft des Buddha-Namens den indischen Buddhisten immer deutlicher, und so trat die Rezitation des Namens an die Stelle der Vergegenwärtigung des Buddha als einer Person mit erhabenen Tugenden. So lesen wir auch bei einem abendländischen Philosophen: *Nec nomen Deo quaeras; Deus nomen est.* Der Name ist so gut wie das, wofür er steht, in manchen Fällen sogar wirksamer, denn wenn wir den Namen kennen, können wir uns einen Gott dienstbar machen. Das war überall auf der Welt schon immer so, seit der Morgendämmerung des religiösen Bewußtseins. Als Amitābha-Buddha Erleuchtung erlangte, wünschte er, daß sein Name im ganzen Universum widerklingen möge, damit alle Wesen ihn hören und erlöst werden könnten.*

Es ist jedoch in diesem Sūtra noch nicht vom bloßen Nennen oder Rezitieren des Namens die Rede. Vielmehr finden wir im achtzehnten und neunzehnten Gelübde des Buddha Amitābha Ausdrücke wie «zehnmal das Denken [auf mich

* Nach dem *Sukhāvatī-Vyūha* («Sūtra des Landes der Glückseligkeit»), einem der drei grundlegenden Sūtras der Reines-Land-Schule in China und Japan. Es beschreibt den Werdegang des Buddha Amitābha und seine achtundvierzig (im Sanskrit-Original dreiundvierzig) Gelübde sowie die Herrlichkeiten seines Reinen Landes (Skrt. *sukhāvatī*). Die beiden anderen Texte sind das *Amitāyurdhyāna-Sūtra* («Sūtra der Betrachtung über den Buddha Amitāyus»), worin Shākyamuni die Königin Vaidehi in den sechzehn Arten der Meditation unterweist, die zur Wiedergeburt im Reinen Land führen; und das *Amitābha-Sūtra*, das auch «*Kürzeres Sukhāvatī-Vyūha*» genannt wird; dieser nur noch in chinesischer Übersetzung verfügbare Text beschreibt ebenfalls das Reine Land und führt in die einfachste Form der Praxis dieser Schule ein, das Nembutsu. Amitāyus («Unermeßliches Leben») ist eine Erscheinungsform von Amitābha («Grenzenloses Licht»).

und mein Buddha-Paradies] gerichtet» oder «ein Denken an höchste vollkommene Erleuchtung entwickeln und klaren Geistes meiner gedenken».

Im *Pratyutpanna-samādhi-Sūtra*, das bereits im zweiten Jahrhundert ins Chinesische übertragen wurde und ebenfalls zu den Quellentexten der Reines-Land-Schule gehört, heißt es: «Der Bodhisattva, der den Namen des Buddha Amitābha hört und ihn sehen möchte, kann ihn sehen, indem er ständig an die Region denkt, wo er sich aufhält.» Auch hier ist vom «denken» oder «eingedenk sein» (chin. *nien*) die Rede und nicht vom stummen oder lauten Sprechen des Namens. Wo auch immer der Buddha zum Meditationsobjekt wird – Hīnayāna oder Mahāyāna, Zen oder Shin –, geht es um die Vergegenwärtigung des Buddha selbst.

Im *Amitāyurdhyāna-Sūtra* heißt es jedoch, man solle die Formel «Verehrung dem Buddha Amitāyus» sprechen, denn das Aussprechen dieses Buddha-Namens befreie den Betreffenden für zahllose Kalpas von allen begangenen Sünden. Einem Sterbenden, der aufgrund heftiger Schmerzen nicht an den Buddha denken kann, wird dort empfohlen, einfach seinen Namen zu sprechen. Im *Amitābha-Sūtra* erhalten wir den Rat, den Buddha-Namen im Bewußtsein zu halten, damit wir einst mit friedvollem Geist aus dem Leben scheiden.

In Übereinstimmung mit diesen Anweisungen schreibt Nāgārjuna in seinem Kommentar zum *Dashabhūmika* (5. Kap., «Über die leichte Übung»), man solle den Namen des Buddha verehrungsvoll im Bewußtsein halten, wenn man rasch das Stadium erreichen wolle, von dem aus man nicht mehr zurückfallen kann. Man könnte einwenden, «im Bewußtsein halten» sei noch nicht dasselbe wie «sprechen» oder «anrufen», doch tatsächlich ist dieses «im Bewußtsein halten» ein Aussprechen des Namens, mag es stumm oder laut geschehen. Der Übergang vom Des-Buddha-eingedenk-Sein zur Rezitation seines Namens stellt eine natürliche Entwicklung dar.

Tao-ch'o (562–645), einer der wegbereitenden Vertreter der Reines-Land-Lehre, zitiert in seinem Werk *An-le-chi* («Buch von Frieden und Glück») aus einem Sūtra, das ebenfalls eine der wichtigen Quellen der Reines-Land-Schule darstellt; darin ist von den vier Arten der Erlösung durch die Buddhas die Rede: 1. durch mündliche Unterweisungen, wie sie in den Schriften des buddhistischen Kanon niedergelegt sind; 2. durch ihre körperlichen Zeichen übernatürlicher Schönheit; 3. durch ihre wunderbaren Kräfte und Tugenden und Verwandlungen; 4. durch ihre Namen, deren Nennung Hindernisse beseitigt und zur Wiedergeburt im Reinen Land des Buddha führt. Tao-ch'o fügt hinzu:

> Ich glaube, daß unser gegenwärtiges Zeitalter der vierten Fünfhundert-Jahre-Periode nach dem Buddha angehört und es für uns nun darauf ankommt, unsere Sünden zu bereuen, Tugenden heranzubilden und den Namen des Buddha zu sprechen. Heißt es nicht, einmal an den Buddha Amitābha zu denken und seinen Namen zu nennen, befreie uns von den Sünden zahlloser Kalpas? Wenn selbst *ein* Gedanke dies bewirken kann, um wieviel mehr dann das ständige Denken an den Buddha und das ständige Bereuen [sündhaften Handelns]!

Diese Lehre wurde von allen späteren Anhängern des Nembutsu begierig aufgegriffen, und unter dem «Des-Buddha-eingedenk-Sein» (*nien-fo*, jap. *nembutsu*) verstand man nun das «Aussprechen des Namens» (*ch'eng-ming*, jap. *shōmyō*).

Tatsächlich enthält die Rezitation des Namens mehr und ist wirksamer als das Denken an die spirituellen Kräfte und körperlichen Merkmale und Eigenschaften des Buddha. Der Name enthält alles, was je über den Buddha gesagt werden kann, während das Denken an ihn ein inneres Bild impliziert, und dieses Bild kann von allen möglichen Vorspiegelungen geprägt sein. Der Namensrezitation eignet eher etwas Nüchternes, und die geistige Haltung ist hier eine andere.

Bei der Rezitation des Buddha-Namens können wir zwei Arten unterscheiden, denen jeweils eine bestimmte geistige Haltung entspricht. Im ersten Fall wird der Name als eine Art magische Beschwörungsformel genommen, die Wunder wirken kann. So heißt es etwa im vierundzwanzigsten Kapitel des *Saddharmapundarīka-Sūtra*, wo es um die Verehrung des Bodhisattva Avalokiteshvara geht: «Kobolde und Riesen verlieren beim Pläneschmieden die Fähigkeit zu sehen, wenn der Name des Bodhisattva-Mahāsattva Avalokiteshvara genannt wird.» Oder: «Fürchtet euch nicht, ruft allesamt mit einer Stimme den Bodhisattva-Mahāsattva Avalokiteshvara an, den Beschützer, und ihr werdet alle von der Gefahr befreit sein, die euch durch Räuber und Feinde droht.»

Der Name des Bodhisattva besitzt jedoch nicht nur magische Macht über die Feinde, sondern besiegt auch Leidenschaften, Haß und Verblendung und verschafft dem, der ihn ausspricht, das Glück, das er begehrt. Die Gāthās in diesem Kapitel des Sūtra beschreiben die Kräfte dieses Namens, und der Gläubige hat nichts weiter zu tun, als an ihn zu denken, das heißt, ihn zu nennen. Hier bleibt allerdings die berechtigte Frage unbeantwortet, worin die magische Kraft des Namens nun eigentlich ihren Ursprung hat, und genau darüber kam es unter den Gelehrten des Shin-Buddhismus zu einer hitzigen Diskussion: Geht die wunderbare Erlösungskraft Amitābhas von seinem Namen aus oder von seinen Gelübden?

Die andere innere Haltung bei der Rezitation des Namens finden wir bei T'ien-ju Wei-tse, einem Zen-Meister der Yüan-Zeit (14. Jh.) beschrieben. Er sagt in seinem Werk *Beantwortung einiger Fragen über das Reine Land*:

> Nembutsu ist das unablässige Denken an die zweiunddreißig Zeichen der Erhabenheit an einem Buddha. Man halte sich diese Zeichen in einem Zustand der Sammlung vor Augen und wird den Buddha allezeit sehen, mögen die

> Augen geschlossen oder offen sein. Dieses Sehen des Buddha in diesem Leben stellt sich auch dann ein, wenn er namentlich angerufen und sein Name fest im Bewußtsein gehalten wird. Dem Buddha durch die Anrufung mit seinem Namen von Angesicht zu Angesicht zu begegnen, ist weit besser, als das bloße Denken an ihn. Wenn du diese Anrufung übst, muß der Geist ganz gesammelt sein und darf nicht abschweifen. Laß deinen Sinn ohne Unterbrechung beim Namen des Buddha verweilen und sprich hörbar: *O-mi-to-fo* (*A-mi-da-butsu*). Jeder Laut muß dem Geist deutlich gegenwärtig sein. Kümmere dich nicht darum, wie oft du den Namen wiederholst, denn wichtig ist allein, daß Denken und Wille, Geist und Lippen in vollkommener Übereinstimmung wirken.

Im ersten Fall wird dem Namen selbst Wunder-Kraft beigemessen, er ist eine magische Formel. Als Amitābha sich wünschte, sein Name möge im ganzen Universum ertönen, dachte er da an eine Art Talisman, oder wollte er, daß sein Name als eine moralische Kraft wirkt? Höchstwahrscheinlich doch wohl letzteres: Der Name sollte für etwas stehen, das im menschlichen Leben verwirklicht werden muß; die Tugenden und Verdienste des Buddha sollten in dem Namen mitschwingen und die Menschen anspornen, seinem Beispiel zu folgen. Wenn wir den Namen sprechen, erwacht in uns all das, wofür er steht, und schließlich erwachen die tiefsten Kräfte unseres Geistes, enthüllt sich seine innerste Wahrheit, die nichts anderes ist als die Wirklichkeit des Namens, nichts anderes als Amitābha selbst.

Im zweiten Fall geht es nicht unbedingt um die Dinge, die mit dem Namen assoziiert sind, sondern um ein psychologisches Geschehen. Der Name des Buddha kann hier sogar mechanisch wiederholt werden, ohne daß man sich den Buddha selbst vergegenwärtigt. Ich möchte anhand einer Geschichte verdeutlichen, was ich mit diesem durch die Rezitation des Buddha-Namens ausgelösten psychologischen Geschehen meine.

Einer von Hakuins zahlreichen Laienschülern war tief bekümmert über seinen alten Vater, der von maßloser Habgier war und kein Ohr besaß für die Lehren des Buddhismus. Er bat Hakuin um Rat, wie man den Geist des Vaters auf etwas andres als das Geld lenken könne. Hakuin empfahl, der alte Mann möge das Nembutsu sagen, so oft es ihm einfalle, und werde für jede Wiederholung des Namens einen Pfennig erhalten. Sagte er das Nembutsu hundertmal am Tag, so würde er hundert Pfennige erhalten.

Der alte Mann empfand dies als eine höchst willkommene Art, sich noch ein übriges zu verdienen. Er kam jeden Tag zu Hakuin und rechnete peinlich genau ab, ganz entzückt über diesen leichten Verdienst. Nach einer Weile erschien er jedoch nicht mehr, um seine Bezahlung einzustreichen. Hakuin schickte jemanden zum Sohn des alten Geizhalses, um zu erfahren, was geschehen war. Es zeigte sich, daß der Vater jetzt so in die Rezitation des Nembutsu versunken war, daß er die Abrechnung ganz vergessen hatte. Das hatte Hakuin natürlich erwartet. Er sagte dem Sohn, er solle seinen Vater für eine Weile ganz in Ruhe lassen und abwarten, was aus ihm werden würde. Der Rat wurde befolgt, und nach einer Woche kam der Vater selbst zu Hakuin; an seinen strahlenden Augen war abzulesen, daß er eine tiefe spirituelle Erfahrung gemacht hatte.

Die mechanische Wiederholung des Nembutsu, also das rhythmische, monotone Aussprechen des Buddha-Namens – «na-mu-a-mi-da-bu, na-mu-a-mi-da-bu ...» – immer wieder, abertausende Male, erzeugt einen Bewußtseinszustand, in dem die gewöhnlichen Bewußtseinsfunktionen mehr und mehr eingeschränkt werden. Dieser Zustand ist vielleicht in manchem der hyptnotischen Trance ähnlich, aber letztlich doch etwas ganz anderes, denn was aus dem Nembutsu-Bewußtsein erwächst, ist eine höchst bedeutsame Einsicht in das

Wesen der Wirklichkeit und übt einen anhaltenden positiven Einfluß auf die spirituelle Entwicklung aus. Die hypnotische Trance ist dagegen ein aufgezwungener Zustand, aus dem nichts hervorgehen kann, das bleibenden Wert besitzt.

DAS SHŌMYŌ IN DER SCHULE DES REINEN LANDES

Nachdem der Buddha dahingegangen war, verlangte es seine Schüler danach, ihn wiederzusehen. Sie konnten nicht glauben, daß ein Mensch von solcher Größe ganz und gar verschwinden könne. Das ist bei jeder großen Seele so. Wir mögen nicht glauben, daß der physische Tod dieses Menschen das Ende all dessen ist, was er war. Er soll, wenn auch nicht in seiner zeitlichen Gestalt, nach wie vor unter uns sein; wir sagen dann, sein Geist sei lebendig in uns, und das gibt uns die Sicherheit, ihn irgendwo, irgendwann wiederzusehen.

Das gilt für Christus ebenso wie für den Buddha. Der Buddha jedoch lebte unter Menschen, für die meditative Sammlung ein fester Bestandteil des Lebens darstellte und die überdies Meister der praktischen Psychologie waren. Daraus entstanden Werke wie das *Meditations-Sūtra* (*Kangyo*) oder das *Pratyutpannasamādhi-Sūtra* (*Hanjusammai*), in denen detaillierte Anweisungen für eine persönliche Unterredung mit dem Buddha oder den Buddhas gegeben werden. Das beginnt mit dem intensiven Denken an den Meister und dem ernsthaften Verlangen, ihn wiederzusehen, und darauf folgt die spirituelle Übung, die Gedanken und die Sehnsucht zu visualisieren.

Diese Visualisationen scheinen im Laufe der Zeit zwei Verlaufsrichtungen genommen zu haben: die eine war nominalistisch* und die andere idealistisch. Wir finden diese beiden

* Diesen Begriff, der in der Philosophie seine festen Definitionen besitzt,

Tendenzen in ein und demselben Sūtra wieder, nämlich im *Sapta-shatikā-prajñā-pāramitā-Sūtra*, das im Jahre 503 (Liang-Dynastie) von Man-t'o-lo-hsin ins Chinesische übertragen wurde.* Das Sūtra gehört zur Prajñāpāramitā-Literatur des Mahāyāna und gilt als einer der frühesten Mahāyāna-Texte. Es enthält die Essenz der Prajñāpāramitā-Philosophie, dargelegt vom Bodhisattva Mañjushrī. Als merkwürdig fällt uns an diesem Text auf, daß Nominalismus und Idealismus, die doch einen Gegensatz zu bilden scheinen, hier friedlich nebeneinander bestehen. Ich vermute, daß die nominalistischen Passagen eine spätere Hinzufügung darstellen. Jedenfalls besitzen sie in diesem Sūtra weniger Gewicht als die Idealisierung des Buddha, die ja für alle Prajñā-Texte kennzeichnend ist. In der Eingangspassage spricht Mañjushrī:

> Ich begehre – zum Wohle aller Wesen – den Buddha so zu sehen, wie er ist. Ich sehe den Buddha in seiner Soheit (*tathatā*), Nicht-Andersheit, Unbewegtheit und in seinem Nicht-Handeln. Ich sehe den Buddha als frei von Geburt und Tod, Form und Nicht-Form, von räumlichen und zeitlichen Beziehungen, von Zweiheit und Nicht-Zweiheit, von Befleckung und Reinheit. So gesehen, ist er in seiner Wahrheit gesehen, und dies gereicht allen Wesen zum Wohl.

hier zu verwenden, ist vielleicht keine ganz glückliche, aber die kürzeste Lösung. Ich möchte damit jene Art der Nembutsu-Übung bezeichnen, bei welcher der Name von überragender Bedeutung ist gegenüber allen anderen Erwägungen. Als «Nominalismus» bezeichne ich die Rezitation des Namens, mit der der Samādhi der Einheit beziehungsweise die Wiedergeburt im Reinen Land des Amitābha-Buddha angestrebt wird. «Idealismus» oder auch «Konzeptualismus» bezeichnet demgegenüber die Haltung der Prajñāpāramitā-Philosophen, die den Versuch unternehmen, das Wesen der Wirklichkeit in abstrakten und in allgemeinen negativen Begriffen zu beschreiben.

* Neben dieser Übersetzung gibt es noch zwei spätere, die letzte aus dem Jahr 693.

> Indem [der Bodhisattva] den Buddha auf diese Weise sieht, ist er frei von Anhaften und Nicht-Anhaften, von Ansammlung und Zerstreuung...
> Indem er den Buddha zum Wohle aller Wesen so sieht, haftet sein Geist nicht an der Form aller Wesen. Indem er alle Wesen unterweist, auf daß sie ihren Sinn auf Nirvāna richten, haftet er nicht an der Form des Nirvāna. Während er – zum Wohle aller Wesen – die Vielfalt der Dinge in eine Ordnung bringt, erkennt sein Geist sie nicht [als von individueller Wirklichkeit].

In der wenige Jahre später entstandenen Fassung von Samghapāla lesen wir:

> Buddha fragte: Wünscht du wirklich den Buddha zu sehen? Mañjushrī sagte: Der Dharmakāya des Buddha kann eigentlich nicht gesehen werden. Daß ich komme, den Buddha zu sehen, geschieht zum Wohl aller Dinge. Der Dharmakāya des Buddha ist unausdenklich, er besitzt keine Form, keine Gestalt, er kommt weder, noch entfernt er sich, er ist weder existierend noch nicht-existierend, weder sichtbar noch unsichtbar, er ist so, wie er ist, er ist Wirklichkeits-Grenze. Dieses Licht [das vom Buddha ausstrahlt und denen, die es wahrnehmen können, übernatürliche Kräfte verleiht] ist Prajñāpāramitā, und Prajñāpāramitā ist der Tathāgata, und der Tathāgata ist alle Lebewesen. Und dies ist die Art, in der ich Prajñāpāramitā übe.

In Man-t'o-los Übersetzung wird Prajñāpāramitā definiert als: «grenzenlos, unendlich, namenlos, formlos, jenseits aller Spekulation, ohne Rückhalt, ohne Verankerung, weder anstößig noch heilig, weder verfinsternd noch erleuchtend, weder teilbar noch zählbar... Und wer dies erfährt, von dem sagt man, er habe Erleuchtung erlangt.»

Die hier ausgedrückten Gedanken befinden sich in vollkommener Übereinstimmung mit der Philosophie der übrigen Prajñāpāramitā-Literatur. Der Buddha wird hier mit einer Reihe hochabstrakter Negationen beschrieben. Auch hier scheint die Annäherung an den Buddha nicht über die Worte hinauszugehen, doch immerhin ist er mehr als ein bloßer Name. Gewiß, man wird die Buddhaschaft mit Worten – und seien es noch so viele – nie erfassen, doch daraus läßt sich noch nicht schließen, daß sie durch bloße Wiederholung des Namens zu erlangen ist. Wenn dies aber möglich ist, dann müssen wir den Grund dafür in etwas ganz anderem als diesem abstrakten Negationsprozeß suchen, nämlich in den psychischen Vorgängen, die durch die Rezitation ausgelöst werden. Es ist interessant, diesen Übergang des Denkens vom Konzeptualismus zu psychologischem Realismus zu beobachten. Betrachten wir, was Mañjushrī über das Erlangen der vollkommenen Erleuchtung mit Hilfe des Buddha-Namens sagt.

In der zweiten Hälfte von Man-t'o-los Übersetzung des *Saptashatikā-Prajñāpāramitā-Sūtra* wird von einem *I-hsing*-Samādhi* gesprochen, mit dem man vollkommene Erleuchtung erlangt und allen Buddhas der Vergangenheit, Gegenwart und Zukunft begegnen kann:

* Etwa: «Samādhi der Einen Tat»; Hsüan-tsang übersetzt hier: «Samādhi der Einen Formenreihe». In der noch vorhandenen Sanskritfassung heißt es hier *ekavyūha-samādhi*. Vyūha wird im Chinesischen im allgemeinen mit *chuang-yen* übersetzt, das soviel bedeutet wie «Ausschmückung», «Reihung» oder «in eine Ordnung bringen». Es geht allerdings nicht darum, die Dinge aus dekorativen Gründen in eine Ordnung zu bringen, sondern um die Vielheit, mit der die dürre Abstraktion der Wirklichkeit zu erfüllen ist, und so wäre *chuang-yen* vielleicht mit «Individualisation» oder «Einzeldinge» treffend übersetzt. *Ekavyūha* könnte «ein besonderes Objekt» bedeuten, und *ekavyūha-samādhi* wäre dann ein «Samādhi mit *einem* Gegenstand im Blick».
Der Abschnitt über den *I-hsing*-Samādhi dürfte eine spätere Hinzufügung sein, da er in Samghapālas Übersetzung fehlt. Vermutlich war das Sūtra in seiner älteren Fassung streng von der Prajñāpāramitā-Philosophie geprägt, enthielt noch keine Visualisationsmeditationen und zeigte noch keine nominalistische Tendenz des Denkens.

«Es gibt einen Samādhi der Einheit. Wird dieser Samādhi von Söhnen und Töchtern aus gutem Hause geübt, so werden sie die vollkommene Erleuchtung rasch verwirklichen.»

Mañjushrī sagte: «Gespriesener, was ist dieser Samādhi der Einheit?»

Der Gepriesene sagte: «Das Merkmal der Dharmadhātu ist die Einheit, und da der Samādhi von der Dharmadhātu geprägt wird, nennt man ihn ‹Samādhi der Einheit›. Wollen Söhne und Töchter aus guter Familie in diesen Samādhi eintreten, müssen sie den Darlegungen über Prajñāpāramitā lauschen und dementsprechend üben. Dann nämlich können sie in den Samādhi der Einheit eintreten und werden dadurch die Dharmadhātu in ihrem Aspekt der Nicht-Wiederkehr, der Nicht-Zerstörung, der Unausdenklichkeit, der Nicht-Behinderung und der Nicht-Form verwirklichen.

Wenn Söhne und Töchter aus guter Familie in den Samādhi der Einheit eintreten wollen, so mögen sie sich in der Abgeschiedenheit niedersetzen, alle störenden Gedanken fahrenlassen, sich nicht an Formen und Eigenschaften heften, ihren Geist auf einen Buddha sammeln und sich ganz dem Rezitieren (*ch'eng*) seines Namens (*ming*) hingeben; sie müssen dabei in der richtigen Haltung sitzen, in die Richtung gewandt, in welcher der Buddha sich befindet, und ihn geradewegs anblicken. Wenn ihr Sinn beständig auf diesen einen Buddha gerichtet ist, so werden sie in ihrem Geist alle Buddhas der Vergangenheit, Gegenwart und Zukunft sehen.*

* In Hsüan-tsangs Fassung ist nicht von Rezitation die Rede. Dort heißt es: «Wenn Söhne und Töchter aus guter Familie in den Samādhi der Einheit eintreten wollen, so mögen sie sich an einen abgeschiedenen Ort fern von allen Verstrickungen zurückziehen, um dort mit verschränkten Beinen zu sitzen und an keinerlei Formen zu denken. Mögen sie sich gesammelten Geistes den Namen [des Buddha] vergegenwärtigen und

In diesem Text begegnet uns eine eigenartige Mischung aus Prajñāpāramitā-Philosophie und der Visualisation des Buddha mit Hilfe seines Namens, der gesammelt zu rezitieren ist. Bei Hsüan-tsang finden wir die Betrachtung der Persönlichkeitszüge des Buddha in Verbindung mit der Vergegenwärtigung seines Namens. Zwischen den beiden Versionen besteht ein wesentlicher Unterschied, wie sich bei näherem Hinsehen erweist: Man-t'o-lo spricht lediglich von der Rezitation des Namens und gibt keine Visualisationsanweisungen, stellt dem Übenden jedoch trotzdem in Aussicht, er werde dann alle Buddhas der Vergangenheit, Gegenwart und Zukunft sehen. Und eben das ist es, worauf die Vertreter der Reines-Land-Schule ihre Lehre gründen: nicht Betrachtung oder Visualisation, sondern bloße nominalistische Rezitation.

Im *Pratyutpanna-samādhi-Sūtra* finden wir ebenfalls eine Verschmelzung von Visualisationsmeditation und nominalistischen Tendenzen. Hier erhält der Bodhisattva Bhadrapāla vom Buddha eine Unterweisung über den Pratyutpanna-Samādhi; dabei erscheinen alle Buddhas der Zehn Richtungen vor dem Meditierenden und sind bereit, alle Fragen zu beantworten. Folgende Bedingungen müssen dazu erfüllt sein: 1. Der Meditierende muß einen großen Glauben an den Buddha besitzen; 2. er muß das Äußerste an spiritueller Energie aufbieten; 3. er muß über ein gründliches Verständnis des Dharma verfügen; 4. er muß sich stets an gute Freunde und Lehrer halten. Sind diese Bedingungen erfüllt, so wird der Samādhi ausreifen, und dann – aufgrund der Kraft des Buddha und des Samādhi und der angesammelten Verdienste – erscheinen alle Buddhas vor dem Meditierenden wie Bilder in einem Spiegel.

Am Anfang hört er den Namen des Buddha Amitābha und

seine Person betrachten – in die Richtung gewandt, in welcher er sich befindet, und mit der rechten inneren Haltung. Den Sinn auf diese Weise ohne Unterlaß auf jenen einen Buddha gerichtet, sehen sie alle Buddhas der Vergangenheit, Gegenwart und Zukunft.»

erfährt von seinem Reinen Land. Er vergegenwärtigt sich diesen Namen nicht nur in vollkommener Sammlung des Geistes, sondern kann mit seiner Hilfe auch alle Zeichen der Größe und Erhabenheit des Buddha visualisieren. Diese Übung wird seinen Geist allmählich von allen Unreinheiten befreien, so daß der Buddha sich darin spiegeln kann und Geist und Buddha schließlich eins werden, als betrachtete der Geist sich selbst oder als betrachtete der Buddha sich selbst – jedoch ohne daß der Übende sich dieser Selbst-Identifikation bewußt wäre. Diese Nicht-Bewußtheit ist Nirvāna. Rührt sich auch nur der kleinste Gedanke, so zerbricht diese Identität, und es entsteht Raum für eine ganze Welt voller Verhaftung und Verblendung.

Es ist zweifelhaft, ob das Sūtra der Rezitation des Namens soviel Bedeutung beimißt, wie von den Vertretern der Reines-Land-Schule behauptet wird. Mir scheint, daß die Visualisation eine ebensogroße Rolle spielt wie das Denken an den Namen. Es ist allerdings so, daß unser Bewußtsein Namen braucht, um der Wirklichkeit habhaft werden zu können; auch das objektiv Gegebene gewinnt für uns erst dadurch Wirklichkeit, daß es einen Namen erhält. Erst durch den Namen definiert sich die Beziehung des so Benannten zu anderen Dingen, und erst aufgrund des Namens vermögen wir seinen Wert einzuschätzen. Amitābha bleibt für uns nichtexistent, solange wir ihn nicht namentlich anrufen können – das Benennen ist gewissermaßen eine Schöpfung. Bloße Namen, ohne jeden Hintergrund von Realität, bewirken allerdings wenig: Das Aussprechen des Namens «Wasser» löscht den Durst noch nicht. Wenn wir dazu Wasser visualisieren, so kann damit eine fast schon physiologische Wirkung erzielt werden. Wirklich löschen können wir unseren Durst jedoch nur, wenn wir tatsächlich frisches Wasser vor uns haben und es trinken.

Durch Willen und Imagination kann das innere Bild einen hohen Grad von Wirklichkeitstreue erhalten, aber den Kräften des Menschen sind hier Grenzen gesetzt. Wird diese Grenze erreicht, so kann uns nur noch ein Sprung in den Abgrund weiterbringen, und hier kommt uns nun die Kraft der Buddhas der Zehn Richtungen zu Hilfe.

Shan-tao (gest. 681) war es, der die Visualisationsmeditation, die nominalistische Methode und die Wiedergeburt im Reinen Land zu einem System verband, dessen «Motor» das Nembutsu war, also das beständige, gesammelte Rezitieren des Buddha-Namens. Nach ihm wurde das Visualisieren allmählich aufgegeben, und die Schule des Reinen Landes war nun gänzlich vom Nominalismus beherrscht. Als sie dann als selbständige Schule des Buddhismus nach Japan kam, entwickelte sich das Nembutsu immer mehr von einer stummen zu einer vernehmlichen Rezitation des Buddha-Namens.

Der Übergang vom «Denken an den Buddha» (Idealismus) zur stimmlichen Rezitation (Nominalismus) läßt sich anhand der folgenden Passage aus Tao-ch'os *An-le-chi* nachvollziehen, wo er auf die Frage antwortet, wie das Nembutsu zu üben sei:

> Es ist wie mit einem Mann, der durch die Wildnis wandert und von einem Wegelagerer überfallen wird. Jener bedroht ihn mit dem Schwert, er werde ihn töten, wenn er sich nicht ergebe. Der Reisende wendet sich zur Flucht, erkennt jedoch, daß da ein Fluß vor ihm ist, und überlegt im Laufen: «Wenn ich den Fluß erreiche, soll ich ihn dann wohl angekleidet durchqueren? Zum Ausziehen wird nicht genügend Zeit bleiben. Aber selbst wenn ich mit meinen Kleidern hineinspringe, sind Kopf und Hals nicht sicher vor Angriffen.» In dieser Bedrängnis hat nichts anderes Platz in ihm als der Gedanke, wie er ans andere Ufer gelangen kann. Sein Geist ist ausschließlich darauf gerichtet. So ist es auch mit einem, der das Nembutsu übt. Wenn er an den Buddha Amitābha denkt, so sollte sein Geist ganz davon erfüllt sein, und nichts anderes darf Platz haben in ihm.

Ob er an den Dharmakāya des Buddha denkt (*nien*) oder an seine übernatürlichen Kräfte oder an seine Prajñā oder an das Licht, das von seinem Haarbüschel ausstrahlt, oder an seine körperlichen Züge oder an sein Ur-Gelübde – der Übende möge den Namen des Buddha unaufhörlich und gesammelten Geistes sprechen (*ch'eng*), so daß nichts anderes in ihm Platz hat, dann wird er gewiß im Reinen Land des Buddha wiedergeboren.

In solch einer kritischen Lage ist kein Raum mehr für Reflexionen. Man kann dann nur noch den Namen des Buddha sprechen und hat keine Zeit mehr, an seine Tugenden, Kräfte und Züge zu denken. In diesem Fall kann das Nembutsu nicht mehr sein als ein Shōmyō (*ch'eng-ming*, «Sprechen des Namens»). Denn vom Aussprechen des Namens, von der Rezitation des Nembutsu, wird unser gesamtes Sein absorbiert, und nur noch dies können wir bewußt tun, nichts anderes hat mehr Platz im Bewußtsein.

Shan-tao unterscheidet in seinem Kommentar zum *Meditations-Sūtra* zwei Arten der Nembutsu-Übung, die «eigentliche» und die «gemischte». Die «eigentliche Übung» besteht im gesammelten Denken (*nien*) an den Namen des Buddha Amitābha. Doch auch dieses Denken ist gegenstandslos, wenn es nicht von einem inneren Aussprechen des Namens begleitet ist. Der mentalen Vergegenwärtigung muß also eine Aktivierung der Nerven und Muskeln der Stimmbildung zur Seite stehen. Vermutlich ist «reines Denken» ohne jede Beteiligung der körperlichen Funktionen des Sprechens gar nicht möglich.

Darüber hinaus vertreten die Philosophen der Reines-Land-Lehre die Anschauung, der Name des Buddha Amitābha sei gleichsam ein Behältnis aller Eigenschaften, Tugenden und Kräfte des Buddha wie der Vierfachen Erkenntnis, der Drei Körper, der Zehn Kräfte, der Vierfachen Furchtlosigkeit und anderer. Dies alles, zusammen mit seinen äußerlichen

Zügen und seinem Wirken – dem strahlenden Licht, das von ihm ausgeht, seinen Darlegungen des Dharma, seinen Erlösungstaten und so weiter –, ist im Namen des Buddha Amitābha enthalten. So lesen wir es in einem Werk Hōnens (1133–1212), der als eigentlicher Begründer der Reines-Land-Schule (Jōdo-shū) in Japan gilt. Hier haben sich Philosophie und Psychologie miteinander verbunden und die Nembutsu-Lehre gänzlich auf die Rezitation des Buddha-Namens ausgerichtet.

Genshin (942–1017), einer von Hōnens japanischen Vorläufern, wirft in einem von ihm kompilierten Werk die Frage auf: «Ist der Nembutsu-Samādhi durch bloße Meditation oder durch stimmliche Rezitation zu erlangen?» Die Antwort gibt er mit einem Zitat aus dem *Mo-he-chih-kuan* (*Maka-shikan*) von Chih-che Tai-shih (Chisha Daishi):

> Manchmal gehen Rezitation und Meditation Hand in Hand; manchmal geht Meditation voran, und Rezitation folgt; manchmal kommt Rezitation zuerst und dann erst Meditation. Wenn Rezitation und Meditation in dieser Art beständig aufeinanderfolgen, ohne Unterbrechung, so ist jeder Gedanke und jeder Laut auf Amitābha ausgerichtet.

Hier hat die Bedeutung des laut rezitierten Nembutsu sich noch nicht ganz herausgebildet. Etwas später zitiert Genshin jedoch Huai-kan, eine andere Autorität der Jōdo-Lehre:

> Nach den Worten des *Meditations-Sūtra* hat einer, der in großer Bedrängnis ist, keine Zeit, an den Buddha zu denken. Auf den Rat guter Freunde hin rezitiert er den Namen des Buddha Amitābha, und es ist ihm möglich, diese Rezitation in voller Aufrichtigkeit des Herzens ununterbrochen fortzusetzen. So sollen alle, die in den Nembutsu-Samādhi gelangen wollen, ihre Rezitation hörbar fortsetzen, ohne Unterlaß, und sie werden gewiß den Samādhi verwirkli-

chen und die heilige Versammlung der Buddhas direkt vor sich sehen wie im hellen Tageslicht.

Je lauter ihr den Namen des Buddha rezitiert, desto leichter der Eintritt in den Nembutsu-Samādhi. Ist eure Rezitation nicht laut genug, so kann der Geist leicht abgelenkt werden. Dies findet man bei der Übung jedoch selbst heraus.

Hōnen war es schließlich, der der stimmlichen Rezitation des Buddha-Namens jene Geltung verschaffte, die sie dann in der Jōdo-Schule behalten sollte. Fortan galt diese Rezitation als die wichtigste Übung für alle, die im Reinen Land des Buddha Amida (Amitābha) wiedergeboren werden wollten. Seine Tugenden zu preisen, ihm zu opfern, sich vor ihm niederzuwerfen, über ihn zu meditieren, die Sūtras zu lesen – auch das hatte seinen Wert, doch das Wichtigste war die Rezitation, das «Aussprechen des Namens» (*shōmyō*). Wer beständig hingebungsvoll den Namen spricht – ob er sitzt oder steht, liegt oder geht –, den wird Amida gewiß nach einiger Zeit in sein Land der Glückseligkeit aufnehmen. Und dies, so sagen die Meister der Jōdo-Schule, befindet sich in voller Übereinstimmung mit den Lehren der Sūtras, also mit den Gelübden des Buddha.

Zur Begründung zitiert Hōnen Shan-tao, nach dessen Worten das Nembutsu leichter zu üben ist als jede andere religiöse Praxis. Auf die Frage, weshalb gesammelte Rezitation über die meditative Praxis gestellt wird, antwortet er:

> Weil die Lebewesen vor große Hindernisse gestellt sind und die Welt, in der sie leben, voller unmerklicher Versuchungen ist. Weil ihr Bewußtsein zu verwirrt ist, weil ihr Geist zu unbeholfen ist und zu leicht abschweift. Meditation ist nicht ihre Sache. Sich ihrer erbarmend, rät der Buddha ihnen, sich auf die Rezitation seines Namens zu sammeln, denn wer dies ohne Unterlaß tun kann, der wird gewiß im Land des Amida wiedergeboren.

Hōnen erklärt weiterhin, Denken oder Meditation sei dasselbe wie Rezitation: An den Buddha denken heißt seinen Namen rezitieren, seinen Namen rezitieren heißt an ihn denken. Damit ist das Nembutsu («Des Buddha eingedenk sein») nun gänzlich dem Shōmyō («Aussprechen des Namens») gleichgesetzt, aus Meditation wurde Rezitation. Die Reines-Land-Schule ist nun ganz von etwas durchdrungen, das man als «buddhistischen Nominalismus» bezeichnen könnte: Im Namen ist etwas gegenwärtig, das sich allem begrifflichen Verstehen entzieht.

Ich möchte nun die psychologische Bedeutung dieser Nembutsu-Rezitation und ihre Beziehung zur Kōan-Übung des Zen untersuchen.

DAS SHŌMYŌ UND DIE KŌAN-ÜBUNG

Als die stimmliche Rezitation des Buddha-Namens in der Reines-Land-Schule an die Stelle des «Denkens an den Buddha» trat, geriet die Bedeutung des gläubigen Herzens bei Hōnen und seinen Vorläufern dennoch nicht in Vergessenheit. Über den Buddha und seine Eigenschaften, Tugenden und Kennzeichen zu meditieren, verlangt ein hohes Maß an Sammlung, und die meisten Menschen sind damit überfordert. Die Rezitation des Namens ist in der Tat einfacher.

Der Name Amida vertritt all das, was mit der Vorstellung «Buddha» verbunden ist, und das bezieht sich nicht nur auf den Buddha Amitābha, sondern auf alle Buddhas, die in der buddhistischen Literatur erwähnt werden. Wer diesen Namen ausspricht, begibt sich in die Tiefe des religiösen Bewußtseins der Menschheit. Das bloße Aussprechen bleibt allerdings wirkungslos; es muß aus tiefem Eingedenk-Sein, ernstem Suchen und großem Glauben erwachsen. Und wenn dieser Hintergrund nicht von Anfang an gegeben ist, so muß er im Laufe der Zeit wachsen. Lippen und Herz müssen bei der Übung vollkommen übereinstimmen.

Bei dieser Art von Nembutsu sammelt der Geist sich ausschließlich auf den Namen und nicht auf die Eigenschaften und Attribute des Buddha. Der Name beherrscht das gesamte Bewußtseinsfeld. So lesen wir im «kürzeren» *Sukhāvativyūha*: «Möge er den Namen des Tathāgata Amitāyus hören und diesen so gehörten Namen im Bewußtsein behalten.» Der Name bleibt im Zentrum der Aufmerksamkeit, ist also nicht bloße Lippen-Repetition, sondern eine Äußerung des Herzens. Diese Art des Nembutsu ist zweifelsohne eine große Hilfe für die Sammlung. Die Vergegenwärtigung des Buddha mit allen seinen Attributen ist voller Gefahren, da man hier leicht irgendwelchen Halluzinationen zum Opfer fallen kann. Die stimmliche Rezitation ist ein großer Schritt auf den wahren religiösen Samādhi zu.

Die mit dem Nembutsu verbundene Absicht war, wie wir gesehen haben, großen Veränderungen unterworfen. Anfangs war es die Erinnerung an den Buddha, die Sehnsucht, ihn wiederzusehen, wie er unter seinen Schülern gewirkt hatte – ein ganz natürliches und menschliches Verlangen. Später war es das Mittel, um in das Reine Land eines idealisierten Buddha zu gelangen. Und schließlich ging es bei der ausschließlichen Sammlung auf den Namen darum, das Erbarmen und die Gnade des Buddha zu gewinnen. Für den Meister der Reines-Land-Schule steht diese allmähliche Wandlung in vollkommener Übereinstimmung mit den Lehren des Buddha in den Sūtras, auf welche diese Schule sich beruft.

Wir müssen nun fragen: Hat diese allmähliche Wandlung einen psychologischen Hintergrund? Steht hinter der Rezitation des Namens noch eine implizite Absicht oder nur die ausgesprochene Absicht, den Übenden ins Reine Land zu führen? Auch wenn die Meister sich dieses Umstandes vielleicht nicht bewußt waren – gab es da nicht eine innere Erfahrung, aufgrund derer sie das stimmliche Nembutsu lehrten, anstatt ihre Schüler zum Sūtra-Lesen, zur Meditation und anderen spirituellen Übungen anzuhalten? Wo es um spirituelle und moralische Entwicklung geht, ist die Wirksamkeit der Meditation über den Buddha oder des Lesens seiner Unterweisungen doch schließlich leichter einzusehen als der Nutzen des bloßen Rezitierens seines Namens.

Es ist also zu vermuten, daß die dargestellte Entwicklung der Nembutsu-Rezitation neben den genannten philosophischen und religiösen Gründen noch einen verborgenen psychologischen Hintergrund hatte. Wir werden im folgenden unser Augenmerk auf diesen psychologischen Hintergrund richten, was aber nicht heißen soll, die philosophisch-religiösen Gründe seien von zweitrangiger Bedeutung.

Einen Namen geben heißt unterscheiden. Indem wir unterscheiden, erkennen wir die Wirklichkeit eines einzelnen Objektes an und machen es dem Verstehen und dem Herzen zugänglich. Wird ein Name ausgesprochen, so ist es fast so, als wäre das Angesprochene selbst gegenwärtig, und so war es ganz natürlich, daß das «Denken an den Buddha» sich zum «Aussprechen des Namens» wandelte. Jetzt möchte ich das Augenmerk jedoch auf den merkwürdigen Umstand richten, daß die Formel, in welcher der Name des Buddha ausgesprochen wird, sowohl in China als auch in Japan ihre ursprüngliche Sanskrit-Form beibehalten hat: Die in China und Japan gebräuchlichen Formeln sind Transliterationen und nicht Übersetzungen.

Weshalb wird der Buddha nicht mit einem chinesischen oder japanischen Ausdruck angerufen? *Namu amida butsu* und *Nan wu o mi to fo* sind die japanische und chinesische Lesart von *namo amitābhāya buddhāya*. *Namo* oder *namas* bedeutet «Anbetung», «Verehrung», «Begrüßung»; *amitābhāya buddhāya* bedeutet «dem Buddha des Grenzenlosen Lichts». Übersetzt würde diese Formel im Chinesischen lauten: *Kuei i wu liang kuang fo*. Weshalb, so lautet nun die Frage, sagen die Chinesen etwas anderes als «Verehrung dem Buddha des Grenzenlosen Lichts»?

Die Transliteration der Sanskrit-Formel ergibt weder im

Chinesischen noch im Japanischen einen semantischen Sinn. Sie ist eine Art Dhāranī oder Mantra, das seine ursprüngliche Lautgestalt behält und nicht übesetzt wird. Wird hier nicht Unsinn für etwas eingesetzt, was ursprünglich Sinn hatte, tritt hier nicht Verworrenheit an die Stelle von Klarheit? Wozu ständig dieses «Namu Amida Butsu, Namu Amida Butsu»?

Meiner Ansicht nach dürfen wir den Grund nicht in einer magischen Ausstrahlung des Namens suchen, sondern in der psychologischen Wirkung seiner ständigen Wiederholung. Wo auch immer ein nachvollziehbarer Sinn ist, stellt sich allzu leicht eine endlose Kette von darauf aufbauenden Gedanken und Gefühlen ein: Wir spinnen das Vorgegebene logisch weiter oder verfangen uns im Netz von Vorstellungen und Assoziationen. Um es in buddhistischer Terminologie zu sagen: Der äußere Staub der Unterscheidung legt sich über die ursprünglich klare Oberfläche des inneren Spiegels der Erleuchtung. Werden sinnlose Laute rezitiert, so steht uns der Verstand bald still, da ihm jeder Anlaß zum Abschweifen fehlt. Die Gefahr, daß Einbildungen und Täuschungen sich einstellen, ist geringer.

Es ist also geradezu erwünscht, daß das stimmliche Nembutsu keinerlei nachvollziehbaren Sinn enthält. Die Entwicklung des reflektiven und meditativen Nembutsu zum stimmlichen Nembutsu zeigt vielleicht, daß die Meister dessen gewahr waren; was sie anstrebten, war Sammlung auf die Buddhaschaft selbst und nicht auf die Person des Buddha.

Die Jōdo-Meister legen stets großen Wert auf die innere Haltung, welche die Nembutsu-Übung begleiten sollte: Aufrichtigkeit des Herzens, Glaube und die Sehnsucht nach dem Reinen Land des Buddha Amida. Ohne diese Haltung bleibt das Nembutsu nur allzu leicht kraftlos und leer. Dennoch haben die Meister – in ihrem Bestreben, den leichten Weg zur Erlösung für möglichst viele Menschen begehbar zu machen und die Bedeutung des stimmlichen Nembutsu deutlich herauszuheben – häufig weniger eindringlich von der rechten inneren Haltung gesprochen, so daß viele Anhänger ihrer Schule meinen, es sei mit der Rezitation allein getan.

Das mag zum einen ein Nachteil sein, aber wir müssen uns trotzdem fragen, ob dieses Vorgehen der Meister nicht auch etwas enthält, wodurch es gerechtfertigt wird. Eindeutig geht es vor allem um das Nembutsu, und wenn die Meister die Bedeutung der subjektiven Voraussetzungen betonen, so ist es ihnen darum zu tun, die Kraft und Wirksamkeit des Nembutsu aufs Äußerste zu steigern. Man könnte der Ansicht sein, wenn ein Mensch diese Voraussetzungen erfülle, wenn er also die rechte innere Haltung habe, sei es doch gleichgültig, ob er die Sūtras liest, sich niederwirft, meditiert oder das Nembutsu rezitiert. Aber da sind die Lehrer der Jōdo-Schule anderer Meinung und beharren auf dem «Namu Amida Butsu» als der wichtigsten Übung, neben der alle anderen zweitrangig sind. Das «Namu Amida Butsu» ist also letztlich entscheidend für die Wiedergeburt im Reinen Land.

Das aber ist nur möglich, wenn das laut rezitierte Nembutsu im Bewußtsein des Übenden auf irgendeine verborgene Weise wirksam wird. Wenn durch viele Wiederholungen des Buddha-Namens ein bestimmter Bewußtseinszustand erreicht wird, so ist es, als ergriffe der Buddha selbst den Geist, wodurch der Übende Gewißheit über sein künftiges Schicksal erlangt. War es das, was Shan-tao, Hōnen und andere Lehrer der Jōdo-Schule meinten?

Große Jōdo-Lehrer wie Shan-tao, Tao-ch'o und Huai-kan nennen zwei Wege zur Wiedergeburt im Reinen Land, nämlich erstens die Rezitation des Namens und zweitens verdienstvolles Handeln anderer Art, und sie ziehen das erstere vor, da es nach ihrer Ansicht besser mit den Lehren der Sūtras übereinstimmt; außerdem setzen sie «denken an» und «meditieren über» mit «aussprechen» gleich und sagen, an den Buddha denken sei dasselbe wie seinen Namen sagen. Die Frage lautet nun: Finden sie die Gründe für solche Anschauungen in der Logik oder in der Psychologie? Logisch gesehen ist das Denken an ein Ding nicht dasselbe wie das Aussprechen eines Namens. Das Denken ist unabhängig vom Aussprechen des Namens, insbesondere wenn der Geist in meditative Betrachtung eines Objektes der Verehrung versunken ist. Das Denken von abstrakten Ideen andererseits fällt uns leichter, wenn wir etwas Konkretes, wie etwa eine graphische Darstellung, zur Hand haben oder die Namen der Dinge innerlich oder laut aussprechen. Aufgrund dieser psychologischen Tatsache gelangten die Jōdo-Lehrer wohl zu der Anschauung, das Denken an den Buddha sei mit dem Aussprechen seines Namens identisch.

So lesen wir in Huai-kans Kommentar zu einer Passage aus dem *Tai-chi yüeh-tsang Ching*:* «Durch großes Denken sieht man einen großen Buddha, durch kleines Denken einen kleinen Buddha. Großes Denken ist das laute Rufen des Buddha, kleines Denken das leise.» Je mehr Stimme wir in die Rezitation legen, desto tiefer wird unsere Sammlung sein und desto größer die Wirksamkeit des Nembutsu.

Abgesehen von allen Erklärungen, die hierzu gegeben wurden, muß diese Gleichsetzung von Denken und Aussprechen wohl auf einer Erfahrung beruhen. Wir finden uns hier an die Zen-Psychologie erinnert, worin die Übungsanweisung lautet: «Wu, Wu den ganzen heutigen Tag und abermals Wu, Wu den ganzen morgigen Tag.»** Daher die Anweisung, das Nembutsu den ganzen Tag lang zu sprechen oder zu bestimmten Zeiten jeden Tag oder zehntausend-, fünfzigtausend-, ja hunderttausendmal am Tag. In Kyōto gibt es einen Jōdo-Tempel, der «Eine Million Mal» heißt, und damit sind Nembutsu-Rezitationen gemeint. Wenn der Buddha-Name zehn- oder zwanzigtausendmal hintereinander gesprochen wird, so läuft die Übung schließlich von selbst, ohne bewußtes Bemühen und ohne einen Gedanken an die drei

* *Chandra-garbha*, ins Chinesische übertragen von Narendrayashas, 550–577.

** In einem von Kung-ku Lungs Briefen.

Faktoren der Hingabe, also an die rechte innere Haltung. Soll diese Mechanisierung etwa das Mittel für die Wiedergeburt im Reinen Land sein? Braucht der Übende sich nicht um die Vertiefung seines Glaubens und seiner Hingabe zu bemühen? Erzeugt dieses ständige Aussprechen sinnloser Laute eine Gewißheit in seinem Bewußtsein, die ihn an der Wiedergeburt im Reinen Land oder an seiner Erlösung durch Amidas Gnade nicht mehr zweifeln läßt?

Wenn das Nembutsu zur Rezitation einer Dhāranī wird, die keinerlei intellektuellen Inhalt besitzt, so wird daraus ein Zustand des Nicht-Bewußtseins entstehen – alle oberflächlichen Ideen und Gefühle sind wie weggewischt. Das ist zugleich auch ein Zustand der Unschuld, denn es gibt keine Unterscheidung von gut und böse mehr; aus diesem Grund können die Jōdo-Lehrer sagen, das Nembutsu tilge alle Sünden ungezählter früherer Leben.

Die unaufhörliche Rezitation des «Namu Amida Butsu»* hat eine Parallele im Sufismus, der islamischen Mystik; R. A. Nicholson schreibt in seinem Buch *Studies in Islam Mysticism*, die Wiederholung des Namens «Allah» sei eine «von moslemischen Mystikern geübte Methode, *fana* zu erzeugen, das Abrücken vom Ich oder, wie Pascal sagt: ‹*Oubli du monde et de tout hormis Dieu.*›»**

Trotz aller Versicherungen, die uns die Sūtras und die Lehrer der Jōdo-Schule geben, läßt sich kaum einsehen, weshalb die bloße Wiederholung des «Namu Amida Butsu» eine Wiedergeburt im Reinen Land bewirken soll – es sei denn, die ständige Wiederholung erzeugte eine Bewußtseinsveränderung, aufgrund derer der Übende die Verwirklichung selbst erlangt. Ist diese Verwirklichung nicht das, was «Nembutsu-Samādhi» oder «Samādhi der Einheit» (*ekavyūha*) genannt wird?

* Die tatsächliche Aussprache klingt etwa wie *nam man da bu, nam man da bu* . . .

** S. 7–9.

In seinem *An-le-chi* (jap. *Anrakushu*) trägt Tao-ch'o aus verschiedenen Sūtras Passagen zu diesem Samādhi zusammen. Seine Absicht ist zu beweisen, daß der Samādhi das geeignete Mittel ist, den Übenden die Gegenwart aller Buddhas der Vergangenheit, Gegenwart und Zukunft erfahren zu lassen. Was aber nützt der Anblick aller Buddhas und das damit verbundene Erlösungsversprechen, wenn die Präsenz der Buddhas nicht eine *innere* Verwirklichung darstellt? Dem Anblick der Buddhas muß also eine innere Erfahrung entsprechen, und auf die kommt es an, wenn es um Erlösung oder Erleuchtung geht.

In einem Sūtra, dessen japanischer Titel *Bosatsu Nembutsu Sammai* (= *samādhi*) *Kyo* lautet, werden detallierte praktische Anweisungen zur Übung des Nembutsu und zum Eintritt in den Nembutsu-Samādhi gegeben. Nach den Worten dieses Textes soll der Samādhi offenbar zur vollkommenen Erleuchtung führen. Auch hier wird der Übende angehalten, das Nembutsu zu rezitieren, um alle Buddhas der Vergangenheit, Gegenwart und Zukunft von Angesicht zu Angesicht zu sehen, doch scheint dieses Sehen mehr zu beinhalten, als man vorher erwartet: Tritt man nämlich in den Samādhi ein, so sieht man die Buddhas anders, als man sich je hätte vorstellen können.

Hōnen zitiert in seinem Werk *Senjakushu* aus einem Buch mit Biographien großer Vertreter der Jōdo-Schule, worin berichtet wird, wie der Samādhi sich bei Shan-tao auswirkte. Offenbar bringt er eine Art hellseherische Fähigkeit mit sich, die spirituelle Verfassung anderer zu erkennen. Shan-tao, so heißt es hier, habe um die vergangenen Leben seines Lehrers Tao-ch'o, aber auch um dessen Wiedergeburt im Land von Amida gewußt.

Wenn der Samādhi nicht weiter führt als bis zu solchen Wunderkräften, so müssen wir wohl sagen, hat er wenig mit spiritueller Entwicklung und Befreiung zu tun. Es muß also noch etwas anderes in diesem Nembutsu-Samādhi geben.

Die Lehrer der Reines-Land-Schule haben zu sehr an die Wiedergeburt nach dem Tode gedacht, die psychologische Wirkung des unablässig rezitierten «Namu Amida Butsu» jedoch zu wenig beachtet. Sie haben sich zu bereitwillig damit abgefunden, daß es in diesem Zeitalter des Niedergangs zu schwer sei, den reinen Buddhismus zu praktizieren; sie haben allzu viel Gewicht auf die Wiedergeburt und den leichten Weg gelegt.

Es war Shinran, der diese Gedanken konsequent zu Ende dachte und im Nembutsu nur noch die bloße Nennung des Namens sah. Außer dem absoluten Vertrauen auf den Buddha Amida bedarf es keinerlei Strebens, keines Erleuchtungsverlangens des Übenden mehr. Das Aussprechen des Buddha-Namens, so lesen wir, «bedeutet nicht, daß man still über den Buddha meditiert oder intensiv an ihn denkt, sondern einfach nur, daß man seinen Namen ausspricht». Dennoch nehme ich nicht an, daß all diesen Lehrern die psychologische Dynamik des Nembutsu gänzlich entging.

DAS ZIEL DER NEMBUTSU-ÜBUNG

Unsere Frage lautet: Ganz abgesehen vom Inhalt des Samādhi – was ist das eigentliche Ziel des Nembutsu, Wiedergeburt im Reinen Land oder der Samādhi selbst? Oder ist der Samādhi eine Art Vorgeschmack auf die Wiedergeburt? So weit ich sehe, lassen die Jōdo-Lehrer uns darüber im unklaren. Aber vielleicht könnte man sagen: Der Samādhi ist der subjektive oder psychologische Aspekt der Nembutsu-Übung, während die Wiedergeburt ihren objektiven oder ontologischen Aspekt darstellt.

Dann wären der Samādhi und die Wiedergeburt ein und dasselbe, nur aus verschiedenen Blickwinkeln betrachtet; da jedoch der Samādhi in diesem Leben erlangt wird, während Wiedergeburt nach dem Tode stattfindet, ist diese Gleichsetzung in einem ganz spezifischen Sinne gemeint; die Wiedergeburt ist dabei nämlich nicht als objektives oder zeitliches Ereignis zu betrachten, sondern als subjektive Gewißheit über etwas, das ohne jeden Zweifel eintreten wird. Dann wäre mit Wiedergeburt so etwas wie spirituelle Auferstehung gemeint, und das läßt sich durchaus dem Samādhi gleichsetzen.

Diese Auffassung finden wir bestätigt im *Anjin Ketsujōshō*, dem Werk eines unbekannten Autors, das eines der bedeutendsten Bücher über die Jōdo-Lehre ist. Der Samādhi, so heißt es hier, festigt den Glauben an Amidas Gelübde, und dieser Glaube ist ja entscheidend für das künftige Geschick dessen, der das Nembutsu übt. Der Eintritt in den Samādhi geschieht dann, wenn der Geist des Übenden so vollkommen mit Amidas Geist verschmolzen ist, daß alles Bewußtsein von Dualität ausgelöscht wird. Der Samādhi selbst ist also die Wiedergeburt, in der wir dem Buddha Amida von Angesicht zu Angesicht begegnen.

Im *Meditations-Sūtra* lesen wir:

> Der Buddha sprach zu Ānanda und Vaidehī: «Nachdem ihr jene gesehen habt, sollt ihr an den Buddha denken. ‹Wie aber?›, werdet ihr fragen. Jeder Buddha-Tathāgata hat seinen Körper in der spirituellen Welt (*dharmadhātu*) und gelangt in den Geist jedes empfindenden Wesens. Daher denn: Wenn ihr an den Buddha denkt, so erlangt euer eigener Geist die zweiunddreißig Zeichen der Erhabenheit und die achtzig Zeichen der Vortrefflichkeit. Dieser Geist verwandelt sich in Buddha-Geist, er ist nichts anderes als der Buddha selbst. Der Ozean des wahren All-Wissens der Buddhas entspringt in deinem eigenen Geist und Denken. Aus diesem Grund sollt ihr euch mit Entschlossenheit und Sammlung der Meditation über den Buddha-Tathāgata widmen, denn er ist ein Arhat und ein voll Erleuchteter.

Im *Pratyutpanna-samādhi-Sūtra*,* einem der wichtigsten Quellentexte der Jōdo-Lehre, finden wir:

«Zum anderen, Bhadrapāla, wenn ein junger Mann von edler Erscheinung seine eigenen Züge zu sehen wünscht, seien sie häßlich oder schön, so nimmt er ein Gefäß mit feinem Öl oder reinem Wasser oder hält sich einen Kristall oder Spiegel vor. Wenn irgendeines dieser vier Dinge ihm sein Spiegelbild zurückwirft, so weiß er, wie er aussieht, häßlich oder schön. Glaubst du, Bhadrapāla, was dieser Mann sieht, sei schon vorher dagewesen in einem dieser vier Dinge?»
Bhadrapāla antwortete: «Nein, Gepriesener.»
«Ist es dann als eine Nicht-Wesenheit zu betrachten?»
«Nein, Gepriesener.»
«Soll man denken, es sei in diesen Dingen?»
«Nein, Gepriesener.»
«Soll man denken, es sei außerhalb dieser Dinge?»
«Nein, Gepriesener. Da Öl und Wasser und Kristall und Spiegel klar und rein sind, frei von Schmutz und Staub, so spiegeln sie ein Bild wider, wenn ein Mensch sich vor sie hinstellt. Das Bild kommt nicht aus den spiegelnden Dingen, noch dringt es von außen in sie ein, noch ist es dort schon vorhanden, noch wird es dort gemacht. Das Spiegelbild kommt nirgendwoher und verschwindet nirgendwohin; es ist nicht Geburt und Tod unterworfen; es hat keine feste Wohnstatt.»
Als Bhadrapāla dies geantwortet hatte, sagte der Buddha: «Es ist fürwahr so, wie du sagst, Bhadrapāla. Wenn die

* Auch *Bhadrapāla Bodhisattva Sūtra*, weil Bhadrapāla hier der Gesprächspartner des Buddha ist. Es existiert in vier chinesischen Übersetzungen, deren erste, von Chih Lou-chia-ch'ien, aus dem Jahre 179 stammt. Die englische Fassung orientiert sich an Jñānaguptas Übersetzung aus dem Jahre 586, da diese leichter verständlich ist, während die erstgenannte Übersetzung bei den Anhängern der Jōdo-Schule besser bekannt ist.

Dinge klar und rein sind, spiegeln sie das Bild wider, einfach so. So auch der Bodhisattva. Wenn er mit gesammeltem Geist über die Buddhas meditiert, sieht er sie; sind sie ihm einmal erschienen, so bleiben sie bei ihm; und bei ihm bleibend, legen sie ihm die Dinge dar, die er zu verstehen wünscht. So erleuchtet, ist er voll Freude und sinnt: Woher kommen die Buddhas? Und wohin verschwindet mein Körper? Und in dieser Art sinnend, wird er sehen, daß alle Tathāgatas nirgendwoher kommen und nirgendwohin gehen. So ist es auch mit seinem eigenen Körper; er kommt keinen bestimmten Weg, und wie kann es da ein Zurückkehren irgendwohin geben?

Und wiederum sinnt er: Diese dreifache Welt besteht nur aufgrund des Geistes. Gemäß den eigenen Gedanken sieht man sich in seinem eigenen Geist. Daß ich jetzt den Buddha sehe, geschieht aus meinem eigenen Geist; mein Geist wird der Buddha; mein Geist ist selbst der Buddha; mein Geist ist selbst der Tathāgata. Mein Geist ist mein Körper, mein Geist sieht den Buddha. Der Geist erkennt nicht sich selbst, der Geist sieht nicht sich selbst. Wo sich Gedanken erheben, da ist Nirvāna. Die Dinge haben keine Wirklichkeit in sich selbst, sie erstehen aufgrund des Denkens und der Gesetze des bedingten Entstehens. Wenn das Denken verschwindet, so verschwindet auch der Denkende. Du mußt wissen, Bhadrapāla, daß alle Bodhisattvas durch diesen Samādhi große Erleuchtung erlangten.

Betrachten wir den Nembutsu-Samādhi aus dieser Perspektive des absoluten Idealismus, so läßt sich sagen, daß dieser Samādhi und der absolute Glaube an den Buddha und die Gewißheit einer Wiedergeburt im Reinen Land ein und dasselbe psychologische Geschehen umschreiben – und dieses psychologische Geschehen ist die Grundlage der Jōdo-Lehre.

Hōnen sagt in seinem Kommentar zum *Meditations-Sūtra*, bei der Nembutsu-Übung müsse man sein wie ein Mensch, der alle Sinne verloren hat, oder wie ein Taubstummer oder wie ein Tor: Ausschließlich auf die Nembutsu-Übung ausgerichtet, spricht man den Namen des Buddha Tag und Nacht, im Sitzen und Stehen, im Liegen und Gehen, einen Tag lang, zwei Tage lang, wochen-, monate- oder sogar jahrelang. Wird die Übung in dieser Weise fortgeführt, so wird man gewiß eines Tages in den Samādhi eintreten, und das Dharma-Auge wird sich öffnen, und man wird eine Welt schauen, die alles Denken und alle Vorstellung gänzlich übersteigt. Dies ist «ein Reich der Wunder, wo alles Denken aufhört und alle Vorstellungen weggefegt werden – vollkommene Übereinstimmung mit einem Samādhi-Zustand».

Im Samādhi-Zustand erfährt der Glaube des Übenden volle Bestätigung. Im *Anjin Ketsujōshō* lesen wir: «Der Körper wird ‹Namu Amida Butsu›, und der Geist wird ‹Namu Amida Butsu›.» Ist das nicht eben der Bewußtseinszustand, der sich auch bei der Kōan-Übung einstellt?

Die von den Jōdo-Lehrern aufgestellte Behauptung, die Rezitation des Nembutsu sei der leichteste Erlösungsweg, beruht natürlich auf dem Gelübde des Buddha Amida, das all denen die Wiedergeburt im Land der Glückseligkeit verspricht, die im tiefen Glauben an die Erlösung seinen Namen sprechen. Um diese Lehre noch zu festigen und ihr Nachdruck zu geben, beschreiben die Lehrer in glühenden Farben die Schönheit des Reinen Landes, während sie andererseits nicht müde werden, das Elend und Grauen dieser Welt und die Verblendung und Sündhaftigkeit ihrer Bewohner zu schildern. Wer Hilfe von dieser Lehre erwartet, muß deshalb hingebungsvoll und unablässig das «Namu Amida Butsu» rezitieren. Und dabei kann sich die Motivation allmählich verlagern: Der Wunsch, ins Reine Land zu gelangen, verliert allmählich an Gewicht, und nun zählt nur noch die tägliche gesammelte Übung. Und selbst wenn die Sehnsucht nach dem Reinen Land bestehenbleibt, wird die psychische Dynamik des Unbewußten sich allmählich verselbständigen und unabhängig werden von jenem Ereignis, das am Ende des physischen Lebens eintreten soll: Das nahe Geschehen nimmt auf die Dauer unsere Aufmerksamkeit doch mehr in Anspruch als das ferne.

So sammelt man sich immer mehr auf das Nahe, die Übung, und wenn diese Sammlung ihren höchsten Grad erreicht hat, kommt es zum intuitiven Erfassen mystischer Wahrheiten wie dieser: Wiedergeburt ist Nicht-Geburt; an den Buddha denken heißt keinen Gedanken hegen; jeder Augenblick ist der letzte; dieser Geist ist nichts anderes als der Tathāgata selbst; wenn der Körper auch dieser Welt angehört, so schweift der Geist doch frei durchs Reine Land; dieser Körper, so, wie er ist, ist von derselben Art wie Buddha Maitreya, und so weiter. Aussagen dieser Art sind für Jōdo nicht gerade typisch, passen in gewisser Weise nicht zu seinem «Realismus», doch sie sind vorhanden, und das ist gewiß auf die Psychologie der Nembutsu-Übung zurückzuführen.

Im Shin-Zweig der Reines-Land-Schule gilt der Glaube als die einzige Vorbedingung für die Wiedergeburt im Land Amidas. Es bedarf eines absoluten Vertrauens in die Weisheit des Buddha, die alle menschliche Vorstellung übersteigt. Daher lesen wir in den Werken der Jōdo-Shin-Schule: Baue in vollkommenem Glauben auf die Wunder wirkende Weisheit Amidas, und er wird dich sogleich annehmen; du brauchst nicht auf den letzten Augenblick zu warten, da die Buddhas dir zum Willkommen entgegentreten; du brauchst dir auch keine angstvollen Sorgen zu machen um dein Geschick nach dem Tode, ob dir die Hölle bestimmt sei oder nicht. Nicht mehr ist von dir verlangt, als alle Gedanken über dich selbst fahrenzulassen und dein bedingungsloses Vertrauen dem Buddha zu schenken, denn er weiß am besten für dein Wohl zu sorgen. Du brauchst nicht in Sorge zu sein um deine letzte Stunde, da du dich von diesem irdischen Leben verabschieden mußt. Bist du im Leben von einem weisen Lehrer unterwiesen worden und hast auch nur einen Gedanken des Vertrauens zum Buddha in dir erweckt, so war dieser Augenblick des Erwachens schon dein letzter Augenblick auf dieser Erde. Wenn im Vertrauen auf Amidas Ur-Gelübde das «Namu Amida Butsu» auch nur einmal gesprochen wird, so kannst du gewiß sein, daß du in seinem Lande wiedergeboren wirst – denn dieses glaubende Herz *ist* die Wiedergeburt.

Doch wie erlangt man dieses glaubende Herz, das einen von derselben Art sein läßt wie ein voll Erleuchteter, wie Maitreya-Buddha? Nur den Lehrern zu lauschen, wird nicht genügen. Das bloße Sagen des Nembutsu auch nicht. Wie kommt man zu diesem absoluten Glauben, der in seinem Wesen offenbar dasselbe ist wie Erleuchtung? Wie kommen wir zur Gewißheit der Wiedergeburt? Und wie zur Freiheit von allen Zweifeln über unser künftiges Geschick?

Es muß ein bestimmter Bewußtseinszustand in uns geweckt werden, der unser Vertrauen bestärkt und bestätigt. Denkend, die Sūtras lesend, den Weisen und Erleuchteten zuhörend, werden wir dieses Bewußtsein nicht in uns wachrufen. Es muß zu einer intuitiven Schau der Wahrheit kommen, und das ist ein Hingeben des Ich an Amidas Ur-Gelübde. Das ist der Augenblick, da das «Namu Amida Butsu» ganz aus der Tiefe des Herzens dringt. Und das meinen die Shin-Lehrer wohl, wenn sie sagen: «Sprich den Namen einmal, und du bist erlöst.»

DIE MYSTIK DES NEMBUTSU

Wenn wir das Nembutsu so auffassen, verstehen wir auch Ippen,* wenn er sagt:

* 1229–1289. Der Begründer des Ji-Zweiges der Reines-Land-Schule. Seine *Worte-Aufzeichnung* ist voll von mystischen Gedanken.

Wiedergeburt ist das erste Erwachen des Denkens, und das setzt voraus, daß da jemand ist, in dem ein Gedanke erwacht. Das «Namu Amida Butsu» selbst ist die Wiedergeburt, und diese Wiedergeburt ist Nicht-Geburt. Diese Verwirklichung nenne ich einstweilen «das erste Erwachen des Denkens». Ist man versunken in den Buddha-Namen, welcher jenseits der Zeit ist, so ist das eine Wiedergeburt, die keinen Anfang und kein Ende kennt.

Manchmal wird unterschieden zwischen dem letzten Augenblick des Lebens und dem alltäglichen Leben, doch diese Lehre beruht auf verwirrtem Denken. Im «Namu Amida Butsu» ist kein letzter Augenblick, kein alltägliches Leben; es ist eine Wirklichkeit, die durch alle Zeit bleibt, was sie ist. Das menschliche Leben aber ist eine Reihe von Augenblicken zwischen einem Einatmen und einem Ausatmen, und deshalb ist eben jener Augenblick des Denkens der letzte Augenblick des Lebens. Dann aber ist jeder Gedanken-Augenblick der letzte Augenblick, und jeder Augenblick ist eine Wiedergeburt.

Diese Aussagen Ippens werden uns klarer werden, wenn wir noch die folgenden Zitate hinzunehmen:

Wenn dein Geist (oder Bewußtsein) ausgelöscht wird, indem du «Namu Amida Butsu» sagst, so ist dies der rechte Gedanke für den letzten Augenblick.

Da ist nur der Buddha-Name, und darüber hinaus ist da keiner, der ihn spricht, noch ist da einer, der damit angesprochen wird. Da ist nur der Buddha-Name, und darüber hinaus gibt es keine Wiedergeburt. Alle Dinge sind Kräfte, die im Körper des Buddha-Namens enthalten sind. Daher: Wenn du, das «Namu Amida Butsu» sprechend, alle Dinge als ungeboren erfährst und dein gewöhnliches Bewußtsein vollkommen ausgelöscht ist, so ist ein erster Gedanke, der dann erwacht, der rechte Gedanke deines letzten Augenblicks, denn dies ist nichts anderes als der Erleuchtungsgedanke, ist «Namu Amida Butsu».

Sei lieber vom Namen besessen, als daß du den Namen besitzt. Alle Dinge sind eines Geistes, doch dieser Geist manifestiert sich nicht durch sich selbst. Das Auge kann sich nicht selbst sehen, das Holz kann sich nicht selbst verbrennen, wenn es auch seiner Natur nach brennbar ist. Doch halte dir einen Spiegel vor, und das Auge kann sich selbst sehen, und dies ist das besondere Vermögen des Spiegels. Es ist der Spiegel, den ein jeder von uns besitzt, und man nennt ihn den Großen Spiegel der Erleuchtung; er ist der Name, der von allen Buddhas schon verwirklicht wurde. Sieh denn also dein eigenes Ur-Angesicht im Spiegel der Erleuchtung. Lesen wir nicht im *Meditations-Sūtra*, es sei wie das Sehen des eigenen Gesichts im Spiegel?

Holz brennt, wenn es von Feuer entflammt wird, und das Feuer, das brennt, ist eben das Feuer, das dem Holz von Natur aus innewohnt. Durch das Zusammenwirken innerer und äußerer Ursachen treten also die Dinge ins Dasein. Wenn wir auch alle mit Buddha-Wesen begabt sind, so verbrennt dieses innewohnende Buddha-Wesen doch nicht unsere Leidenschaften – bis es sich an der alles übersteigenden Weisheit, am Namen, entzündet. Die Jōdo-Schule lehrt: Um etwas zu erlangen, muß man sich davon entfernen. Dies hat man sich in diesem Zusammenhang vor Augen zu halten.

«Namu Amida Butsu» ist, wie wir schon sagten, eigentlich nicht der Name, sondern enthält noch etwas mehr, denn *namu* (Skrt. *namas*) bedeutet «Anbetung», «Verehrung», «Begrüßung». Für gewöhnlich nimmt man jedoch die ganze Formel als den Namen und schreibt ihr das wunderbare Wirken zu. Die Meister der Jōdo-Schule haben ihren philosophischen Scharfsinn an diesem Gegenstand erprobt, doch sonderbarerweise sagen sie wenig über die psychologische Seite der Erfahrung. Vielleicht hat dieses Schweigen mit ihrer Auffassung von Amida zu tun, die im Grunde ontologisch ist. Wenn jedoch gesagt wird, daß allein der Name existiert, daß also der Dualismus zwischen dem, der den Namen rezitiert, und dem, der damit angesprochen wird, verschwindet, so ist das eine Aussage, die auf mystischer Erfahrung beruht und nicht das Ergebnis metaphysischer Spekulation ist. Die Erfahrung, die aus der Rezitation des Namens erwächst, ist von gleicher Art wie jene, die sich in der Kōan-Übung einstellt. Wenn der objektive Aspekt der Erfahrung metaphysisch interpretiert wird, so wird der Name objektiviert und Amida ist absolute «Kraft des Anderen»; wird die Erfahrung jedoch von einem Zen-Schüler gemacht, so wird er ihr eine durch und durch idealistische Interpretation geben.

Im *Anjin Ketsujōshō* finden wir ähnliche mystische Gedanken wie bei Ippen:

> Da keinen Augenblick ein Unterschied besteht zwischen dem, der «Namu» sagt, und Amida Butsu selbst, ist jeder Gedanke, den er hegt, «Namu Amida Butsu». Keiner seiner Atemzüge ist jemals auch nur für einen Augenblick getrennt von dem, was der Buddha ist; sein ganzes Sein ist die Substanz des «Namu Amida Butsu» ... Erfaßt er den Sinn des Nembutsu-Samādhi, so sind sein Körper und sein Geist «Namu Amida Butsu».
> ... Das Ur-Gelübde [des Buddha Amida] ist ein Akt, in dem Name und Substanz verschmolzen sind, und so enthält der Name selbst die Essenz der Erleuchtung; da er also die Essenz der Erleuchtung *ist*, so bedeutet er Wiedergeburt für alle Wesen der zehn Weltgegenden.

Es liegt etwas Psychologisches in den metaphysischen Aussagen der Jōdo-Lehrer, ob sie sich dieses Umstandes bewußt sind oder nicht. Psychologie ist in der Religion gewiß nicht alles, aber sie bildet ihr Fundament. Und so finden wir selbst in der Shin-Lehre, wo der Glaube zum Grundprinzip gemacht wird, viele Aussagen, vor allem von Shinran, die nur dann zu verstehen sind, wenn wir sie vor dem Hintergrund seiner mystischen Erfahrung betrachten.

Wenn er etwa sagt, daß der Name und das Ur-Gelübde jenseits allen menschlichen Verstehens identisch sind, so beruft er sich dabei auf die Lehren des Buddha selbst. Die Argumentation ist keineswegs kompliziert, doch wie finden wir eine Bestätigung im Glauben? Die Shin-Meister mahnen immer wieder, sich nicht auf Gelehrsamkeit und Verstandeserkenntnis zu verlassen; aber wie – das heißt: kraft welcher Autorität – sollen wir all das annehmen, was uns da gesagt wird? Wenn Argumente nicht zählen, so muß sich ein bestimmter psychischer Zustand einstellen, der uns «Ja» sagen läßt zu dem, was nur geglaubt, nicht aber gewußt werden kann. Weshalb müssen wir nicht nur an das Ur-Gelübde Amidas glauben, sondern auch noch seinen Namen sprechen? Vielleicht ist das Aussprechen der Glaube und der Glaube das Aussprechen, doch diese Gleichsetzung kann nicht durch logisches Schlußfolgern gewonnen werden, sondern muß aus Erfahrung erwachsen.

> Das Gelübde und der Name sind nicht zwei verschiedene Dinge, denn da ist kein Name getrennt vom Gelübde und kein Gelübde getrennt vom Namen. Selbst für diese Aussage bedarf es des menschlichen Verstehens. Wenn du – in dem Glauben, daß das Gelübde jenseits des Verstehens ist und der Name jenseits des Verstehens ist – in der Ungeteiltheit des Denkens den Namen sprichst, was bedarf es da noch deines Verstehens?*

Der Glaube allein scheint ausreichend zu sein für die Wiedergeburt im Reinen Land oder in der Erleuchtung; weshalb also

* Aus einer Sammlung von Briefen Shinrans, die den Titel *Mattōsho* trägt.

wird das Aussprechen des Namens als so wesentlich angesehen? Es wird gesagt, es gebe kein Aussprechen des Namens getrennt vom Glauben und kein Glauben gesondert vom Namen. Dennoch, weshalb wird dem Namen soviel Bedeutung beigemessen? Weshalb ist «Namu Amida Butsu» so wesentlich für die Bestätigung des Glaubens?

Bevor man sagen kann, daß der Sinn des Namens darin besteht, daß er keinen Sinn hat, weil er eben die Relativität menschlichen Erkennens transzendiert, muß einmal *erfahren* worden sein, daß dem wirklich so ist. «Namu Amida Butsu» ist demnach eigentlich ein Kōan, das einem Jōdo-Schüler gegeben wird. Eines Tages erschließt sich ihm das Geheimnis des Namens, während er ihn spricht, und in diesem Augenblick erhält er den Schlüssel zum Schatz des religiösen Bewußtseins.

> Das Ur-Gelübde Amidas sagt, daß er jeden im Lande der Glückseligkeit willkommen heißen wird, der seinen Namen in absolutem Vertrauen spricht. Wohl denen, die den Namen sprechen. Ein Mensch mag den Glauben haben, doch wenn er den Namen nicht spricht, richtet dieser Glaube nichts aus. Ein anderer mag in tiefer Sammlung den Namen sprechen, doch ist sein Glaube nicht tief genug, gelangt er nicht zur Wiedergeburt. Der aber, der fest an die Wiedergeburt durch das Nembutsu glaubt und den Namen spricht, wird ganz gewiß wiedergeboren in dem Land, wo er den Lohn für seine Mühe ernten wird.*

Keine Wiedergeburt ohne Glauben – das ist ohne weiteres einzusehen; aber wozu dieses Aussprechen des Namens? Um in das Geheimnis einzudringen, das die transzendente Weisheit aller Buddhas darstellt, müssen wir die Tiefe unseres eigenen Seins ergründen, und nach der Jōdo-Lehre ist das «Namu Amida Butsu» das Mittel dazu.

* Ebenda.

ERFAHRUNG UND THEORIEBILDUNG

Alle Religion gründet in mystischer Erfahrung; der metaphysische und theologische Überbau würde augenblicklich einstürzen ohne dieses Fundament. Darin unterscheidet Religion sich von Philosophie. Alle philosophischen Systeme werden eines Tages in Trümmern liegen, doch die Religiosität ist in der Erfahrung ihrer tiefen Mysterien niemals auszuschöpfen. Jōdo und Zen können sich von diesen Mysterien nicht absondern. Die Theorie des Jōdo basiert auf dem Nembutsu, die des Zen auf der Kōan-Übung. Betrachten wir nur die theoretischen Gebäude, so scheinen Jōdo und Zen denkbar verschieden zu sein.

Die Jōdo-Lehre möchte ihre Anhänger im Land der Glückseligkeit wiedergeboren sehen, damit sie dort Erleuchtung finden können. Dazu sagt man ihnen, sie seien sündig, sie seien unfähig, die höhere Wahrheit des Buddhismus intellektuell zu erfassen, und ihr Karma aus früheren Inkarnationen sei zu schwer, als daß sie es vermöchten, ihre Ketten aus eigener Kraft abzuschütteln. Dann wird ihnen Amida vor Augen gehalten, der gelobte, ihnen beim Überqueren des Stromes von Leben und Tod die Hand zu reichen. Diese Hand jedoch erreichen sie nur, wenn sie den Namen ihres Erlösers mit vollkommener Hingabe und Sammlung sprechen.

Zu dieser unerschütterlichen Ausrichtung, diesem «einen Gedanken des Glaubens» zu gelangen, ist das große Ziel der Jōdo-Lehre. Das Gelübde, der Name, der «eine Gedanke des Glaubens», das Aussprechen des Namens, die Wiedergeburt – das sind die Glieder der Kette, welche die Jōdo-Lehre ausmachen. Halten wir nur an einem dieser Glieder mit Entschlossenheit fest, so ist die ganze Kette in unserer Hand – und die Jōdo-Meister haben das Aussprechen des Namens zu dem Glied gemacht, das man in die Hand nehmen soll. Hierin entsprechen Jōdo und Zen einander. Hier stehen das laut rezitierte Nembutsu und die Kōan-Übung auf demselben Boden.

Psychologisch betrachtet, besteht das Ziel der Nembutsu-Übung darin, den Grund-Dualismus zu überwinden, der in der Natur unseres empirischen Bewußtseins liegt. Ist das Ziel erreicht, so werden all die theoretischen Schwierigkeiten und Widersprüche, die uns bis dahin beunruhigten, plötzlich gegenstandslos. Mit aller Intensität des Denkens und Wollens werfen wir uns in die Tiefe des eigenen Seins. Doch dabei sind wir nicht führungslose Wanderer, denn wir haben den Namen. Wir haben ihn bei uns unterwegs, und er begleitet uns auch in den Abgrund; manchmal finden wir uns fern von ihm, doch wir er-innern ihn immer wieder und halten uns an ihn.

Wer so übt, der ist eines Tages und ohne zu wissen, wie es dazu kam, nicht mehr er selbst und ist auch nicht der Name. Da ist nur noch der Name, und er ist der Name, und der Name ist er. Und plötzlich ist auch das verschwunden, doch das ist kein Zustand völliger Leerheit oder Nicht-Bewußtheit. Alle Benennungen können diesen Zustand nicht beschreiben. Und nicht einmal darin bleibt er, denn irgendwann folgt ein plötzliches Erwachen aus diesem Zustand. Er erwacht mit einem Gedanken, und dieser Gedanke ist der Name und der Glaube an das Ur-Gelübde Amidas und die Wiedergeburt.

Religion ist zutiefst und wesenhaft persönliche Erfahrung, doch der Intellekt ist stets bemüht, sich des Glaubens zu bemächtigen, zu dem wir durch die Erfahrung finden. Wenn die Erfahrung einen Namen erhält und wir sie zum Beispiel als «Glaube» bezeichnen, so ist sie schon durchsetzt vom diskursiven Denken. Letzteres ist zwar für sich allein machtlos, gewinnt jedoch Autorität durch die Erfahrung, mit der es sich verbindet. Und so geht es denn in fast allen religiösen Kontroversen um die *Philosophie* der Erfahrung oder um theologische Auslegungsdetails, aber nicht um die Erfahrung selbst. Und die Geschichte zeigt, daß die Interpretation der Erfahrung häufig zu höchst unreligiösen Verfolgungswellen und blutigen Kriegen führt.

Die religiöse Erfahrung bleibt jedenfalls immer die tragende und treibende Kraft des auf ihr fußenden metaphysischen Systems. Und natürlich kann ein und dieselbe Erfahrung zu verschiedenen intellektuellen Interpretationen Anlaß geben, deren eine dann etwa «Zen» und die andere «Jōdo» genannt wird. Es ist keineswegs verwunderlich, daß es im Laufe der Entwicklungsgeschichte beider Schulen zu einer Zeit der Annäherung und Überlappung kam.

Oberflächlich betrachtet, können wir allerdings kaum Übereinstimmungen feststellen, wenn wir etwa das «Namu Amida Butsu» mit verschiedenen Zen-Kōan vergleichen: «Wer ist es, der nicht von den Zehntausend Dingen abhängig ist?» – «Ich werde es dir sagen, wenn du die Wasser des West-Flusses mit einem Zuge ausgetrunken hast.» Oder: «Was ist der Sinn von Bodhidharmas Kommen aus dem Westen?» – «Der Ostberg schreitet über das Wasser.» Wenn der Intellekt hier nach einer Verbindung oder Beziehung forscht, wird er nichts finden. Das «Namu Amida Butsu» ergibt keinen Sinn, weil *namu* kein japanisches Wort ist, doch immerhin erscheint uns die Übersetzung verständlich: «Verehrung dem Buddha Amitābha.» Wenn wir hingegen die Kōan intellektuell betrachten, können wir sie eigentlich nur als Unsinn bezeichnen. Welche Beziehung mag zwischen unsinnigen Aussagen und dem Nembutsu bestehen?

Wie wir jedoch gesehen haben, wandelte das Nembutsu seine Bedeutung von «Meditation über den Buddha» zu «Aussprechen des Namens». Die Rezitationsformel deutet nicht mehr auf irgendeine objektive Wirklichkeit hin, sondern ist gleichsam inhaltslos oder besser: Sie ist ein Symbol für etwas Unbeschreibliches, das gänzlich außerhalb der Reichweite des Intellekts liegt, und deutet auf einen Sinn hin, der allen Sinn transzendiert.

Damit ist das Nembutsu nun ganz in die Nähe des Kōan gerückt. Bis hierhin hatten sich Nembutsu und Kōan-Übung auf getrennten Wegen entwickelt, doch jetzt nähern sich die Wege einander an, und indem Nembutsu und Kōan einander betrachten, erkennt jedes sich überraschenderweise im anderen.

Zen möchte das Bewußtsein von allen intellektuellen Ablagerungen und Krusten befreien, um es zu seiner ursprünglichen Reinheit und Einfachheit zu erwecken. Zu diesem Zweck erhält der Schüler ein Kōan, das keinerlei Bedeutung im üblichen Sinne des Wortes besitzt. Es geht um die Rückkehr zur ursprünglichen Leerheit, die noch frei ist von allen mentalen Funktionen. Das ist ein Zustand von Ungeborenheit. Davon gehen Zen und Jōdo gleichermaßen aus.

HAKUIN ÜBER KŌAN UND NEMBUTSU

Zum Abschluß möchte ich aus einem Brief Hakuins zitieren, in dem er über Nembutsu und Kōan als Mittel zur Verwirklichung des Satori-Zustands schreibt.* Hakuin äußert sich keineswegs geringschätzig über den Wert des Nembutsu oder Shōmyō (was für die Anhänger der Reines-Land-Schule praktisch gleichbedeutend ist), doch er hält die Kōan-Übung für weit wirkungsvoller, weil sie im Schüler den forschenden Geist weckt und damit eine große Zielstrebigkeit. Auch das Nembutsu kann zum Satori führen, doch geschieht das mehr oder weniger zufällig und nur in besonderen Fällen – es liegt nicht in der Natur des Nembutsu, einen forschenden Geist zu erwecken.

Hakuin nennt in seinem Brief auch Beispiele von Jōdo-Schülern, die durch die Nembutsu-Übung Satori erlangten:

In der Genroku-Zeit (1688–1703) gab es zwei solche Buddhisten, der eine hieß Enjo, der andere Engu. Nach seiner Erleuchtung suchte Enjo den Zen-Meister Dokutan auf. Dieser fragte ihn: «Wo ist deine Heimat?»

* Enthalten in seinem Werk *Orategama*.

«Yamashiro», sagte Enjo.

«Was ist dein Glaube?»

«Das Reine Land.»

«Was ist das Alter von Amida?»

«Dasselbe Alter wie meines.»

«Was ist deines?»

«Dasselbe wie Amidas.»

«Wo ist er eben jetzt?» fragte Dokutan.

Enjo schloß die linke Hand ein wenig und hob sie.

Dokutan sah es mit Verwunderung und sagte: «Du bist ein wahrer Anhänger des Nembutsu.»

Später gelangte auch Engu zur Verwirklichung.

Etwa um die gleiche Zeit lebte noch ein anderer Mann, der Sokuo hieß und ebenfalls ein Jōdo-Schüler war. Durch hingebungsvolles Üben gelang es auch ihm, die Wahrheit des Buddhismus zu verwirklichen.

Hakuin stand also nicht auf dem Standpunkt, die Zen-Schulung sei das einzige Mittel; aber es war ihm sehr wichtig, daß seine Zen-Schüler sich nicht von ihrer Zen-Übung ablenken ließen. In seinem Brief fährt er fort:

Wenn ich sage, das Mu [*wu*] und das Myōgō [Buddha-Name; das Nembutsu] seien von derselben Art, so muß ich hinzufügen, daß es zwischen den beiden einen Unterschied gibt, was die Zeit bis zur Satori-Erfahrung und die Tiefe der Einsicht angeht. Für Zen-Schüler von höchster Begabung, die den Strom dualistischer Vorstellungen trockenlegen und den Star der Verblendung stechen wollen, kommt nichts der Wirksamkeit von Mu gleich. So lesen wir in den Versen von Wu-tsu Fa-yen (Goso Hōen):

> Chao-chous Schwertklinge ist aus der Scheide,
> kalt wie Eis, flammend wie Feuer!
> Kaum hebt man an zu der Frage: «Wie das?»,
> schon ist da ein Unterschied – dies und das.

In diesem unübertrefflichen Augenblick [der Zen-Erfahrung] sind Nirvāna und Samsāra wie ein Traum von gestern, und der Ozean von Welten im großen Universum erscheint wie eine Blase, und selbst alle Heiligen der Vergangenheit, Gegenwart und Zukunft sind wie Gewitterblitz. Dies ist der große Augenblick des Satori, bekannt als das *ho ti i hsia* («das Ausrufen von ‹Ho!›»).*

Die Erfahrung ist nicht zu beschreiben und läßt sich anderen nicht vermitteln. Nur jene, die selbst Wasser getrunken haben, wissen, ob es kalt oder warm ist. Die zehn Weltgegenden schmelzen ein in die Stelle, wo du bist; Vergangenheit, Gegenwart und Zukunft sind zusammengedrängt in diesen Augenblick deines Bewußtseins. Selbst die Himmelswesen kennen keine Freude, die sich dieser vergleichen ließe – um wieviel weniger die Menschen. Solches Voranschreiten des Geistes kann in wenigen Tagen erlangt werden, wenn nur die Hingabe des Schülers an seine Übung groß genug ist.

Wie kann man einen forschenden Geist in den Großen Zweifel treiben?

Ohne bemüht alle Tätigkeiten zu vermeiden und ohne stets auf Stille und Zurückgezogenheit aus zu sein – erforsche den Sinn von Mu, indem du dir sagst: «Dieser Körper ist Mu, und was ist der Sinn von alledem?» Wirf alle Gedanken und Vorstellungen fort und widme dich ausschließlich Mu – was bedeutet es? Welcher Sinn liegt darin? Wenn du darin mit unerschütterlicher Entschlossenheit fortfährst, so wird der Augenblick kommen, da sich der Zustand des Großen Zweifels einstellt.

Wenn du von diesem Zustand absoluter Vereinigung hörst, so mag wohl ein Gefühl von Beklommenheit, gemischt mit Furcht, in dir aufkommen, doch bedenke, daß du aufgrund dieser Übung jene Verwirklichung erfahren wirst, die alle

* Ähnliche umschreibende Ausdrücke wurden bereits auf S. 121 genannt.

Buddhas erfuhren – denn die Grenzschranke ewiger Wiedergeburt wird damit durchbrochen. Es liegt in der Natur dieser Verwirklichung, daß auch Mühsal und Not mit ihr verbunden sind.

Zen-Schüler ohne Zahl haben bereits die Große Freude erlebt, nachdem sie durch den Großen Zweifel und den Großen Tod gegangen sind; von den Anhängern des Nembutsu jedoch gibt es, soweit ich weiß, nur wenige, die durch das Myōgō zu einem gewissen Maß an Verwirklichung gelangt sind. Der Meister von Eshin In, mit all seiner Tugend und spirituellen Kraft und Ernsthaftigkeit des Glaubens, hätte durchaus in einem oder zwei Monaten, oder doch gewiß innerhalb eines Jahres, zu einer Einsicht in die Wahrheit des Buddhismus gelangen können, hätte herausgefunden, daß er selbst eine Verkörperung der Soheit war, wenn er nur die Möglichkeit gehabt hätte, sich «Mu» oder den «drei Pfund Hanf» zu widmen. Welch ein Jammer, daß er seine wunderbare Beharrlichkeit darauf verwenden mußte, das «Namu Amida Butsu» zu rezitieren – vierzig Jahre lang. Das kommt daher, daß selbst der ernsthafteste Nembutsu-Schüler nicht diesen forschenden Geist besitzt. Dieser Geist ist fürwahr der kürzeste Weg zur Verwirklichung.

Ein weiteres Beispiel begegnet uns in der Person Hōnen Shōnins, dessen Moralität, Menschlichkeit, Fleiß und spirituelle Mannhaftigkeit über jeden Zweifel erhaben waren und der sogar in der Lage gewesen sein soll, die Sūtras im Dunklen zu lesen in dem Licht, das aus seinen Augen strahlte. Eine so hoch begabte Seele könnte ohne weiteres tiefe Erleuchtung erlangen, wenn nur ein forschender Geist in ihr wirkte. Er konnte sich wahrlich nicht beklagen, das Seil sei zu kurz gewesen, um die Tiefe des Brunnen auszuloten.

Weshalb war es denn wohl so, daß Meister von großen Fähigkeiten wie Yang-ch'i, Huang-lung, Cheng-ching, Hsikeng, Fo-chien und Miao-hsi (Ta-hui), die gewiß Hunderttausende von Buddha-Namen, Mantras und Dharanīs kannten, die sie ihren Schülern als Meditationsobjekte hätten geben können – weshalb war es so, daß sie Mu wählten als das Mittel, das zum Ziel der Schulung führen sollte? Es muß etwas Besonderes an diesem Mu sein, sonst hätten sie das nicht getan. Was war es? Nichts anderes als dies: Mu kann im Zen-Schüler einen forschenden Geist wecken, während es sehr schwierig ist, dasselbe mit der Myōgō-Rezitation zu erreichen.

Der Grund dafür, daß selbst unter den Zen-Schülern immer mehr sich dem Nembutsu oder Shōmyō zuwandten und nach der Wiedergeburt im Reinen Land strebten, liegt in der Tatsache, daß der Zen-Geist gerade zu jener Zeit, als die Jōdo-Lehre immer mehr Anhänger fand [also zur Zeit der Yüan- und vor allem der Ming-Dynastie], im Niedergang begriffen war. Als Zen auf der Höhe seiner Kraft war, und nicht nur in China, sondern auch schon in Indien, waren die Meister streng und hatten ein klares Bewußtsein von der Sendung des Zen. Ihre einzige Befürchung war, daß Zen verweichlichen könnte, denn das würde das Ende des wahren Zen-Geistes bedeuten. Sie dachten nicht im Traum daran, von Nembutsu und Wiedergeburt zu sprechen. Aber ach, dann trat gegen Ende der Ming-Zeit ein halbfertiger und halbherziger Meister namens Chu-hung auf. Seine Zen-Schulung war unvollkommen, seine Einsicht nicht tief genug, und so bewegte er sich auf halbem Wege zwischen Samsāra und Nirvāna. Bei einem wie ihm konnte es nicht ausbleiben, daß er vom wahren Zen-Geist abfiel; er suchte sein Heil im Dunstkreis der Gesellschaft des Weißen Lotos.

Er nannte sich «Lehrer vom Lotosteich» und schrieb Kommentare zu den Sūtras der Reines-Land-Schule, um seine Schüler damit zu belehren. Yüan-hsien, bekannt als Yungchiao der Lehrer, machte gemeinsame Sache mit Chu-hung und schrieb ein Buch über die Lehre vom Reinen Land (*Ch'ing-t'zu yao-yu*). Seit der Zeit ist die Reinheit des Zen-

Geistes unwiederbringlich dahin, und nicht nur in China, sondern auch in Japan. Selbst mit der Hilfe alter Meister wie Lin-chi, Te-shan, Fen-yang, T'zu-ming, Huang-lung, Chen-ching, Hsi-keng, Miao-hsi und anderer ist es kaum noch möglich, diese Flut vom eigentlichen Zen-Feld zu verdrängen oder fernzuhalten.

Meine Worte mögen manchem so erscheinen, als spräche ich mit unnötiger Härte über die Lehre der Reines-Land-Schule oder betrachtete die Nembutsu-Übung geringschätzig. Dem ist jedoch in Wahrheit nicht so. Was ich hingegen verurteile, ist das Gebaren jener Zen-Schüler, die bloß vorgeben, sich im Zen zu schulen, in Wirklichkeit aber träge und ohne Entschlossenheit sind; sie lassen die Zügel schleifen, doch dann kommt das Alter, und es wird ihnen angst und bange, und in dem Gedanken an das nahende Ende beginnen sie mit der Nembutsu-Übung und erzählen den Leuten, das Nembutsu sei der beste Erlösungsweg für die Menschen dieser Endzeit. Sie wirken nach außen hin sehr fromm, doch tatsächlich schmähen sie das Zen, indem sie vorgeben, seine treuen Anhänger zu sein. Sie sind wie diese Insekten, die aus einem Holzpfosten hervorgehen und ihn dann zerfressen, bis er schließlich umstürzt. Sie verdienen es wahrlich, daß man streng mit ihnen ins Gericht geht.

Seit der Ming-Zeit ist die Zahl dieser Nembutsu-Anhänger, die sich als Zen-Schüler ausgeben, sehr groß geworden. Sie alle sind nichtswürdige, wirrköpfige Zen-Schüler. Einst hörte ich, das mag nun an die fünfzig Jahre her sein, wie ein Zen-Meister seufzend den Gang der Dinge in der Zen-Welt beklagte: «Ach! Wie wird es wohl erst in dreihundert Jahren aussehen? Die ganze Zen-Welt wird sich vielleicht in eine Nembutsu-Halle verwandeln, wo unaufhörlich die Holzglocke zum Nembutsu erklingt.» So weit ich sehen kann, ist das wahrlich kein unbegründeter Pessimismus.

Hier ist das letzte Wort der Güte, das ein alter Mann wie ich euch zum Gebrauch anbieten kann: Betrachtet es nicht als eine Form des «Ho!» und nehmt es nicht als eine Dhāranī und schluckt es erst recht nicht als eine Art bittere Pille. Was ist das gütigste Wort des Zen? Ein Mönch fragte Meister Chao-chou respektvoll: «Hat ein Hund wirklich Buddha-Wesen oder nicht?» Chao-chou sagte: «Mu».*

* Während der Drucklegung dieses Buches teilte Herr Kōso Goto vom Kloster Myōshin-ji in Kyōto mir mit, es existiere ein noch unveröffentlichter Brief Hakuins, worin er schreibt, «er habe seinen Schülern in letzter Zeit lieber das Kōan ‹Eine Hand› als das Kōan ‹Mu› gegeben, da ‹Eine Hand› zum Erwecken des forschenden Geistes noch besser geeignet sei als ‹Mu›». Bis heute ist «Eine Hand» (jap. *sekishu*) für alle Nachfolger Hakuins eines der wichtigsten Kōan geblieben. Es lautet: «Was ist der Ton des Klatschens *einer* Hand?» Ein Klatschen hört man, wie jedermann weiß, nur dann, wenn zwei Hände zusammengeschlagen werden; eine Hand allein kann unmöglich klatschen. Hakuin verlangt nun von seinen Schülern, dieses Klatschen zu hören. Man könnte sagen, dieses Kōan biete dem Intellekt etwas mehr Angriffsfläche als das Kōan «Mu». Daß Hakuin, der große Advokat des forschenden Geistes gegenüber der mechanischen Methode der Nembutsu-Übung, dazu überging, das Kōan «Eine Hand» als Augenöffner zu gebrauchen, ist in der Geschichte des Zen-Bewußtseins von großer Tragweite.

ANHANG I:

Zeugnisse der Erleuchtungserfahrung

Dieser Abschnitt enthält einige Tōki-no-ge* der Zen-Meister und schildert die Umstände, die zu ihrer Satori-Erfahrung führten. Wer sich für die Psychologie der Religion interessiert, wird hier vielleicht einen ersten Eindruck vom Heranreifen des Zen-Bewußtseins zu jener Durchbruchserfahrung gewinnen, die wir Satori nennen. Wenn wir diese Beispiele in Zusammenhang mit den Techniken der Kōan-Schulung betrachten, wird vielleicht in Umrissen deutlich, worum es im Zen geht.

1.

O, dieses eine seltene Ereignis,
mit Freuden würde ich zehntausend Goldstücke dafür geben!
Ein Hut ist auf meinem Kopf, ein Bündel an meinem Gürtel,
und auf meinem Stab trage ich die frische Brise und den vollen Mond.

Dies soll, wie es im *Hsü Chuan-teng-lu*** heißt, der Mönch

* Vgl. hierzu *Satori*, S. 178.

** Der gebräuchliche Kurztitel für dieses Buch lautet *Hsü-chuan*. Es umfaßt sechsunddreißig Faszikeln und enthält Aufzeichnungen über Zen-Meister, die zwischen der zweiten Hälfte des zehnten Jahrhunderts und dem vierzehnten Jahrhundert wirkten. Das Buch ist eine Fortsetzung

Hui-yüan geäußert haben, der zu einem Durchbruch kam, als er über den Hof ging und dabei stolperte.

2.

Hui-t'ang Tsu-hsin (Maidō Soshin, 1025–1100) hatte sich jahrelang unter Huang-lung Hui-nan (Ōryō E'nan) geschult, doch ohne zu einem entscheidenden Durchbruch zu kommen. Er beschäftigte sich mit der Geschichte des Zen und las eines Tages die folgende Stelle:

Ein Mönch kam zu To-fu und fragte: «Wie steht es mit dem Bambushain von To-fu?»

«Einer oder zwei der Schößlinge stehen schräg.»

«Ich verstehe nicht.»

«Drei oder vier sind krumm.»

Dieses Mondō öffnete Hui-t'ang die Augen. Er trat vor Meister Huang-lung hin und wollte sich gerade vor ihm niederwerfen, als der Meister lächelte und sagte: «Nun bist du bei mir eingetreten.»

Hui-t'ang war sehr froh und sagte: «Wenn das, was ich jetzt habe, die Wahrheit des Zen ist, wozu müssen wir uns dann mit den alten Geschichten* abgeben und uns mühen, ihren Sinn zu erlangen?»

Der Meister sagte: «Würde ich nicht dafür sorgen, daß du dich auf jede erdenkliche Weise mühst, diesen Sinn zu erlangen, so würdest du nicht zum Nicht-Streben und zum Nicht-Bemühen kommen, worin du mit eigenen Augen siehst und nur still für dich nickst; du hättest dann keine Gelegenheit, dich selbst zu entdecken.»**

des *Chuan-teng-lu* (*Dentō-roku*). Der Bericht über Hui-yüan findet sich in Fas. XX.

* Er meint die Kōan.

** *Hsü-chuan*, XV.

3.

Der murmelnde Bergbach ist des Buddha breite, lange Zunge.
Der Berg selbst in seinen ewig wechselnden Farben – ist er nicht dieser Reine Körper?
Vierundachtzigtausend Gāthās wurden rezitiert in der Nacht,
doch wie soll ich sie eines Tages vor anderen hochhalten?

Autor dieses Verses ist der Dichter Su Tung-po. Er war einer der größten literarischen Sterne am Himmel der Sung-Zeit. Als er in Ching-nan war, hörte er von einem Zen-Meister namens Hao, der in Yü-ch'üan lebte und für seine Schlagfertigkeit bekannt war. Auch Su Tung-po war als Meister der treffenden Antwort bekannt. Eines Tages sprach er verkleidet bei Meister Hao vor, um sich mit ihm zu messen.

Der Meister fragte: «Wie ist Euer Name?»

«Ich heiße Ch'eng (Waage). Alle Meister der Welt werden hier gewogen.»

Hao ließ augenblicklich ein lautes «Ho!» hören und fragte: «Wieviel wiegt das?»

Der selbstgefällige Poet schwieg. Er mußte Haos Überlegenheit anerkennen.*

4.

Als I-hai zu Yün-chü Ch'i kam, fragte jener: «Was ist es, das so kommt?»

Das öffnete I-hais Geist augenblicklich für die Satori-Erfahrung, und er dichtete darauf diesen Vers:

«Was ist es?» fragt Yün-chü.
So gefragt, ist man wie betäubt:

* *Hsü-chuan*, XX.

Auch wenn du augenblicklich nickst und sagst: «Das ist es»,
Bewahrt nichts dich davor, lebendig begraben zu werden.*

5.

Zwanzig Jahre bin ich gepilgert
von Ost nach West.
Heute, in Ch'i-hsien, sehe ich,
daß ich niemals einen Schritt getan habe.

Dieser Vers stammt von Chih-jou, der unter Meister Yüan-t'ung zu einer Satori-Erfahrung kam.**

6.

Als Yang-shan (Kyōzan) sich unter Meister Pai-chang (Hyakujō) schulte, war er so zungenfertig, daß er auf das eine Wort des Meisters zehn Worte zu antworten hatte. Pai-chang sagte: «Nach mir wird da ein anderer sein, der dich in seine Obhut nimmt.»

Yang-shan ging später zu Meister Kuei-shan (Isan). Dieser fragte ihn: «Wie ich höre, hattest du Pai-chang zehn Worte auf sein eines Wort zu erwidern, ist das so?»

Yang-shan sagte: «Ja, so sagt man.»

Der Meister fragte: «Was hast du über die unübertreffliche Wahrheit des Buddhismus vorzubringen?»

Yang-shan wollte gerade den Mund öffnen, als der Meister ein lautes «Ho!» rief. Dreimal stellte Kuei-shan diese Frage, dreimal hob Yang-shan zu einer Antwort an, und dreimal schnitt der Meister sie ihm mit seinem «Ho!» ab.

* *Hsü-chuan*, XI.
** *Hsü-chuan*, XII.

Da gab Yang-shan schließlich auf und ließ den Kopf hängen und sagte mit Tränen in den Augen: «Mein verstorbener Meister sagte mir voraus, daß ein anderer mir beikommen würde, und hier habe ich nun diesen anderen.»

Fest entschlossen, die Wahrheit des Zen in sich selbst zu erfahren, schulte er sich drei Jahre lang sehr streng. Einmal sah Kuei-shan ihn unter einem Baum sitzen. Er trat hinter ihn und berührte ihn am Rücken mit dem Stab. Yang-shan drehte sich um, und der Meister sagte: «Kannst du nun ein Wort sagen oder nicht?»

Yang-shan erwiderte: «Nein, kein Wort, und ich mag mir auch keines von anderen borgen.»

Kuei-shan sagte: «Du begreifst.»*

7.

Um zu verstehen, wie Tao-yüan (Dōgen, 1002–1069) zu seiner Zen-Erfahrung kam, müssen wir uns erst den Inhalt eines Kōan vergegenwärtigen, das den Titel «Pai-chang (Hyakujō): Fuchs» trägt. Es lautet:

Immer wenn Pai-chang ein Teishō hielt, war da ein Alter und hörte gemeinsam mit den Mönchen zu. Wenn die Mönche hinausgingen, so ging auch er. Doch eines Tages ging er nicht hinaus. Da fragte Pai-chang ihn: «Der hier vor mit steht, wer ist das?»

Der Alte sagte: «Wahrlich, ich bin kein Mensch. In ferner Vergangenheit, zur Zeit des Kashyapa-Buddha, lebte ich auf diesem Berg hier. Einst fragte mich ein Schüler: ‹Fällt ein Erleuchteter unter das Gesetz von Ursache und Wirkung oder nicht?› Ich antwortete: ‹Er fällt nicht unter das Gesetz von Ursache und Wirkung.›

* Zitiert von Shih-wu Ch'ing-hung (1272–1352) in seinem *Goroku* («Worte-Aufzeichnung»).

Fünfhundert Leben lang bin ich nun dem Fuchsdasein verfallen. Jetzt bitte ich den Meister, ein Umkehr-Wort zu sprechen statt meiner und mich von dem Fuchsdasein zu befreien.» Dann fragte er: «Fällt ein Erleuchteter unter das Gesetz von Ursache und Wirkung oder nicht?»

Hyakujō sprach: «Das Gesetz von Ursache und Wirkung wird nicht verdunkelt.»

Bei diesen Worten erlebte der Alte tiefe Erleuchtung. Er warf sich nieder und sprach: «Ich lege nun den Fuchsleib ab. Er wird auf der anderen Bergseite sein. Ich möchte Euch um etwas bitten, Meister: Laßt ihn bitte als Priester begraben.»

Hyakujō ließ den Mönch, dem die Verwaltung oblag, die Klappern anschlagen und die Mönche davon unterrichten, daß sie nach der Mahlzeit einem toten Mönch das letzte Geleit geben würden. Die Bruderschaft war sehr verwundert. Die Mönche waren alle wohlauf; auch in der Nirvāna-Halle [Krankenstube] lag niemand krank. Was sollte das nur heißen?

Nach der Mahlzeit führte Pai-chang die Mönche auf die andere Bergseite zum Fuß des Berges und stocherte mit seinem Stab einen toten Fuchsleib heraus. Danach hielt er die Verbrennungsfeierlichkeiten.*

«Nicht unter das Gesetz von Ursache und Wirkung fallen» oder «das Gesetz von Ursache und Wirkung nicht verdunkeln» – das ist ein großes Thema, und nicht nur für Buddhisten aller Schulen, sondern für alle philosophisch und religiös gesinnten Menschen überhaupt. Darin stellt sich nämlich die Frage der Willensfreiheit, der göttlichen Gnade, des Transzendierens von Karma, die Frage von Logik und Geist, von Wissenschaft und Religion, von Natur und «Über-Natur», von moralischer Disziplin und Glauben. Es ist die grundle-

* Das Kōan (*Wu-men-kuan*, 2. Beispiel) geht hier noch weiter, doch für unsere Zwecke genügt der bisherige Text.

gendste aller religiösen Fragen. Wenn es ein «Nicht unter das Gesetz von Ursache und Wirkung fallen» gibt, so gerät damit der ganze Schöpfungsplan ins Wanken, denn was den inneren Zusammenhalt des Daseins herstellt, ist ja gerade dieses Gesetz von Ursache und Wirkung: Gäbe es keine moralische Verantwortung, so wäre damit jeder Gesellschaft der Boden entzogen.

Was ist der Unterschied zwischen «nicht fallen» und «nicht verdunkeln»? «Nicht fallen» ist eine moralische Tat, «nicht verdunkeln» ist eine intellektuelle Haltung. Ersteres läßt uns gänzlich außerhalb des Bereichs von Ursache und Wirkung stehen, also außerhalb dieser Welt der Einzeldinge, in der wir leben. Und das ist ein Widerspruch – in dieser Welt und zugleich außerhalb zu sein. «Nicht verdunkeln» meint demgegenüber eine geistige Ausrichtung auf eine Welt, die jenseits von Ursache und Wirkung ist. Aufgrund dieser Ausrichtung verschiebt sich unsere ganze Sicht des Lebens zu etwas, das wir «spirituelles Nicht-unter-das-Gesetz-von-Ursache-und-Wirkung-Fallen» nennen könnten.

Mit dieser Vorbemerkung wird uns das folgende leichter verständlich sein.

Tao-yüan, der sich unter Hui-nan (1002–1069) schulte, hörte eines Tages zwei Mönchen zu, die über das Kōan «Pai-chang: Fuchs» diskutierten. Der eine sagte: «Selbst wenn du sagst: ‹Das Gesetz von Ursache und Wirkung wird nicht verdunkelt›, befreit dich das nicht vom Fuchs-Dasein.» Der andere erwiderte augenblicklich: «Das ist das Nicht-Verdunkeln des Gesetzes von Ursache und Wirkung, und wer wäre je dem Fuchsdasein anheimgefallen?» Diese Worte beflügelten Tao-yüans forschenden Geist auf nie gekannte Weise, und er ging – ohne dessen recht gewahr zu sein – in die Berge. Als er gerade einen Bach überqueren wollte, öffnete sein Geist sich urplötzlich für die Wahrheit, die in diesem Kōan enthalten ist. Später erzählte er Hui-nan davon, und Tränen rannen ihm über die Wangen. Hui-nan forderte ihn auf, sich auf dem

Stuhl des Aufwärters auszuruhen. Aus tiefem Schlaf erwachte er jäh und sprach diese Worte:

Ursache und Wirkung – nicht fallen? nicht verdunkeln?
Mönch oder Laie, nichts gibt es, wovon er sich fernhalten müßte.
Hier ist der Mann von beispiellos souveränem Willen,
kein Behältnis faßt ihn, keine Hülle verbirgt ihn.
Den Stab nach rechts und links schwingend, wie es ihm beliebt,
springt er, der Meister-Fuchs, mitten hinein unter die goldhaarigen Löwen.*

8.

T'ien-i I-huai, der in der zweiten Hälfte des elften Jahrhunderts wirkte, war der Sohn eines Fischers. Einige Jahre nachdem er sich der buddhistischen Gemeinschaft angeschlossen hatte, kam er zu Ming-chiao, um tiefer in das Wesen des Zen einzudringen.

Ming-chiao fragte: «Wie heißt du?»

«Ich heiße I-huai.»

«Warum änderst du deinen Namen nicht in Huai-i?»

«Weil er mir so gegeben wurde.»

«Wer fand diesen Namen für dich?»

«Es ist schon zehn Jahre her, daß ich die Mönchsweihen empfing.»

«Wie viele Sandalen hast du auf deiner Pilgerschaft abgetragen?»

«Bitte, Meister, macht Euch nicht lustig.»

Der Meister sagte nun: «Zahllose Fehler und Irrtümer sind mir unterlaufen und dir auch. Was hast du darauf zu erwidern?»

* *Hsü-chuan.* XVI.

I-huai gab keine Antwort.

Ming-chiao versetzte ihm einen Schlag und sagte: «O dieser Schwätzer, hinaus mit dir!»

Als I-huai wieder einmal beim Meister war, sagte dieser: «Keine Bejahung, keine Verneinung, keine Bejahung-Verneinung. Was meinst du dazu?»

I-huai zögerte. Der Meister warf ihn hinaus. Das wiederholte sich viermal.

I-huai hatte sich nun um die Wasserversorgung des Klosters zu kümmern. Als er einmal Wasser trug, brach plötzlich die Tragestange, und da wurde er der Wahrheit inne, die sich ihm bis dahin verborgen hatte. Er kleidete dieses Erlebnis in einen Vers:

Eins, zwei, drei, vier, fünf, sechs, sieben –
Ja, viele tausend Fuß hoch ist der Gipfel, und schau,
hier steht einer auf einem Bein.
Er hat den Drachenfängen die Kostbarkeit entrissen,
und Vimalakīrtis Geheimnis faßt er in einem Wort.

Meister Ming-chiao bestätigte dies mit einem Schlag auf den Tisch.*

9.

Der Mönch Ling-t'ao war ein Schüler von Le-t'an Huai-teng. Der Meister fragte ihn, was denn wohl die Absicht des Patriarchen gewesen sei, der aus dem Westen kam und von dem es heißt, er habe das Siegel des Einen Geistes übermittelt, welches, indem es direkt auf des Menschen Wesen weist, die Buddhaschaft verwirklichen läßt. Ling-t'ao gab zu, er wisse es nicht.

* *Hsü-chuan*, V.

Le-t'an fragte: «Was warst du, bevor du Mönch wurdest?»

«Ich war Viehhirte.»

«Wie hütest du das Vieh?»

«Früh am Morgen gehe ich mit den Tieren hinaus, und wenn es dunkel wird, kehre ich mit ihnen zurück.»

Der Meister sagte: «Glanzvoll ist deine Unwissenheit.»

Diese Worte versetzten Ling-t'aos Geist augenblicklich in den Satori-Zustand, und er fand dafür folgende Worte:

Die Leine werfe ich hoch und bin ein hausloser Mönch,
Der Kopf ist geschoren, das Gesicht rasiert, der Körper eingehüllt in das *chia-sha* (*kāshaya*);
Fragt einer mich: Was ist der Sinn von des Patriarchen Kommen aus dem Westen?,
so lege ich den Stab quer über die Schulter und singe *La-li-la!**

10.

Als Yün-feng Wen-yüeh zu T'ai-yü Shou-chih kam, um dessen Schüler zu werden, hörte er den Meister sagen: «Ihr Mönche, ihr seid hier zusammengekommen und verzehrt jeden Tag allerlei Gemüse. Nennt ihr es jedoch einfach Gemüse, so fahrt ihr pfeilgerade zur Hölle.» Und ohne dem etwas hinzuzufügen, verließ er das Pult.

Yün-feng war verwundert und wußte nicht, was die Worte bedeuten sollten. Am Abend sprach er beim Meister vor, und dieser fragte ihn: «Wonach bist du auf der Suche?»

Yün-feng sagte: «Ich bin auf die Wahrheit des Geistes aus.»

Doch der Meister war nicht sogleich bereit, ihn zu unterweisen, sondern sagte: «Bevor das Dharma-Rad in Drehung versetzt werden kann, muß sich das Rad des Lebensstabes

* Hsü-chuan, IX.

regen. Du bist noch jung und stark; geh, und erbitte Nahrung für die Klostergemeinschaft. Meine ganze Zeit ist davon eingenommen, Hunger zu leiden – wie soll ich dir da von Zen sprechen?»

Yün-feng gehorchte und sorgte fortan dafür, daß die Speisekammer des Klosters ordentlich gefüllt war.

Einige Zeit später begab T'ai-yü sich nach T'sui-yen, und Yün-feng folgte ihm. Als er den Meister bat, ihn im Zen zu unterweisen, erwiderte dieser: «Im Buddhismus scheut man sich nicht, sich Blasen und Schwielen zu arbeiten. Sieh zu, daß du dem Kloster für diesen kalten und schneereichen Winter einen ordentlichen Vorrat an Holzkohle bereitstellst.»

Wieder gehorchte Yün-feng und führte getreulich aus, was der Meister ihm aufgetragen hatte. Als er wieder vor ihm erschien, wurde er jedoch abermals mit einem Amt betraut, für das gerade kein anderer frei war. Das gefiel ihm gar nicht. Er fand, er werde stets mit Dingen beauftragt, die in keinem direkten Zusammenhang mit der Zen-Lehre standen. Es stimmte ihn traurig, daß der Meister sich seinem Wunsch so beharrlich widersetzte.

Als er im rückwärtigen Teil des Gebäudes arbeitete, wahrscheinlich angespannten Geistes und von allerlei Gefühlen bedrängt, gaben plötzlich die Reifen des Holzfasses nach, auf dem er saß, und er fiel herab. Das brachte endlich Licht in die finster Kammer seines Geistes, und er erfaßte sogleich die heimlichen, verschlungenen Wege des Meisters. Eilends legte er sein Übergewand an und suchte den Meister auf.

T'ai-yü empfing ihn lächelnd und sagte: «Wie freut es mich, Wei-na,* zu sehen, daß du es verwirklicht hast!»

Yün-feng warf sich zweimal verehrungsvoll nieder und wandte sich ohne ein Wort zum Gehen.**

* Ein Amt in einem Zen-Kloster; manchmal scheint damit so etwas wie ein Zeremonienmeister gemeint zu sein, manchmal auch der Verwalter oder Aufseher.

** *Hsü-chuan* XI.

11.

Tu-ling Yü, ein Schüler von Meister Yang-ch'i Fang-hui (Yōgi Hōe, 992–1049), verpflegte stets die Zen-Mönche, die auf ihrer Wanderschaft an seinem Tempel vorbeikamen. Eines Tages hatte er einen Mönch aus dem Kloster von Yang-ch'i zu Gast und befragte ihn über die Zen-Lehre seines Meisters.

Der Mönch sagte: «Mein Meister erzählt seinen Schülern für gewöhnlich die folgende Geschichte: ‹Einst kam ein Mönch zu Fa-teng und fragte: «Von der Spitze eines hundert Fuß hohen Pfostens, wie geht man da weiter?» Fa-teng sagte: «Oh!»›

Diese Frage spielt auf einen Vers von Ch'ang-sha Ching-ts'en (Chōsha Keijin, gest. 868) an:

> Ein Mann, regungslos am Ende eines hundert Fuß hohen Pfostens –
> Den Eingang hat er wohl gefunden, doch ist er noch nicht einer von den Echten.
> Weitergehen muß er an der Spitze eines hundert Fuß hohen Pfostens,
> denn dann ist der ganze Kosmos, wie er sich in alle zehn Richtungen erstreckt, sein Körper.

Yü, als er von dieser Frage erfuhr, wurde sehr nachdenklich. Der Mann ist schon an der Spitze des Pfostens, wie kann er da auch nur einen Schritt noch weitergehen? Hier muß man offenbar den Sprung wagen, um die Wahrheit des Zen zu erfahren.

Einmal erhielt Yü eine Einladung und ritt auf einem Esel zu seinem Gastgeber. Auf einer Brücke geriet der Esel mit einem Huf in ein Loch, und Yü wurde abgeworfen. «Oh!» schrie er laut, und das öffnete sein Bewußtsein für die Zen-Erfahrung. Ein Vers umschreibt, was ihm begegnete:

Ich habe ein hell leuchtendes Juwel,
lange vergraben war es unter weltlichen Sorgen.
Heute morgen hob der Staubschleier sich und gab ihm den Schimmer zurück;
in seinem Licht liegt der blauen Berge endloses Wogen.*

12.

Die strahlende Kostbarkeit, die Tu-ling Yü entdeckte, verhalf auch Pai-yün Shou-tuan (Hakuun Shutan, 1025–1075) zu einer Erleuchtungserfahrung. Auch er war ein Schüler von Yang-ch'i, und dieser fragte ihn eines Tages, von wem er die Mönchsweihen erhalten habe.

Pai-yün antwortete: «Von Tu-ling Yü.»

Yang-ch'i sagte: «Wie ich höre, wurde Tu-ling einst von einem Esel abgeworfen und erlangte dabei Satori. Kannst du mir den Vers sagen, den er darauf dichtete?»

Pai-yün sagte sogleich den ganzen Vers auf, doch als er damit fertig war, lachte der Meister nur und verließ seinen Sitz.

Pai-yün war ratlos, und in dieser Nacht fand er keinen Schlaf. Im ersten Morgengrauen erschien er vor dem Meister und bat ihn, den Sinn seines Lachens zu erklären. Das Jahr ging gerade zu Ende. Der Meister fragte: «Hast du gestern die Teufelsaustreiber gesehen, wie sie durch die Straße zogen?»

«Ja, Meister.«

«Du bist in keiner ganz so glücklichen Lage, nicht wahr?»

Wieder konnten Pai-yün sich nur wundern und fragte: «Was bedeutet das, Meister? Bitte, sagt es mir.»

Yang-ch'i sagte: «Sie lieben es, wenn man über sie lacht; du jedoch fürchtest es.»

* *Hsü-chuan* XIII.

Pai-yün kam zu einer Einsicht.*

13.

Tsu-yin Chü-ne, der um die Mitte des elften Jahrhunderts wirkte, war ein großer Gelehrter, so bewandert in den verschiedenen Schulen buddhistischer Philosophie, daß selbst ältere Gelehrte gern bei ihm studierten. Er wußte jedoch nichts von Zen. Eines Tages hatte er einen Gast, der mit der Zen-Bewegung im Süden vertraut war. Dieser sagte, die ganze buddhistische Welt Chinas sei inzwischen von der Lehre Bodhidharmas beherrscht, und Ma-tsu, einer seiner fähigsten Nachfolger, habe einen so nachhaltigen Einfluß auf die buddhistischen Gelehrten des Landes ausgeübt, daß viele von ihnen wie etwa Liang und Chien, die in der ganzen Provinz Shu berühmt waren, ihre Schüler entließen oder gar ihre Bibliotheken von Kommentaren verbrannten, um die Zen-Lehre zu ergründen.

Tsu-yin war von diesem Bericht seines Zen-Freundes sehr beeindruckt. Als jener ihm dann auch noch riet, in die Welt hinauszugehen und sich selbst ein Bild vom Stand der Dinge zu machen, verließ er seine Heimatprovinz und zog einige Jahre lang in Ching und Ch'u umher, ohne jedoch zu irgendeinem Ergebnis zu kommen. Dann begab er sich nach Westen, wo er sich zehn Jahre lang unter der Führung von Tungshan Yung in Hsiang-chou aufhielt. Einmal las er eine Abhandlung über das *Avatamsaka-Sūtra*, und die folgende Passage öffnete seinen Geist endlich für die Wahrheit des Zen:

Der Berg Sumeru ragt aus dem großen Ozean auf und erreicht eine Höhe von vierundachtzigtausend Yojanas, und sein Gipfel ist nicht mit Hilfe der Hände und Beine zu

* *Hsü-chuan*, XIII.

ersteigen. So auch erhebt sich der Berg der vierundachtzigtausend Leiden des Menschen aus dem Ozean der Leidenschaften. Wer jenen Zustand des Bewußtseins erreicht, worin er keine Gedanken mehr hegt und aus dem alles Sinnen und Trachten getilgt ist, den werden die Leidenschaften nicht mehr bedrängen, wenn er dieser Welt der Zehntausend Dinge begegnet. Alle Leiden der Welt werden nun zum Berg der All-Erkenntnis, und die Leidenschaften verwandeln sich in den Ozean der All-Erkenntnis. Ist aber der Geist erfüllt von Gedanken und Überlegungen, die das Relative zum Gegenstand haben, so entsteht Verhaftung. Dann werden die Leiden der Welt immer größer und die Leidenschaften immer tiefer, und dem Menschen ist verwehrt, den Gipfel des Erkennens zu erlangen, der das Wesen der Buddhaschaft ausmacht.

Tsu-yin bemerkte dazu: «Shih-kuang sagte: ‹Kein Anhaltspunkt›; Ma-tsu sagte: ‹Uranfängliche Verblendung schmolz heute dahin.› Das sind fürwahr keine Lügen.»*

14.

Ch'ing-yüan Fo-yen (gest. 1120) hatte zunächst die Lehren der Vinaya-Schule studiert und befaßte sich später mit dem *Lotos-Sūtra*. Dort stieß er einmal auf die Stelle: «Dieser Dharma ist etwas, das über den Bereich des Denkens und der Unterscheidung hinausgeht.» Betroffen von diesem Satz, suchte er seinen Lehrer auf und fragte ihn, was dieser Dharma sei, der den Verstand transzendiere. Sein Lehrer konnte ihm darüber keinen Aufschluß geben, und da erkannte er, daß den großen Fragen dieses Geburt und Tod unterworfenen Daseins mit bloßer Gelehrsamkeit nicht beizukommen war.

* *Hsü-chuan*, XIII.

Er wandte sich südwärts, um Tai-p'ing Fa-yen aufzusuchen. Um Almosen bittend, durchwanderte er das Land Lu, und dabei stolperte er einmal und fiel hin. Der Schmerz war sehr heftig, aber dann hörte er zwei Männer, die einander beschimpften, und dann eine dritte Stimme mit den Worten: «So seid ihr also beide immer noch dieser Leidenschaft verfallen.» Bei diesen Worten kam er zu einer ersten Einsicht.

Als er bei Tai-p'ing war, antwortete dieser auf jede seiner Fragen: «Ich weiß nicht mehr als du; du mußt ganz aus dir selbst heraus begreifen.» Manchmal sagte er auch: «Ich verstehe selbst auch nicht; ich stehe nicht über dir.» Solche Worte ließen Ch'ing-yüans Verlangen, die Wahrheit des Zen zu erkennen, nur immer größer werden. So entschloß er sich, die Sache mit dem Mönchsältesten Yüan-li auszufechten, doch dieser zog ihn nur am Ohr rund um die Feuerstelle und sagte immer wieder: «Das beste ist, ganz aus dir selbst heraus zu begreifen.»

Ch'ing-yüan gab nicht nach, sondern sagte: «Wenn es das wirklich gibt, Zen, warum wollt Ihr mir dann nicht das Geheimnis enthüllen? Tut Ihr es nicht, so werde ich sagen, es sei alles nur Augenwischerei.»

Yüan-li jedoch sagte: «Eines Tages wirst du begreifen, was heute zwischen dir und mir vorgefallen ist.»

Als der Meister die Gegend verließ, ging Ch'ing-yüan nicht mit ihm, sondern verbrachte den Sommer in Chingshan, wo er sich mit Ling-yüan anfreundete. Eines Tages sagte er zu ihm: «Ich habe kürzlich von einem Meister in der Stadt gehört, dessen Worte, so scheint mir, meinem Verstand weitaus gemäßer sind.» Doch Ling-yüan riet ihm eindringlich, lieber wieder zu Meister Tai-p'ing zu gehen, dem besten Zen-Meister jener Zeit. Er fügte hinzu, daß diejenigen, deren Worte er zu verstehen glaubte, keine echten Zen-Meister seien, sondern nur Lehrer der Philosophie.

Ch'ing-yüan folgte dem Rat seines Freundes und ging zurück zu seinem früheren Meister. An einem kalten Abend befand er sich allein bei der Feuerstelle und räumte die Asche fort, um zu sehen, ob darunter nicht noch ein Glutstückchen zu finden sei. Tief in der Asche verborgen entdeckte er schließlich noch ein erbsengroßes Stück. Da dachte er, die Wahrheit des Zen werde sich wohl auch zeigen, wenn man nur tief genug in den Felsengrund des Bewußtseins hinabgrub. Er nahm das *Ch'uan-teng-lu* zur Hand, das auf seinem Tisch lag, und sein Blick viel auf die Geschichte von P'o-tsao-to (siehe unten), die seinen Geist urplötzlich in den Satori-Zustand versetzte. Und wie von selbst fügten sich die Worte zu dem folgenden Gedicht:

> Die Vögel flöten, flöten im Wald,
> in das Gewand gehüllt, sitze ich die ganze Nacht.
> Ein winziges Glutstückchen, tief in der Asche vergraben,
> verrät das Geheimnis des Lebens:
> Die Feuerstelle zerfällt, wenn der Geist weiß, wohin er
> zurückzukehren hat.
> Überall unverborgen leuchtet die Wahrheit, doch die
> Menschen sehen sie nicht, verwirrt ist der Geist;
> so schlicht die Melodie auch ist, wer wäre empfänglich
> für sie?
> Ich denke an sie, und lange wird die Erinnerung bei mir
> bleiben.
> Weit offen ist das Tor, doch menschenleer die Szene.*

Die Geschichte, auf die hier angespielt wird, geht so: P'o-tsao-to ist der Name, den Hui-an einem seiner Schüler in Sung-yüeh gab. Er bedeutet wörtlich «zerfallene Feuerstelle», und hier wird auf ein Ereignis im Leben eines namenlosen Zen-Meisters angespielt, der dadurch einen Platz in den Annalen des Zen erhielt.

In einem Dorf in Sung-yüeh gab es einen Schrein, in dem

* *Hsü-chuan*, XXV.

eine Feuerstelle unterhalten wurde. Es war für alle Leute von nah und fern ein Ort der Anbetung, und hier fanden auch Opferungen statt, bei denen Menschen bei lebendigem Leibe geröstet wurden.

Eines Tages erschien jener Namenlose von seinen Aufwärtern begleitet in dem Schrein. Er klopfte dreimal mit seinem Stab auf die Feuerstelle und sagte: «Alte Feuerstelle, bist du nicht einfach aus Ziegel und Mörtel gefügt? Woher deine Heiligkeit? Woher deine Geistigkeit? Und doch verlangst du so viele Opfer!» Indem er das sagte, klopfte er noch dreimal auf die Feuerstelle, die sich nun unter ihrer eigenen Schwere neigte und in Schutt und Asche fiel.

Nach einer Weile erschien plötzlich ein blau gewandeter Mann mit einer hohen Kopfbedeckung; er ging auf den Meister zu und verbeugte sich ehrfurchtsvoll vor ihm. Der Meister fragte ihn, wer er sei, und er antwortete: «Ich bin der Geist der Feuerstelle in diesem Schrein. Lange schon bin ich hier aufgrund meines früheren Karma. Doch seit ich Eure Darlegung über die Lehre der Ungeborenheit hörte, bin ich entlassen aus der Gefangenschaft und im Himmel geboren. Euch meinen besonderen Dank zu sagen, bin ich gekommen.»

Der Meister sagte: «Ungeborenheit ist die ursprüngliche Natur deines Seins. Es hätte keiner Darlegung bedurft.» Das Himmelswesen verbeugte sich abermals und verschwand.

Später wurde der Meister von seinen Aufwärtern und anderen gefragt: «Wir sind nun schon so lange bei Euch, doch es war uns noch nie vergönnt, von Euch eine Darlegung des Dharma zu hören. Welche Unterweisung erhielt der Geist der Feuerstelle von Euch, daß er sogleich im Himmel geboren werden konnte?»

Der Meister antwortete: «Ich sagte ihm nur, daß er aus Ziegel und Mörtel bestand; da war sonst keine besondere Unterweisung für ihn.»

Die Aufwärter und die anderen standen stumm da.

Der Meister fragte: «Begreift ihr?»

«Nein», sagte der Klosterverwalter, «wir begreifen nicht.»

Der Meister sagte: «Die ursprüngliche Natur aller Wesen – weshalb begreift ihr nicht?»

Alle Mönche verbeugten sich vor dem Meister, worauf dieser rief: «Eingestürzt, eingestürzt! Zerfallen, zerfallen!»*

15.

Le-t'an Wen-chun (1061–1115) widmete sich in seiner Jugend der buddhistischen Philosophie, wandte sich jedoch später von diesem Studium ab, weil es ihn unbefriedigt ließ. Er machte sich nach Süden auf, um sich im Zen zu schulen, und blieb viele Jahre bei Kuei-shan Chen-ju, doch gelang ihm kein entscheidender Durchbruch zur Zen-Erfahrung. Er suchte Chiu-feng Chen-ching auf, einen anderen großen Zen-Meister jener Zeit.

Dieser fragte ihn: «Wo liegt dein Heimatort?»

«In Hsing-yüan Fu.»

«Woher kommst du eben jetzt?»

«Aus Tai-yang.»

«Wo hast du den Sommer verbracht?»

«Im Kuei-shan-Kloster.»

Chiu-feng streckte ihm eine Hand hin und fragte: «Wie kommt es, daß meine Hand der des Buddha so ähnlich ist?»

Le-t'an stand wie vor den Kopf geschlagen da.

Der Meister sagte: «Bis jetzt hast du meine Fragen noch ungezwungen und schlagfertig beantwortet. Kaum spreche ich von der Hand des Buddha, verschlägt es dir die Sprache. Wo hapert es denn?»

Le-t'an wußte es nicht.

Chiu-feng sagte: «Alles liegt vollkommen offenbar vor dir. Wen möchtest du dazu bringen, dich zu unterweisen?»

* *Ch'uan-teng-lu*, IV.

Zehn Jahre blieb Le-t'an bei seinem Meister Chiu-feng und folgte ihm überallhin. Chiu-feng war ein stiller Meister, der niemandem besondere Unterweisungen gab, obgleich die Schar seiner Schüler immer größer wurde. Betrat ein ratsuchender Mönch seinen Raum, so schloß er die Augen, verharrte in knieender Haltung und sagte nichts. Sah er jemanden kommen, so ging er in den Garten und half den Gärtnermönchen beim Hacken. Le-t'an fragte seinen Freund Kung manchmal: «Hat denn der Meister gar nicht die Absicht, seine Schüler den Dharma zu lehren? Man kennt sich nicht aus mit ihm.»

Einmal öffnete er mit einem Stock den Damm, und als er seine Kleider wusch, erwachte sein Geist urplötzlich zur Satori-Erfahrung. Er stürmte sofort ins Zimmer des Meisters und berichtete ihm, was geschehen war.

Der Meister sagte nur: «Ist das ein Grund, sich so ungehobelt zu benehmen?»*

16.

Yüan-wu K'o-ch'in (Engo Kokugon, 1063–1135), bekannt vor allem als Kompilator und Herausgeber des *Pi-yen-lu*, wurde in einer konfuzianischen Familie geboren. Schon als Kind lernte er die Klassiker dieser Tradition auswendig. Einmal befand er sich in einem buddhistischen Kloster und bekam dort Bücher in die Hand, bei deren Lektüre ihm war, als stiegen alte Erinnerungen in ihm auf. «Ich bin gewiß in einem früheren Leben ein buddhistischer Mönche gewesen», dachte er.

Später erhielt er die buddhistischen Priesterweihen und widmete sich mit großem Eifer der buddhistischen Philosophie. Dann wurde er sehr krank, und als er sich dem Tode

* *Hsü-chuan*, XXII.

nahe fühlte, dachte er: «Der rechte Weg zum Nirvāna, wie der Buddha ihn lehrt, ist nicht in Worten und bloßen Überlegungen zu finden. Ich habe ihn in Lauten und Formen gesucht, und ohne Zweifel verdiene ich den Tod.»

Als er genesen war, gab er seine alte Methode auf und ging zu einem Zen-Meister namens Chen-chüeh Sheng. Dessen Unterweisung bestand darin, daß er sich mit einem Messer am Arm eine blutende Wunde zufügte und dann sagte, jeder Blutstropfen sei aus der Quelle von T'sao-ch'i. T'sao-ch'i ist der Ort, wo Hui-neng (Enō), der sechste Patriarch des Zen in China, die Südliche Schule des Zen begründete; Chen-chüehs Worte besagen: Den Zen-Weg zu gehen, verlangt von uns den Einsatz unseres Lebens.

Von dieser Begegnung inspiriert, suchte Yüan-wu viele weitere Zen-Meister auf. Sie alle zeigten sich beeindruckt von der Reife seines Zen-Bewußtseins, und manche meinten sogar, er werde innerhalb der Lin-chi-Schule eine neue Linie begründen. Schließlich kam Yüan-wu zu Meister Wu-tsu Fa-yen (Goso Hōen, ca. 1024–1104), der es jedoch ablehnte, ihn zu bestätigen. Yüan-wu meinte, Wu-tsu verweigere ihm nur so zum Trotz die Anerkennung. In nicht gerade achtungsvollen Worten gab er seinem Unmut Ausdruck und wandte sich zum Gehen, als der Meister sagte: «Wenn du einmal ernsthaft krank bist, wirst du dich meiner erinnern.»

Als Yüan-wu sich in Chin-shan aufhielt, zog er sich ein Fieber zu und litt sehr. Er versuchte alle bisherige Zen-Erfahrung aufzubieten, um damit fertigzuwerden, doch es half nichts. Da erinnerte er sich an Wu-tsus prophetische Mahnung. Sobald es ihm ein wenig besser ging, machte er sich auf zu dessen Kloster. Wu-tsu freute sich, ihn zu sehen.

Einmal hatte der Meister einen jungen Regierungsbeamten zu Gast, der seinen Auftrag erledigt hatte und nun in die Hauptstadt zurückkehren mußte. Er wollte etwas über die Zen-Lehre erfahren, und Wu-tsu sagte zu ihm: «Es gibt da ein Liebesgedicht, in dessen letzten beiden Zeilen etwas von Zen ist. Sie lauten:

Wozu ruft sie so oft nach der Magd, der sich doch nichts
aufzutragen hat?
Nur damit der Geliebte vielleicht ihre Stimme hört.»

Der junge Mann antwortete sogleich: «Ja, ja, Meister.» Doch dieser mahnte ihn, nicht voreilig zu sein.

Yüan-wu erfuhr ein wenig später von dieser Begegnung und fragte den Meister: «Wie ich höre, habt ihr dem jungen Beamten ein Gedicht aufgesagt, während ich fort war. Verstand er?»

Wu-tsu erwiderte: «Er erkannte die Stimme.»

Yüan-wu sagte: «Es heißt doch, es gehe darum, daß der Liebhaber die Stimme hört; wenn der Beamte die Stimme erkannte, was mangelt ihm dann noch?»

Ohne direkt auf diese Frage einzugehen, sagte der Meister unvermittelt: «Was ist der Sinn von des Patriarchen Kommen aus dem Westen? Die Zypresse da im Vorgarten. Wie steht es damit?»

Das öffnete Yüan-wus Geist augenblicklich für die Wahrheit des Zen. Er stürmte aus dem Zimmer und sah draußen auf dem Geländer einen Hahn, der krähte und mit den Flügeln schlug. «Ist das nicht die Stimme?» sagte er.

Er dichtete folgenden Vers auf sein Erlebnis:

Die goldene Ente verströmt keinen duftenden Rauch mehr
hinter den Brokatschirmen.
Mitten im Flötespielen und Singen zieht er sich zurück,
tief berauscht und von anderen gestützt:
Ein glückliches Ereignis im Leben eines schwärmerischen
Jünglings;
nur seine Liebste darf davon wissen.

Der Meister sagte: «Die große Frage von Leben und Tod, aufgrund derer die Buddhas und Patriarchen unter uns erschienen sind, ist nicht für kleine Geister und mindere Gefäße. Wie schön, daß ich dir helfen konnte, zu dieser Freude zu finden!*

17.

Hui-ch'in Fo-chien hatte sich viele Jahre unter verschiedenen Zen-Meistern geschult und meinte nun, er sei bestens beschlagen. Wu-tsu Fa-yen teilte diese Ansicht jedoch nicht, und das verdroß Hui-ch'in sehr. Er verließ den Meister, und das tat auch sein Freund Yüan-wu. Letzterer jedoch kehrte zu Wu-tsu zurück und erlangte unter seiner Führung volle Verwirklichung. Auch Hui-ch'in kehrte nach einer Weile zurück, doch eigentlich wollte er anderswohin. Yüan-wu riet ihm jedoch dringend, bei Wu-tsu zu bleiben, und sagte: «Wir haben uns mehr als einen Monat nicht mehr gesehen; wenn du zurückdenkst, wie ich damals war, was hältst du dann jetzt von mir?»

«Eben das ist es, was mir zu schaffen macht», sagte Hui-ch'in. (Yüan-wu hatte, wie wir im vorigen Abschnitt erfuhren, bald nach seiner Rückkehr zum Meister Satori erlangt. Sein ganzes Leben hatte sich daraufhin so grundlegend gewandelt, daß Hui-ch'in sich nach seiner Rückkehr staunend fragte, was diese Verwandlung zu bedeuten habe.)

Er entschloß sich, bei seinem alten Meister und dem guten Freund zu bleiben. Einmal sprach Wu-tsu von einem Mondō zwischen Chao-chou und einem Mönch:

Der Mönch fragte: «Was ist Eure Art der Unterweisung?»

Chao-chou sagte: «Ich höre schlecht; sprich bitte lauter.»

Der Mönch wiederholte die Frage.

* *Hsü-chuan*, XXV.

Chao-chou sagte: «Du befragst mich über meine Art zu unterweisen, und ich habe deine bereits herausgefunden.»

Dieses Mondō öffnete Hui-ch'ins Geist für die Satori-Erfahrung. Er bat den Meister: «Bitte, legt mir dar, was die unübertreffliche Wahrheit des Zen ist.»

Der Meister sagte: «Die Zehntausend Dinge tragen den Stempel des Einen.»

Hui-ch'in verbeugte sich und ging fort.

Später, als Yüan-wu und Hui-ch'in einmal über Zen sprachen, kam das Gespräch auf Hui Tung-szu, der Yang-shan über das strahlende Juwel aus dem Meer von Chen befragte.* Als sie zu Yang-shans letzter Antwort kamen, fragte Yüan-wu: «Wenn es heißt, das Juwel sei schon in der Hand, wozu dann noch die Aussage, daß es für die Antwort keine Worte gibt und keine Überlegungen vorzubringen sind?»

Hui-ch'in wußte darauf keine Antwort. Am nächsten Tag jedoch sagte er: «Tung-szu wollte nur das Juwel und sonst nichts, doch was Yang-shan ihm dann bot, war nichts als ein alter Weidenkorb.»

Yüan-wu pflichtete dieser Anschauung bei, riet seinem Freund jedoch, den Meister selbst aufzusuchen.

Als Hui-ch'ing den Raum des Meister betrat und ihn gera-

* Yang-shan kam zur persönlichen Unterweisung zu Tung-szu Hui. Dieser fragte ihn: «Wo bist du geboren?»
«Ich komme aus Kuang-nan.»
«Ich höre, daß da ein hell schimmernder Edelstein im Chen-Meer von Kuang-nan ist. Ist das so?»
«Ja, das ist so.»
«Welche Gestalt hat das Juwel?»
«Wenn der Mond scheint, wird sie offenbar.»
«Hast du es mitgebracht?»
«Ja, das habe ich.»
«Warum weist du es dem alten Meister nicht vor?»
«Gestern war ich bei Kuei-shan, und auch er wollte es sehen. Es gab jedoch keine Worte, in die ich meine Antwort hätte fassen können, und da waren keine Gedanken, die ich hätte vorbringen können.»

de ansprechen wollte, erhielt er von diesem einen scharfen Verweis. Tief gedemütigt mußte er sich zurückziehen. Er schloß sich in sein eigenes Zimmer ein, und sein Herz war voller Aufbegehren.

Yüan-wu merkte etwas, und er ging zu seinem Freund und klopfte bei ihm an.

«Wer ist da?» rief Hui-ch'in. Als er hörte, daß es sein teurer Freund Yüan-wu war, bat er ihn herein.

Yüan-wu fragte ganz harmlos: «Warst du beim Meister? Wie ist es dir ergangen?»

«Auf deinen Rat hin bin ich hiergeblieben», polterte Hui-ch'in, «und was ist nun dabei herausgekommen? Ich bin von unserem alten Meister furchtbar angefahren worden.»

Yüan-wu lachte laut und sagte: «Weißt du noch, was du jüngst zu mir sagtest?»

«Was meinst du?» grollte Hui-ch'in.

«Sagtest du nicht, Tung-szu habe nichts als das Juwel gewollt, und Yang-shan habe ihm nur einen alten Weidenkorb geboten?»

Als Hui-ch'in seine eigenen Worte wiederholt hörte, begriff er augenblicklich. Sie suchten gemeinsam den Meister auf, und der, als er sie kommen sah, sagte nur: «Diesmal hast du es.»*

18.

Fo-teng Shou-hsün (1079–1134) begann seine Zen-Schulung unter Kuang-chien Ying. Später ging er nach Tai-ping zu Meister Fo-chien, fand jedoch keinen Zugang zur Wahrheit des Zen. Er schloß sein Bettzeug weg und sprach das Gelübde: «Wenn ich nicht in diesem Leben zur Zen-Erfahrung gelange, so werde ich dies nie wieder ausbreiten, um meinen

* *Hsü-chuan*, XXV.

Körper darauf auszuruhen.» Am Tag übte er im Sitzen, doch die Nächte verbrachte er stehend. Er warf sich geradezu verzweifelt in die Übung wie einer, der seine Eltern verloren hat.

So vergingen sieben Wochen. Eines Tages gab Fo-chien eine Darlegung und sagte: «Die Zehntausend Dinge tragen alle den Stempel des Einen.» Das öffnete Fo-teng die Augen. Fo-chien sagte: «Welch ein Jammer, das schimmernde Juwel ist von diesem Verrückten fortgetragen worden!»

Zu Fo-teng gewandt fuhr er fort: «Ling-yün sagt: ‹Seit ich einmal die Pfirsichblüte sah, habe ich nie wieder einen Zweifel gehegt.› Was heißt das, wenn von niemandem jemals irgendein Zweifel gehegt wird?»

Fo-teng antwortete: «Sagt nicht, daß Ling-yün niemals einen Zweifel hegt. Kein Zweifel kann jemals irgendwo gehegt werden, selbst jetzt nicht.»

Fo-chien sagte: «Hsüan-sha (Gensha) sagte zu Ling-yün: ‹So weit, wie du gelangt bist, steht es recht mit dir, doch bist du noch nicht wirklich eingedrungen.› Wo ist dieser noch nicht durchdrungene Punkt?»

Fo-teng erwiderte: «Mit tiefer Dankbarkeit nehme ich Eure großmütterliche Güte an.»

Diese Antwort fand Fo-chiens Anerkennung. Daraufhin ließ Fo-teng den folgenden Vers hören:

> Den ganzen Tag schaut er zum Himmel, doch ohne den Kopf zu heben,
> da er den Pfirsichbaum in voller Blüte sieht, heben sich erstmals seine Brauen:
> Doch täusche dich nicht, da ist immer noch ein weltumspannendes Netz –
> Erst wenn die letzte Schranke durchbrochen ist, gibt es wirkliche Ruhe.

Yüan-wu, als er davon erfuhr, hegte Zweifel an der Tiefe von Fo-tengs Erfahrung. So faßte er den Plan, ihn selbst noch einmal zu prüfen. Er rief ihn zu sich und machte mit ihm einen Spaziergang durch die Berge. An einem tiefen Teich stieß er seinen Begleiter urplötzlich ins Wasser und fragte dann: «Wie steht es mit Fa-jung, bevor er dem Vierten Patriarchen begegnete?»*

«Tief ist der Teich, zahlreich sind die Fische.»

«Und nach der Begegnung?»

«Den hohen Baum umspielt ein kühler Hauch.»

«Und wie, wenn er gesehen und nicht gesehen wird?»

«Die gestreckten Beine sind die gebeugten Beine.»

Yüan-wu war gänzlich zufriedengestellt.**

* Diese Begegnung wurde bereits in einem früheren Essay geschildert. *Zazen*, S. 50f.

** *Hsü-chuan*, XXIX.

ANHANG II:

Zwei Kōan-Sammlungen: *Pi-yen-lu* und *Wu-men-kuan*

DAS *PI-YEN-LU*

Entstehung, Aufbau und Schicksal des Buches

Das *Pi-yen-lu,** sein japanischer Titel lautet *Hekigan-roku*, ist eines der Bücher, die besonders für die Lin-chi-(Rinzai-)Tradition des Zen-Buddhismus, vor allem in Japan, von überragender Bedeutung sind. Seinen Grundbestand bilden 100 von Meister Hsüeh-tou Ch'ung-hsin (Setchō Jūken, 980–1052) gesammelte** und mit «Lobsprüchen» versehene Kōan oder «Beispiele», die Yüan-wu K'o-ch'in (Engo Kokugon, 1063–1135) später mit einem «Hinweis» sowie mit Zwischenbemerkungen und Erläuterungen versah. Hsüeh-tou, der in der Sung-Zeit wirkte, war einer der letzten großen Meister der Yün-men-(Ummon-)Schule. Er war bekannt für sein literarisches Können, und als seine poetischen Kommentare zu den einhundert Beispielen veröffentlicht wurden, fanden sie in den literarischen Kreisen jener Zeit begeisterte Anerkennung.

* *Pi-yen* bedeutet «blaugrüne Felswand»; *lu* bedeutet «Aufzeichnung», «Niederschrift». «Blaugrüne Felswand» war der Name von Yüan-wus Arbeitsraum.

** Er entnahm sie in der Mehrzahl dem *Ch'uan-teng-lu* (*Dentō-roku*, «Aufzeichnung über die Weitergabe der Leuchte»), dem frühesten geschichtlichen Werk der Zen-Literatur.

Als Yüan-wu in der Hauptstadt von Shu lebte, wurde er von seinen Schülern gebeten, Hsüeh-tous Werk zur Grundlage seiner Darlegungen zu machen. Auch als er später, in der Cheng-hua-Zeit (1111–1118), im Kloster Chia-shan in Lichou weilte, bat man ihn wieder, Darlegungen zu diesem Werk zu geben. Die Aufzeichnungen seiner Schüler wurden schließlich zu einem richtigen Buch kompiliert. Jedem Beispiel ging ein Hinweis voraus, der das Augenmerk des Hörers auf den Kernpunkt des jeweiligen Kōan lenkt; das Kōan selbst erhielt Zwischenbemerkungen einer scheinbar spöttischen und kritischen Art, wie sie für Zen bezeichnend sind; und Hsüeh-tous Lobsprüche schließlich wurden ebenfalls mit Zwischenbemerkungen versehen und erläutert.

Da Yüan-wu offenbar wenig Sinn für die Überarbeitung und Kollationierung der Notizen seiner Schüler besaß, begannen die Aufzeichnungen in unfertiger und ungeordneter Form zu kursieren. In der Sorge, der Text könne irgendwann nicht mehr wiederherzustellen sein, entschloß sich Yüan-wus Schüler Kuan-yu Wu-tang, eine autorisierte Erstausgabe zu erstellen und damit allen Textabweichungen, die durch wahlloses Kopieren entstehen mochten, vorzubeugen. Das gedruckte Buch erschien im Frühjahr 1125, zwanzig Jahre nachdem der Meister zum drittenmal seine Darlegungen zu den einhundert Beispielen gegeben hatte. Wir erhalten jedoch weder von Kuan-yu, dem Herausgeber, noch von P'u-chao, dem Autor des Vorworts, einen Hinweis darauf, ob Yüan-wu den Text selbst noch einmal durchgegangen ist, bevor er gedruckt wurde.

Später gewann Ta-hui Tsung-kao (Daie Sōkō, 1089–1163), der hervorragendste Schüler von Meister Yüan-wu, den Eindruck, das Buch sei der eigentlichen Schulung und dem wahren Zen-Begreifen eher abträglich; er ließ alle erreichbaren Exemplare einsammeln und verbrennen. Es scheint, daß das Buch danach tatsächlich nicht mehr im Umlauf war. Erst fast zweihundert Jahre später (1302) entdeckte der Zen-Laie

Chang Ming-yüan ein gut erhaltenes Exemplar des *Pi-yen-lu* und kollationierte es mit anderen Ausgaben, die sich in Südchina fanden; das Ergebnis war die Ausgabe, die wir heute besitzen.

Dōgen, der Begründer der Sōtō-Schule des Zen in Japan, soll der erste gewesen sein, der das *Pi-yen-lu* von China nach Japan brachte (im «dritten Jahr Karoku», das entspricht nach westlicher Zeitrechnung dem Jahr 1227). Erst etwa achtzig Jahre später gelangte die Ausgabe von Chang Ming-yüan nach Japan; wir kennen das genaue Datum nicht, doch es war eine Zeit des regen Austauschs zwischen japanischen und chinesischen Zen-Meistern, und so ist anzunehmen, daß das Buch von japanischen Mönchen mitgebracht wurde, die nach China reisten, um dort zu studieren oder sich zu schulen. Zu Anfang des fünfzehnten Jahrhunderts erschien die erste japanische Ausgabe des *Pi-yen-lu*, das *Hekigan-roku*.

Ich möchte nun ein Beispiel des *Pi-yen-lu* vorstellen, vollständig mit allen Nebentexten. Wir erkennen hier den bereits beschriebenen Aufbau: Dem eigentlichen Kōan-Text geht Yüan-wus Hinweis voraus; in das Beispiel selbst sind Zwischenbemerkungen eingeschoben; danach folgt eine Darlegung zum Kōan und dann Hsüeh-tous Lobspruch, ebenfalls mit Zwischenbemerkungen versehen; den Abschluß bildet Yüan-wus Erläuterung zum Lobspruch.

Das Folgende ist die Übersetzung des 55. Beispiels, originalgetreu, soweit es die Konstruktion des ursprünglichen Textes zuläßt – und dieser dürfte wohl für jeden, der mit der Zen-Literatur nicht vertraut ist, nahezu unbegreiflich sein. Dies wird der Leser auch noch an meiner – alles andere als wörtlichen – Übersetzung erkennen.

Das 55. Beispiel: Tao-wu (Dōgo) und Chien-yüan (Zengen) kondolieren*

Hinweis

In Frieden und Vertrautheit mit der ganzen Wahrheit erlangt er auf der Stelle Verwirklichung. Mit der Strömung wandelnd, läßt er die Dinge kreisen, und man realisiert es auf der Stelle.

Lassen wir mal eine Weile beiseite, wie man verwickelte Worte beim Funken vom Feuerstein, beim Aufzucken eines Blitzes durchschlägt oder, auf dem Tigerkopf reitend, des Tigers Schwanz packt – all das ist wie eine tausend Klafter Steilwand.

Einen fadendünnen Weg einräumend, kann man da etwas

* Tao-wu Yüan-chih (Dōgo Enchi, 768/69–853), der zur Zeit der T'ang-Dynastie lebte, war ein Schüler von Yüeh-shan (Yakusan). Einst diente er dem Meister zusammen mit Yün-yen T'ang-shen (Ungan Donjō) als Aufwärter. Der Meister sagte: «Wohin euer Intellekt nicht reicht, darüber ermahne ich euch, nicht zu sprechen. Tut ihr es doch, so werden euch Hörner wachsen. Yüan-chih, was sagst du dazu?»
Yüan-chih erhob sich von seinem Platz und verließ den Raum.
Yün-yen fragte den Meister: «Wie kommt es, Meister, daß Bruder Chih Euch nicht antwortet?» «Mein Rücken schmerzt heute», sagte Yüeh-sahn. «Geh lieber zu Yüan-chih selbst, denn er begreift.» Yün-yen suchte seinen Mönchsbruder auf und fragte: «Warum hast du unserem Meister eben nicht geantwortet?» Yüan-chih sagte: «Geh lieber zurück und frage den Meister selbst.»
Einer von Tao-wus Schülern (und schließlich sein Dharma-Nachfolger) war Shih-shuang (Sekisō). Einst fragte er den Meister: «Wenn einer mich nach Eurem Dahinscheiden nach dem Unübertrefflichen fragt, was soll ich ihm sagen?» Der Meister beantwortete die Frage nicht, sondern rief seinen Aufwärter, der sogleich erschien. Der Meister sagte: «Fülle den Krug mit frischem Wasser.» Und nachdem er eine Weile geschwiegen hatte, wandte er sich Shih-shuang wieder zu und fragte: «Was hattest du vorhin wissen wollen?» Shih-shuang wiederholte seine Frage, worauf der Meister sich erhob und den Raum verließ. Diese Methode benutzte Tao-wu offenbar besonders gern, um die Wahrheit des Zen zu demonstrieren.

für die Menschen tun oder nicht? Zur Probe leg ich's vor; schaut her!

Das Beispiel

Tao-wu und Chien-yüan gingen zu einem Haus zu kondolieren. Chien-yüan klopfte an den Sarg und sagte: «Leben oder Tod?» Was sagst du? – Nun, du bist ganz und gar nicht lebendig. – Dieser Kerl wandert immer noch zwischen zwei Pfaden.

Tao-wu sagte: «Ich sage nicht Leben, ich sage nicht Tod.» Wenn ein Drache singt, bildet sich Nebel; wenn ein Tiger brüllt, erhebt sich der Wind. – Dieser Hut paßt auf den Kopf. – Großmütterliche Güte!

Chien-yüan sagte: «Warum sagt Ihr es nicht?» Fehlgegangen! – Ganz gewiß, da unterlief ein schwerer Schnitzer!

Tao-wu sagte: «Ich sag's nicht, ich sag's nicht!» Schmutzwasser ergießt sich über deinen Kopf. – Der erste Pfeil war noch recht leicht, doch der zweite dringt tiefer.

Sie kehrten um – recht lebhaft! –, und als sie unterwegs waren, sagte Chien-yüan: «Meister, sagt es doch schnell um meinetwillen. Wenn Ihr es nicht sagt, so werde ich den Meister schlagen und weggehen.» Da haben wir es. – Selten trifft man weise Menschen, die meisten sind Narren. – Einer, der so voller Unverstand ist, sollte wohl schneller als ein Pfeil zur Hölle fahren.

Tao-wu sagte: «Wenn du mich schlägst, so lasse ich mich schlagen. Sagen werde ich nichts.» Bei ernsten Dingen ist Wiederholung geboten. – Er merkt nicht einmal, daß er ausgeraubt wird. – Dieses alten Mannes zärtliche Fürsorge kennt keine Grenzen. – Die erste Antwort gilt nach wie vor.

Daraufhin schlug ihn Chien-yüan. Recht so! – Sag einmal, welchen Sinn hat es, ihn derart zu schlagen? – Manchmal hat man unbillige Behandlung zu erdulden.

Später ging Tao-wu in die große Verwandlung ein. Chien-yüan ging zu Shih-shuang (Sekisō) und berichtete ihm das frühere Gespräch. Wissentlich gefehlt! – Ich frage mich, ob das wohl recht ist oder nicht. – Wenn es recht ist, wie wunderbar!

Shih-shuang sagte: «Ich sage nicht Leben, ich sage nicht Tod.» Wie überaus erfrischend! – Manche verzehren auch ein alltägliches Mahl mit Genuß.

Chien-yüan sagte: «Warum sagt Ihr es nicht?» Dieselben Worte und auch kein Unterschied des Sinnes. – Sag einmal, ist dies dieselbe Frage wie zuvor?

Shih-shuang sagte: «Ich sag's nicht, ich sag's nicht!» Himmel oben, Erde unten. – Wenn so die Wogen branden in Ts'ao-ch'i, wie viele gewöhnliche Sterbliche ertrinken dann an Land?

Bei diesen Worten kam Chien-yüan zu einer Einsicht [kleinen Erleuchtung]. Dieser ganz und gar blinde Kerl! – Mich täuscht er nicht!

Eines Tages ging Chien-yüan mit einem Spaten hinauf zur Dharma-Halle, ging hindurch von Ost nach West, ging hindurch von West nach Ost. Der Tote auferweckt. – Gut, dieses Sichaufspielen um des toten Meisters willen! – Erbitte nichts von anderen! – Seht, wie dieser Kerl sich selbst in Schande bringt!

Shih-shuang fragte: «Was machst du da?» Blind in die Stapfen eines anderen treten!

Chien-yüan sagte: «Ich suche die heiligen Knochen meines früheren Meisters.» Zu spät wie das Aufhängen eines Medizinbeutels hinterm Leichenkarren. – Zu schade, daß er den ersten Schritt verfehlte! – Was sagst du?

Shih-shuang sagte: «Große Wellen, weiter, klarer Himmel! Was suchst du da noch nach den heiligen Knochen des früheren Meisters?» Was das angeht, darum soll ein anderer Meister sich kümmern. – Was nutzt es, den Massen zu folgen?

Hsüeh-tou bemerkt: «O Himmel. O Himmel!» Zu spät. – Dies ist wie das Spannen des Bogens, nachdem der Dieb fort ist. Laß ihn lieber im selben Grab beisetzen.

Chien-yüan sagte: «Das ist gut, Kraft zu geben.» Nun sag, worauf soll all dies am Ende hinaus? – Was sagte der verstorbene Meister dir früher? – Dieser Kerl hat es von Anfang bis Ende nicht verstanden, sich zu befreien.

Fu von T'ai-yüan sagt: «Die heiligen Knochen des früheren

Meisters sind immer noch hier.» Seht ihr sie, ihr Schüler? – Es ist wie Blitzschlag. – Was für abgetragene Sandalen! – Dies ist am Ende doch etwas wert.

Erläuterung

Tao-wu und Chien-yüan gingen zu einem Haus zu kondolieren. Chien-yüan klopfte an den Sarg und sagte: «Leben oder Tod?» Tao-wu sagte: «Ich sage nicht Leben, ich sage nicht Tod.» Wenn ihr bei dieser Bemerkung unmittelbar zu einer Einsicht gelangt, so werdet ihr wissen, wohin es mit euch geht. Eben hier und nirgendwo sonst ist das, was euch aus der Fessel von Geburt und Tod befreit. Habt ihr es noch nicht, so werdet ihr an jeder Biegung wohl ausgleiten. Seht, wie ernsthaft diese Zen-Schüler in alter Zeit waren! Ob sie gingen oder standen, saßen oder lagen, ihr Geist war stets auf diese Sache ausgerichtet. Sie waren kaum in dem Haus, in welchem Trauer herrschte, als Chien-yüan auch schon an den Sarg klopfte und Tao-wu fragte: «Leben oder Tod?» Tao-wu erwiderte augenblicklich: «Ich sage nicht Leben, ich sage nicht Tod.» Chien-yüan glitt geradewegs auf der wörtlichen Bedeutung dieser Bemerkung seines Meisters aus. Daher seine zweite Frage: «Warum sagt Ihr es nicht?» Darauf erwiderte Tao-wu: «Ich sag's nicht, ich sag's nicht!» So voller Güte war sein Herz! Ein Irrtum zieht den nächsten nach sich.

Chien-yüan war noch nicht zu sich selbst gekommen. Auf dem Heimweg trat er abermals an den Meister heran und sagte: «Meister, sagt es doch schnell um meinetwillen. Wenn Ihr es nicht sagt, so werde ich den Meister schlagen und weggehen.» Dieser Kerl weiß aber auch gar nichts. Dies ist der Fall einer Freundlichkeit, die nicht vergolten wird. Doch Tao-wu, wie immer großmütterlich und liebevoll, erwiderte: «Wenn du mich schlägst, so lasse ich mich schlagen. Sagen werde ich nichts.»

Da schlug Chien-yüan. Dies ist zwar bedauerlich, doch man kann sagen, daß er hier einen Punkt wettgemacht hat gegenüber dem Meister. Von Herzensgrund unternahm Tao-wu alles, um seinen Schüler Erleuchtung finden zu lassen, doch dem Schüler gelang es nicht, den Sinn in eben diesem Augenblick zu erfassen. Von seinem Schüler geschlagen, sagte Tao-wu: «Es wird besser sein, wenn du das Kloster für eine Weile verläßt. Sollte der Mönchsälteste von diesem Vorfall erfahren, so könnte das unangenehm für dich werden.»

Chien-yüan wurde in aller Stille fortgeschickt. Von welcher Herzensgüte Tao-wu doch war! Später gelangte Chien-yüan zu einem kleinen Kloster, wo er hörte, wie einer der Laienbrüder das *Avalokiteshvara-Sūtra* rezitierte, worin es heißt: «Zu denen, die von ihm erlöst werden wollen, indem sie die Form eines Bhikku [Mönch] annehmen, wird Avalokiteshvara in der Form eines Bhikku predigen.» Als Chien-yüan diese Worte vernahm, gelangte er augenblicklich zur Verwirklichung und sagte zu sich selbst: «Ich war im Irrtum, fürwahr. Ich wußte damals nicht, wie ich meinen verstorbenen Meister begreifen sollte. Dies hier ist wahrlich keine Sache von bloßen Worten.»

Ein alter Meister sagt: «Selbst die außerordentlich Weisen stolpern über Worte.» Manche versuchen sich mit dem Verstand an Tao-wus Haltung und meinen, als er es rundweg ablehnte, ein Wort über diese Sache zu sagen, habe er in Wirklichkeit bereits etwas gesagt; diese Haltung des Meisters bezeichne man als Salto rückwärts, mit dem die Leute irregeführt und gänzlich verwirrt werden sollten. Wenn dies so aufzufassen wäre, so meine ich, wie sollten wir dann je zum Frieden des Geistes gelangen? Nur wenn unsere Füße auf dem festen Grund der Wirklichkeit schreiten, wissen wir, daß die Wahrheit nicht um Haaresbreite von uns entfernt ist.

Denkt an jene sieben weisen Frauen Indiens, die den Wald des Todes aufsuchten. Eine von ihnen, auf einen Leichnam deutend, sagte: «Der Leichnam ist da, doch wo ist der

Mensch?» Die älteste sagte: «Was? Was?» Daraufhin, so heißt es, erlangten sie allesamt *anutpattikadharmakshānti*, die Verwirklichung der Wahrheit, daß alle Dinge von Anbeginn ungeboren sind. Wie viele von dieser Art begegnen uns heute noch? Vielleicht einer unter tausend oder gar zehntausend.

Chien-yüan ging später zu Shih-shuang und bat, er möge ihm Aufschluß geben über die geschilderte Sache. Doch Shih-shuang wiederholte nur, was Tao-wu gesagt hatte: «Ich sage nicht Leben, ich sage nicht Tod.» Und als Chien-yüan weiterforschte: «Warum sagt Ihr es nicht?», da erwiderte Shih-shuang: «Ich sag's nicht, ich sag's nicht!» Dies öffnete Chien-yüans geistiges Auge.

Eines Tages betrat Chien-yüan mit einem Spaten in der Hand die Dharma-Halle und ging mit diesem in der Halle auf und ab. Er wollte dem Meister seine Auffassung darlegen, und dieser, wie zu erwarten war, befragte ihn darüber: «Was machst du da?» Chien-yüan sagte: «Ich suche die heiligen Knochen meines früheren Meisters.» Shih-shuang, in dem Bestreben, den Schüler sofort vom sicheren Grund zu stoßen, bemerkte: «Große Wellen, weiter, klarer Himmel! Was suchst du noch nach den heiligen Knochen des früheren Meisters?»

Chien-yüan hatte bereits die Absicht bekundet, die Knochen seines früheren Meisters zu suchen; was also meinte Shih-shuang mit dieser Bemerkung? Könntet ihr erfassen, was in diesen Worten liegt: «Ich sage nicht Leben, ich sage nicht Tod», so wüßtet ihr, daß Shih-shuang hier von Anfang bis Ende so handelt, daß sein ganzes Herz und seine ganze Seele offen vor euren Blicken daliegen. Wenn ihr jedoch darüber nachzudenken beginnt und zaudert und sinnt, werdet ihr es nie erblicken.

Chien-yüans Antwort: «Das ist gut, Kraft zu geben», zeigt, wie anders seine Haltung geworden ist gegenüber der früheren, als er noch keine Einsicht gewonnen hatte. Tao-wus Schädel leuchtet golden, und schlägt man ihn an, so tönt er wie aus Kupfer. Hsüeh-tous Bemerkung: «O Himmel! O

Himmel!» hat eine doppelte Bedeutung, während T'ai-yüans Aussage «Die heiligen Knochen des früheren Meisters sind immer noch hier» mühelos ins Schwarze trifft und wohlgesprochen ist.

Die ganze Sache bündelnd und euren Blicken darbietend – wo liegt denn nun der entscheidende Punkt dieser Begebenheit? Und wo ist der Punkt, der gut ist, Kraft zu geben? Kennt ihr nicht das Wort: «Ist ein Punkt erfaßt, so sind tausend Punkte erfaßt, zehntausend Punkte erfaßt»? Wenn ihr durchbrechen könnt an dem Punkt, wo Tao-wu sagt: «Ich sag's nicht, ich sag's nicht!», so seid ihr in der Lage, jede sich regende Zunge in der ganzen Welt abzuschneiden. Könnt ihr nicht durchbrechen, so zieht euch in eure Quartiere zurück und müht euch mit großer Entschlossenheit, in die Wahrheit des Zen einzudringen. Vergeudet eure kostbare Zeit nicht mit Nichtstun.

Der Lobspruch

Hasen, Pferde haben Hörner, – Schneide sie ab. – Wie merkwürdig! – Wie erfrischend!

Ochs und Schafbock keine Hörner. – Schneide sie ab. –Welch ein Aufheben! – Andere mag man hinters Licht führen, mich nicht.

Kaum ein Haar, kaum das mindeste. – Himmel droben, Erde drunten, ich allein bin der Verehrte. – Wo gedenkt ihr tastend zu suchen?

Ist wie Berge, wie Bergmassive. – Wo sind sie? – Dies ist das Aufwühlen von Wellen auf trockenem Land. – Es reibt sich hart an deiner Nase.

Da sind auch jetzt die gelb-goldenen heiligen Knochen. – Die Zunge abgeschnitten, die Kehle zugeschnürt. – Laß das beiseite. – Ich fürchte, keiner kennt ihn.

Weiße Wogen fluten auf zum Himmel; wo könnten sie haften? – Ein Halt wird ein wenig gelockert. – Geradewegs darauf ausgeglitten. – Augen und Ohren sind erfüllt davon.

Kein Ort zum Haften. – Wie ich euch sagte. – Dies ist am Ende doch etwas. – Gewiß in einen Abgrund gepurzelt.

Eine Sandale [Bodhidharma] kehrte in den Westen zurück

und ging verloren. – Wenn Väter die Dinge unabgeschlossen hinterlassen, leiden ihre Nachkommen die Folgen. – Einen Schlag versetzend, sollte man sagen: «Warum ist es jetzt hier?»

Erläuterung zum Lobspruch

Dies ist Hsüeh-tous Lobspruch, der zeigt, wie gründlich er das Beispiel erfaßte. Aus der Yün-men(Ummon-)Schule hervorgegangen, besitzt er Hammer und Zange, mit jedem Satz drei Aussagen zu machen. Sein Vers ergreift den lebensentscheidenden Teil, indem er bejaht, wo keine Bejahung möglich ist, und indem er einen Weg einräumt, wo kein Einräumen möglich ist. So sagt er:

Hasen, Pferde haben Hörner,
Ochs und Schafbock keine Hörner.

Nun frage ich, wie es sein kann, daß Hasen und Pferde Hörner haben, während Ochs und Schafbock keine haben. Wenn ihr das Beispiel erfaßt habt, werdet ihr Einblick in den Sinn von Hsüeh-tous Aussage gewinnen, in seine Machenschaft zum Wohle anderer. Es gibt manche, die hierüber falsche Anschauungen hegen und sagen: «Ob ein Meister bejaht oder verneint, in beiden Fällen bekräftigt er etwas. Verneinung ist am Ende doch nichts anderes als Bejahung. Da Hasen und Pferde keine Hörner haben, sagt er, sie hätten Hörner; und da Ochs und Schafbock Hörner haben, sagt er, sie hätten keine Hörner.»

Solch ein Verständnis dieses Gegenstandes hat mit dem Gegenstand nicht das geringste zu tun. Im Gegenteil, der alte Meister ist voller Schliche und versteht es daher, solche Wunder zu wirken. Und sie dienen alle eurem Wohl, auf daß ihr befähigt werdet, die finstere Höhle der spukenden Geister aufzubrechen. Wenn ihr hier hindurchgelangt, so ist das eigentlich noch nicht viel wert.

Hasen, Pferde haben Hörner,
Ochs und Schafbock keine Hörner.
Kaum ein Haar, kaum das mindeste.
Ist wie Berge, wie Bergmassive.

Diese vier Zeilen sind wie ein wunscherfüllendes Juwel, das Hsüeh-tou auf einmal vor euch ausspuckt. Der Rest des Verses führt das Beispiel gemäß der eidlichen Erklärung seiner Lösung zu:

Da sind auch jetzt die gelb-goldenen heiligen Knochen.
Weiße Wogen fluten auf zum Himmel; wo könnten sie haften?

Dies hat mit den Bemerkungen von Shih-shuang und Fu von T'ai-yüan zu tun. Wozu aber die folgenden Zeilen?

Kein Ort zum Haften.
Eine Sandale kehrte in den Westen zurück und ging verloren.

Die heilige Schildkröte zieht ihren Schwanz durch den Schmutz. Und hier macht Hsüeh-tou eine Kehrtwendung, um anderen Gutes zu tun. Ein alter Meister sagt: «Widme dich den lebendigen Worten und nicht den toten.» Wenn die Spur verlorenging, warum wetteifern dann alle darin, ihrer habhaft zu werden?

DAS WU-MEN-KUAN

Auch das *Wu-men-kuan*, japanisch *Mumonkan*, ist eine der großen Kōan-Sammlungen des Zen, und die Meister verwenden seine Texte gern als Grundlage ihrer Teishō oder «Darlegungen». Es ist ein schlichteres Buch als das *Pi-yen-lu*, und zwar nicht allein weil es nur achtundvierzig «Beispiele» enthält und das Werk eines einzigen Mannes ist, sondern auch durch seinen einfachen Aufbau: Auf den Text des Kōan folgt nur ein kurzer Kommentar (die einzige Ausnahme bildet der Kommentar zum 1. Beispiel) und ein Lobspruch. Kompilator der Beispiele und Autor der Kommentare ist Wu-men Hui-k'ai (Mumon Ekai, 1183–1260), der bedeutendste Meister der Lin-chi-Schule in seiner Zeit, Schüler und Dharma-Nachfolger von Yüeh-lin Shih-kuan (Gatsurin Shikan). Wu-men rang sechs Jahre lang mit dem «Kōan Wu» (jap. *mu*), bis er eines Tages beim Klang der großen Trommel zu einem plötzlichen Durchbruch kam. Er schrieb daraufhin folgendes Gedicht:

> Aus heiterem Himmel, bei strahlendem Sonnenschein –
> plötzlich ein Donnerschlag!
> Alle Lebewesen auf der Erde öffnen ihre Augen weit,
> Köpfe in endloser Vielzahl beugen sich achtungsvoll.
> Sieh nur, der Berg Sumeru hat sich vom Grund gelöst
> und tanzt einen San-tai!*

Wu-men widmete sein *Wu-men-kuan* («Die torlose Schranke») dem Kaiser Li-tsung im Jahre 1229 zur Feier des vierten Jahrestages seiner Krönung. Im Vorwort schreibt er:

> Das Wesentliche in allen Lehren des Buddha ist, den Herz-Geist zu erfassen. Viele Wege führen zu ihm hin, doch der Zugang in der Mitte ist ohne Tor.
> Wie bringen wir sie in diesen mittleren Zugang?
> Hörtet ihr nicht einen der Großen der alten Zeit sagen: «Dinge, die durch ein Tor kommen, sind wertlos; alles, was durch relative Mittel erlangt wird, muß am Ende un-

* Ein Volkstanz.

tergehen?» Worte wie diese, sind sie nicht wie das Aufrühren von Wellen, wo kein Wind ist, wie das Stechen einer Wunde auf glatter Haut? Die aber, die Weisheit in Worten suchen oder die den Mond mit einem Stock zu schlagen versuchen oder die eine juckende Stelle durch den Schuh kratzen wollen – haben die wirklich etwas mit der Wahrheit im Sinn?

Als ich im ersten Jahre von Shao-ting (1228) den Sommer in Lung-hsiang in Ostchina verbrachte, hatte ich mich um eine Anzahl von Mönchsschülern zu kümmern, die im Zen unterwiesen zu werden wünschten. Ich bediente mich der Kōan der alten Meister wie einer Ziegelscherbe, mit der man ans Tor klopft. So wurden die Mönche ein jeder nach seiner Begabung geschult. Die Aufzeichnungen sammelten sich an und gewannen schließlich die Gestalt eines Buches. Die hier gesammelten achtundvierzig Beispiele haben keine besondere Ordnung. Sie erhielten den übergreifenden Namen *Wu-men-kuan*.

Wenn einer ein wirklich wackerer Kerl ist, wird er der Gefahren des Weges nicht achten, sondern sich eigenhändig durch die Linien des Feindes schlagen. Wie Nataraja mit seinen acht Armen wird er unaufhaltsam voranschreiten. Selbst die achtundzwanzig Patriarchen Indiens und die sechs dieses Landes werden vor einem so unerschrockenen Geist um ihr Leben betteln. Zögert aber einer, so ist es wie das Beobachten eines Reiters durchs Fenster; bevor deine geschlossenen Augen sich wieder öffnen, ist er nicht mehr da. Hier ist mein Vers:

Der große Weg hat keine Tore;
kreuz und quer sein Verlauf.
Durchschreite diese Grenzschranke,
und du wirst dich in vollkommener Ungebundenheit
in der Welt bewegen.

Hören wir nun das berühmte erste Beispiel des *Wu-men-kuan*.

Das Beispiel: Chao-chou: Hund

Ein Mönch fragte Meister Chao-chou (Jōshū) in allem Respekt: «Hat ein Hund wirklich Buddha-Wesen oder nicht?»
Chao-chou sagte: «Wu.»

Wu-mens Worte

Bei der Übung des Zen müßt ihr durch die Schranke der Patriarchen hindurchdringen und, um diese unvergleichliche Erleuchtung zu finden, den Weg des Herzens (Bewußtseins) völlig abschneiden. Wenn ihr die Schranke der Patriarchen nicht durchdringt und den Weg des Herzens (Bewußtseins) nicht abschneidet, seid ihr Gespenstern gleich, die sich an Gräsern halten, an Bäume heften.

Sagt einmal: Was denn ist diese Schranke der Patriarchen? Nur das Eine, nur dies Wu, das ist die eine Schranke unserer Lehre. Schließlich hat man es die «Torlose Schranke der Zen-Lehre» genannt.

Wer hindurchgegangen ist, der kann nicht allein Chao-chou von Angesicht zu Angesicht sehen, sondern auch Hand in Hand mit den Patriarchen aller bisherigen Generationen wandeln, mit ihnen Braue an Braue sein, mit den gleichen Augen sehen, mit den gleichen Ohren hören. Ist denn das nicht Freude und Entzücken? Ist da nicht jemand, der durch die Schranke dringen will?

So versenkt euch denn mit allen 360 Knochen und 84000 Poren, der ganze Leib ein einziges Fragen, in dieses Wu. Haltet Tag und Nacht ausschließlich daran fest. Faßt es nicht als eitles Nichts auf, noch faßt es auf als «Sein» oder «Nicht-Sein». Es muß sein wie mit einer rotglühenden Eisenkugel, die ihr verschluckt habt und ausspeien möchtet, aber nicht ausspeien könnt. Ihr müßt alle bisherigen verblendeten Gedanken, alle verblendeten Erinnerungen (Gefühle) wegwerfen. Nach geraumer Zeit reift [Wu] heran, und wenn Innen und Außen ganz natürlich in Eins zusammenfallen, werdet ihr wie Stumme sein, die einen Traum gehabt haben: Es ist euch nur vergönnt, das einzig für euch selbst zu wissen.

Wenn dann plötzlich [Wu] aufbricht, setzt es den Himmel in Bestürzung und bringt die Erde in Bewegung. Gleich als hättet ihr das große Schwert von General Kuan-yü geraubt und hieltet es nun in der Hand, werdet ihr den Buddha töten, wenn ihr ihn trefft, werdet ihr die Patriarchen töten, wenn ihr sie trefft. Auch am Rande von Leben und Tod werdet ihr die Große-Freiheit genießen; in den Sechs Bereichen und den Vier Arten von Geburt werdet ihr im Samādhi entzückten Spielens sein.

Wie nun haltet ihr ausschließlich an Wu fest? Alle eure Lebenskräfte erschöpfend, sammelt euch auf Wu. Wenn ihr nicht unterwegs aufgebt, werdet ihr erleuchtet werden, gleich wie eine Dharma-Kerze durch einen einzigen Funken entzündet wird.

Der Lobspruch

Hund! Buddha-Wesen!
Vollkommene Manifestation, unabdingbarer Befehl.
Ein klein wenig «hat» oder «hat nicht» –
Leib verloren, Leben verloren.